带着文化游名城——

老昆明记忆

刘啸 编著

当代世界出版社
THE CONTEMPORARY WORLD PRESS

图书在版编目（CIP）数据

老昆明记忆 / 刘啸著 . -- 北京：当代世界出版社，
2018.7

（带着文化游名城）

ISBN 978-7-5090-1326-7

Ⅰ . ①老… Ⅱ . ①刘… Ⅲ . ①文化史—昆明—通俗读物
Ⅳ . ① K297.41-49

中国版本图书馆 CIP 数据核字 (2018) 第 007358 号

老昆明记忆

作　　者：	刘啸
出版发行：	当代世界出版社
地　　址：	北京市复兴路 4 号（100860）
网　　址：	http://www.worldpress.org.cn
编务电话：	（010）83907528
发行电话：	（010）83908410
	（010）83908377
	（010）83908423（邮购）
	（010）83908410（传真）
经　　销：	新华书店
印　　刷：	北京彩虹伟业印刷有限公司
开　　本：	710mm×1000mm　1/16
印　　张：	18
字　　数：	250 千字
版　　次：	2018 年 7 月第 1 版
印　　次：	2018 年 7 月第 1 次
书　　号：	ISBN 978-7-5090-1326-7
定　　价：	45.00 元

前　言

　　昆明，一个有着"春城"美誉的历史文化名城。说起昆明，相信每个人心中都有着一种对彩云之南的神秘与美丽的憧憬。

　　昆明历史悠久，有着2200多年的建城史，滇池地区有着3000年的文明史，大约三万年前，就有人类生活在如今的呈贡区龙潭山一带，过着茹毛饮血的穴居生活。昆明是中华文化发祥地之一，早在新石器时期，滇池附近已有居民定居于此，所以昆明地区的经济社会发展与滇池地区的发展和演变有着密切的关联。春秋战国时期，滇池附近出现滇国，滇国各族创造出了享誉世界、独成体系、灿烂夺目的青铜文化——晋宁石寨山文化。这些青铜器工艺精湛、题材广泛，具有浓厚的地方民族特色，反映了古滇国的社会发展水平。后来南诏筑拓东城，便有了如今昆明的建城之始。

　　昆明的历史连绵不断，文化代代传承；昆明是历史大戏频频上演的舞台，这里上演过庄蹻开滇、明末农民军据昆反清、创办云南陆军讲武堂、修建滇越铁路、西南联大迁驻、抢修滇缅公路、开通驼峰航线等历史大剧；昆明是有重要历史地位的都会，它曾作为滇国的中心、南诏大理国五百多年的副都、明末永历政权的"滇都"、支撑抗战的重要基地和抗战决胜的桥头堡、闻名世界的"民主堡垒"。

　　众所周知，昆明不仅是国家历史文化名城，更是一个优秀的旅游城市，是自然景观与人文景观的荟萃之地。昆明三面环山，南濒滇池，滇池是云南省最大的高原湖泊、全国第六大淡水湖泊，沿湖两岸风光绮丽。由于地处低纬高原而形成"四季如春"的气候，特别是有高原湖泊滇池在调节着温湿度，使这里空气清新、天高云淡、阳光明媚、鲜花常开。

悠久的历史，适宜的气候，特殊的地质结构，使得昆明留下了许多文明古迹。昆明虽然地处边陲，但作为国家历史文化名城和优秀的旅游城市，自古以来就吸纳和涌现了许多才人。抗战时期，昆明曾一度聚集了许多精英在此，成为为国家抗战做贡献的战略后方。曾经七次下西洋的明朝航海家郑和就是昆明人，还有对祖国医学做出巨大贡献并著有《滇南本草》的兰茂也来自昆明，诗人、画家兼书法名家钱沣，《义勇军进行曲》作者聂耳，"护国首义"首领蔡锷都是来自昆明，昆明也曾荟萃诸如华罗庚、钱钟书、朱自清、闻一多、周培源等一大批近代知识分子精英，更培养出杨振宁、邓稼先、朱光亚等杰出科学家。

昆明不仅有这么多的人才，还具有光荣的革命传统，重九起义、护国首义、"一二·一"运动、昆明起义等影响全国的重大历史事件都发生在这里。

可见，昆明不仅历史悠久，还是一个有故事的城市。"欲知大道，必先为史"。先辈用勤劳、智慧和牺牲给我们留下了珍贵而又丰厚的历史文化遗产，值得我们认真了解、传承和发扬。

让我们一起打开这本书，走进昆明，了解昆明。

目　录

昆明的街桥地名

⚡ 昆明的民俗特色 ⚡

昆明的山水园林

昆明的人文景观

昆明的祠堂和寺庙

昆明的美食及特产

老昆明记忆

带着文化游名城—

8

昆明的趣闻与名人故居

附 录

开 篇

出行前的准备

当我们去一个城市旅游之前，必要的是做好出行前的准备，而准备的内容不只是你的行李箱里都要装进什么，还有重要的一点是我们要先了解这个城市，也就是你的脑子里要装进什么，去每个城市都一样，昆明也不例外。只有做足了准备，到了昆明我们才不会如叶般"随波逐流"。你了解了昆明的历史，至少就知道了什么是滇文化；你知道了昆明有什么特色，就知道你每天的行程都要去哪，要去吃什么买什么；你了解了昆明的气候，至少就知道了去"春城"不用带太多厚衣物，行李箱里都要装什么；你了解了昆明的方言，就知道他们说你"太仙了"其实是说你"太有趣了"。我们了解得越多，才能在昆明玩得更好，所以，下面我们一起来看一下去昆明前都需要知道些什么吧。

昆明的历史

说起昆明的历史，我们大可先探究一下"昆明"一词的历史由来。但在唐代以前，是很难查找到"昆明"一词作为地名出现的，而如今，关于"昆明"一词的起源有很多种说法，大多数研究学者认为，"昆明"早期并非地名，而是居住在我国西南地区即今日的云南西部、四川西南部一个古代民族的族称。"昆明"在我国古代文献中写作"昆""昆弥""昆淋"。

要具体探究"昆明"一词的出现，可追溯到汉武帝时期。如今所有的历史研究都得助于古时候文人墨客所留下的传记，而有关"昆明"

一词的研究，我们要感谢当时著名的史学家司马迁，在他的著作《史记·西南夷列传》中写道："西自同师以东，北至叶榆，名为嶲、昆明、皆编发，随畜迁徙，毋常处，毋君长，地方可数千里。"翻译成现代文的大概意思是："西边从同师往东，直到北边的叶榆，称为嶲和昆明，这些夷人都把头发编成辫子，随着放牧的牲畜到处迁徙，没有固定的住所，也没有首领，他们活动的地方有几千里。"通过这一记载可以得知，"昆明"一词是古代云南一个少数民族的族称。

到了唐代，"昆明"才正式作为地名出现。"武德二年，于镇置昆明县，盖南接昆明之地，因此为名。"此处的"昆明"，并非如今的昆明市，而是四川定筰镇（今盐源县境）。那么唐代时期为什么把定筰镇命名为"昆明"呢？据记载，是因为它在地理位置上接近昆明族、也就是说汉唐以前，昆明族大多定居在云南西部地区。

直到南诏、大理国时期，乌蛮、白蛮兴起，大理国是中国历史上由白族在中国西南边陲一带建立的政权。昆明族居住的地方，被乌蛮、白蛮据为己有，昆明族才不得已东迁滇中，聚居于滇池周围。

到了宋宝祐二年（1254年），元灭大理，在鄯阐设置"昆明千户所"，"昆明"才开始作为地名出现，并一直延续到今日。"昆明"一词的含义，东晋的常璩在他的《华阳国志·南中志》中说："夷人大种曰昆，小种曰叟，皆曲头木耳环。"这句话可以解释为人口众多的昆明族及其传统妆饰。

说完了"昆明"这个名字的由来，我们再来说说昆明这个城市是怎样一步一步形成的。

我们先从青铜器时代说起，青铜器时代滇池地区氏族部落逐渐形成，以濮人为主，属于氏羌族语系。氏羌是中国古代分布在陕西、甘肃、青海、四川到云南北部一带的古老游牧民族，他们越过金沙江进入滇池地区以后，与当地濮人融合形成滇族，这样的融合促进了滇池地区的发展进步。

据《史记·西南夷列传》记载，公元前三世纪（公元前298—277年间），楚国大将庄𫏋率众入滇，到达滇池地区以后，与当地叟族部落联盟，建立了以叟族为主的"滇国"，这也是"滇国"首见于文字记录，建立滇国后，庄蹻自称"滇王"，"庄开滇"带来了楚国和中原内地先进的文化、技术，对促进当时以滇部落为主的滇池地区的政治、经济发展有一定的积极作用。

西汉王朝建立后，积极谋求对"西南夷"地区的开发。公元前109年（西汉元封二年），汉武帝征发巴蜀地区士卒，以大兵临滇，滇王被迫归降。滇王投降后，汉王朝以滇池地区为中心设置了益州郡，郡下设县，昆明为谷昌县。

公元271年（晋武帝泰始七年），晋王朝把南中四郡（建宁、云南、永昌、古兴）从益州分划出来，设立宁州，与益州同列，为全国十九州之一。东晋以后，"方土大姓"爨氏势力逐渐强盛，成为滇中地区的统治者。公元339年（成帝咸和十四年），晋王朝封爨琛为宁州刺史，并承认其世袭地位。

历经南北朝、隋初的二百多年间，在中原政治动乱、民族纷争的形势下，爨氏对昆川一隅的统治，保持了"力役齐平，教化清静"的较为安定的社会局面，使滇池地区的社会经济有了新的发展。

公元617年唐朝建立，先后在云南设置了九十二州。滇池地区为九十二州的主要部分。

公元618年（唐高祖武德元年），唐朝任命爨氏子孙爨弘达为昆州刺史，治理属县，治所设在益宁城。唐代中叶，蒙氏势力在洱海地区崛起，建立南诏国。

公元765年，南诏国筑拓东城，为昆明建城之始。大理国时称鄯阐城。拓东城、鄯阐城分别为南诏国、大理国的东京。

公元937年，大理段氏夺取南诏政权，建立大理国，统一了云南。

公元1253年（元宪宗三年），元军攻占云南。

公元1381年（洪武十四年）明朝进军云南，大量移民进入云南，昆明汉族人口首次超过本地土著居民。

1911年的"重九起义"，推翻了清朝在云南的统治。

1919年，设云南市政公所，为昆明设市的发端。

1922年改设昆明市政公所。

1928年8月1日，成立昆明市政府。

昆明独有的特色

昆明是全国十大旅游热点城市之一，也是国务院公布的首批24个国家历史文化名城之一。著名的景点有石林世界地质公园、滇池、安宁温泉、九乡、阳宗海、轿子雪山等国家级和省级著名风景区，还有世界园艺博览园和云南民族村等100多处重点风景名胜，10多条国家级旅游线路，形成以昆明为中心，辐射全省，连接东南亚，集旅游、观光、度假、娱乐为一体的旅游体系。

昆明的景点符号

◎ **石林**

石林风景区，位于路南县境内，距昆明市很近，只有86公里，景区由大石林、小石林、乃古石林、大叠水、长湖、月湖、芝云洞、奇风洞8个风景片区组成。全县共有石林面积400平方公里，是一个以岩溶地貌为主体的，在国内外知名度较高的风景名胜，被人们誉为"天下第一奇观"。

◎ **九乡溶洞**

九乡溶洞是国家级风景区，位于昆明市宜良县，虽位于宜良县，但景区距离宜良还有一段距离，约40公里，九乡溶洞是云南省新兴的以溶洞景观为主，兼民族风情和自然风光为一体的综合性风景区。

◎ **世博园**

世博园全称为世界园艺博览园，昆明世博园是1999年昆明世界园艺博览会会址，是一个具有"云南特色、中国气派、世界一流"的园林园艺精品大观园。

◎ **滇池**

滇池也叫昆明湖、昆明池、滇南泽、滇海。在昆明市西南，有盘龙江等河流注入，湖面海拔1886米，面积330平方千米，是云南省最大的淡水湖，有"高原明珠"之称。

6

昆明的特产符号

◎ **昆明牙雕**

历史悠久，工艺精湛，分为立体牙雕和平面牙雕两种，最有特色的是刻字组像，十分形象生动。

◎ **茶雕**

以云南大叶种晒青毛茶为原料，通过雕刻纯钢模具，并使用模具将普洱茶压制成具有各种造型风格的茶雕作品。

◎ **蜡染**

蜡染是流行于云南省少数民族地区的民间手工染印工艺品，昆明蜡染面料融合云南少数民族的文化，图案大方新颖。

◎ **乌铜走银**

是云南特有的工艺美术工艺。产品以乌铜为胎，在胎上雕刻各种花纹图案，以金或银冷嵌其间，即呈现黑黄或黑白分明的装饰效果，色态极其雅致。

◎ **云烟**

云南红云红河集团生产的"云烟""红山茶""茶花""大重九""春城"等产品。

昆明的美食符号

◎ **过桥米线**

过桥米线是云南滇南地区特有的食品，虽已有近百年历史，但并不是起源于昆明，而是五十多年前传至昆明的。过桥米线的汤是用大骨、老母鸡、云南宣威火腿经长时间熬制而成的。味道十分鲜美。

◎ **破酥包子**

破酥包子是昆明的特色小吃，由低筋精白面粉、熟猪油、熟云腿、蜂肉丁、冬菇沫等制成。营养丰富，老少皆宜。

◎ **三七汽锅鸡**

三七汽锅鸡是云南特有的高级风味菜，也是一道滋补名菜，在国内外都享有盛誉，制作原料主要有三七粉和土鸡等。它的制作方法独特，口味醇香鲜美。

◎ **宝珠梨**

宝珠梨产于云南省昆明郊区呈贡县，是当地的特产水果，宝珠梨皮很薄，果肉脆嫩，汁多，味道甘甜。

◎ **宜良烤鸭**

宜良烤鸭是云南省的名菜。它起源于明朝，到如今已有六百多年的历史。宜良烤鸭虽是云南的名菜，但它却不是起源于云南地区，而是从南方传过来的。烤鸭外皮酥脆，内部的肉鲜嫩，肥瘦相间，口感十分好。

◎ **饵块**

饵块是昆明最著名的小吃之一，制作饵块的主要食材是大米，制作过程是将大米淘洗、浸泡、蒸熟、冲捣、揉制成各种形状。一般分为块、丝、片三种。无论是蒸、烧、炒、炸味道都很好。

昆明最佳的旅游季节

昆明位于中国西南云贵高原中部，属北纬低纬度亚热带—高原山地季风气候。昆明之所以被称为"春城"，正是因为它四季如春的气候。所以昆明一年四季都是适合旅游的好去处。昆明全年温差较小，年平均气温16.5摄氏度，日照长，霜期短，冬暖夏凉，四季如春，气候宜人。这样的气候在全国少有，昆明的鲜花常年不谢，草木四季常青。难怪古代的文人墨客这样描述昆明："昆明腊月可无裘，三伏轻棉汗不流，梅绽隆冬香放满，柳舒新岁叶将稠。"

昆明方言

昆明方言属于北方方言中的西南次方言。昆明方言是在明朝初期，以江淮方言为基础，同时吸收了华北方言，以及一些其他江南省份的方言为特点的汉语方言。

其实在昆明，说方言的人越来越少了，但是昆明人不应该忘记自己的方言，外地去昆明的游客也可以了解一下昆明的方言，算是体会当地的风土人情。

下面我们来学习一些十分简单的昆明方言：

喃—什么

整喃—做什么

为喃—为什么

克—去

酿—什么

毛—不要

某—没有

该—吗

是啦—好

阔以—可以

克哪点—去哪里

豁人—骗人

太仙啦—有趣

太雀啦—滑稽

你结—你家

再列举一些昆明方言与普通话的区别与联系。

昆明方言与普通话词形完全不同的词：

饺—馄饨

篾帽—斗笠

面糊—腼腆

板扎—称赞

捂俗—讨厌

抖草—炫耀

活消—何必

昆明方言与普通话词形部分不同的词：

姑太—小姑

打失—丢失

赶街—赶集

背锅—驼背

昆明方言与普通话词素顺序不同的词：

宵夜—夜宵

强勉—勉强

齐整—整齐

道地—地道

昆明的历史与城门楼

　　昆明是一个有着悠久历史、灿烂文化、光荣革命传统的祖国西南名城，先辈们在追求进步、幸福、独立、自由的曲折历程中，给我们留下了浩淼博大、光辉灿烂而又独具地方特色和民族特色的历史文化。这里不乏历史遗迹、历史遗址、历史墓葬，更不缺历史名人、历史大事、历史贡献。而通过了解老昆明城门楼的变迁，我们能更好地发掘老昆明的历史文化。

老昆明的历史

昆明的第一个统治者是谁

　　说起昆明的第一个统治者，我们要追溯到公元前三世纪（公元前298—277年间），那时的昆明地区还不叫昆明，而是叫滇池地区。当时的楚国大将庄蹻率领众人进入滇池地区，并与当地的部落联盟，建立了"滇国"，自称"滇王"。其故城在今日的昆明市晋宁区晋城镇。

　　所以庄蹻可以算得上是古昆明的第一个统治者。

　　庄蹻是战国时期反楚起事领袖和楚国将军，楚庄王的苗裔。庄蹻一生中有两大成就，一件是反楚起事，另一件就是入滇。

滇池

庄蹻入滇

　　庄蹻入滇是战国时期楚国向西南地区扩展的一次行动。约公元前三世纪，庄蹻是楚顷襄王的一名将领，楚顷襄王派庄蹻率军队进攻云南，其间要通过黔中郡，经过沅水，向西南攻克且兰，征服夜郎国，一直攻打到滇池一带。黔中郡原来曾为楚国的土地，后来被秦国占领了，楚国不甘心失败，便又调集东部兵力收复黔中郡部分地区，重新立郡对付秦国。因为黔中郡反反复复被争夺，庄蹻归路不畅，便不得已融入了当地民族中。根据司马迁的《史记·西南夷列传》记载便是："以其众王滇，变服从其俗以长之。"

"庄蹻入滇"一直被视为一座民族团结的丰碑，它增进了西南与内地的民族感情，更是云贵高原开发史上的一大关键事件。

南诏筑拓东城是否成为昆明建城史的开端

大唐开元二十五年（公元737年），南诏在唐朝的帮助下统一了洱海地区，建立了南诏国。南诏政权建立后，唐中央封皮罗阁为云南王，使其成为西南少数民族中的一个王侯。唐朝统治者企图借云南王之手镇压西南其他少数民族，并让其成为阻止吐蕃势力南下的强有力屏障。可是唐王朝的美好愿望不仅没有实现，反而得到了相反的结果。因为南诏国是一个新建立的国家，势力也日益强大，极富扩张统治欲望，其雄心飞扬、

南诏国五华楼

目光深远，其志不在偏安滇西一隅，不甘雌伏于唐朝之下。于是南诏国巧妙利用唐吐矛盾，在夹缝中生存并积蓄力量，时机一至，便四出用兵。

天宝战争后，唐朝的势力越来越弱，渐渐退出了云南。南诏统治集团在吐蕃的支持配合下，想要建立一个军事大国。于是修筑道路，建立制度，设置城池，训练军队，四出用兵，攻城占地。几次大动干戈后，昆明旧城并没有想象中的繁荣，而是变得衰落颓败，加之滇池水位稍落，南诏为控制滇中，在764年，阁罗凤视察滇池地区，"审形势，言山河可以作屏障，川陆可以养人民"。于是第二年命长子凤伽异在滇池地区进行规划和施工，筑城，取名"拓东城"，并命凤伽异以南诏副王的身份，坐镇拓东城。

拓东城是有准确史料记载的，在今昆明市区范围内的首次建城，后

来拓东城在南诏的地位越来越重要，成为陪都、东京。甚至到了大理国时期，拓东城（称鄯阐城）的地位还是像南诏国时期一样。

拓东城兴建后，滇池地区的政治、经济、文化中心从滇池东岸晋城一带，向滇池北岸平缓开阔、具有开发前景的盘龙江三角洲转移。

可以说拓东城开创了昆明城市发展的先河，在滇池城市史上具有重要地位。

所以说，南诏筑拓东城，可以当之无愧地称为昆明建城之始。

南诏国与大理国是怎样的两个王国

在云南历史上最为出名的两个王国分别是南诏国和大理国。那么我们来了解一下南诏国和大理国到底是怎样的两个王国呢？

南诏国

南诏国起源于巍山（又名巍宝山），传说公元649年前，有一个名叫细奴逻的人在巍山境内建立了蒙舍诏，并修筑了雄伟的图王城。唐时西洱河地区有6个大部落，号称六诏。因为蒙舍诏在其余5诏的南面，因而又被称为南诏。这也是南诏这个名字的由来。大唐皇帝封细奴逻为巍州刺史，在政治、经济等方面对其加以扶持，先进的文化和生产技术不断被南诏接纳。经过4代帝王的不懈努力，皮罗阁终于依靠强大的经济和军事力量，统一了洱海周围的其余5诏，建立了南诏国，并在洱海边、点苍山下修筑了富丽堂皇的王宫——太和城。

在南诏后期，汉族大臣郑回的七世孙郑买嗣推翻蒙氏南诏，自立为王，改国"大长和"。共二百五十四年，传十三主。

南诏国的统治者为少数民族彝族，如今南诏国的十三个国君被供奉在巍宝山，是彝族人民的本主神。

大理国

大理国是以白族为主体的少数民族在如今云南一带建立的少数民族国家。后晋天福二年，通海节度段思平自立为王，国号为大理。段思平传12世至段廉义时，权臣杨义贞于宋神宗元丰三年杀廉义自立。4个月之后，善阐（昆明）侯高智廉命其子高升泰起兵诛杀杨义贞，立段廉义之侄段寿辉为王。寿辉传位给正明。宋哲宗绍圣元年，升泰废正明，自立为王，改国号为大中国。升泰去世后，其子遵遗嘱还王位予正明之弟正淳，段氏复立，史家称之为后理国。后理国时期，高氏世为相国，称中国公，掌实权。

大理政权与南诏差不多，宋政权曾多次册封大理统治者为王。蒙古宪宗三年也就是公元1253年，忽必烈灭大理。大理国国主段氏投降，被任命为世袭总管。原来的大理官员大多受封为云南各地土司。

护国战争第一枪是在昆明响起的吗

护国运动发生在1915—1916年，又称护国战役、护国战争。护国运动是发生在中国近代的内战。

众所周知，两千多年的中国封建帝制被辛亥革命所推翻，建立了中华民国。然而，孙中山领导下建立的中华民国南京临时政府并不顺利，成立还不满100天，辛亥革命的胜利果实就被北洋军阀袁世凯夺取。在窃取了中央政权后，袁世凯对外卖国，对内独

护国门

裁。最令人发指的是，1915年12月12日袁世凯竟然宣布复辟封建帝制。人民实在忍无可忍，反对袁世凯复辟封建帝制的斗争，于是在全国范围内轰轰烈烈地开展起来。

1915年底至1916年，云南等省组织护国军，反对袁世凯复辟帝制。

然而讨伐袁世凯的战争失败了，袁世凯变得更加胆大妄为，他下令取缔国民党，取消国民党议员资格和强制解散国会，图谋复辟帝制。为取得日本政府对复辟的支持，1915年5月与其签订卖国的"二十一条"。8月，指使其亲信、幕僚成立进行复辟帝制活动的"筹安会"。12月12日

15

申令接受"推戴"为中华帝国皇帝，并下令改次年为洪宪元年。

就在袁世凯准备称帝时，孙中山的中华革命党和梁启超的进步党等组织曾派人赴云南策划武装起义。前云南督军蔡锷与云南将军唐继尧等人，于1915年12月25日在昆明宣布云南独立，随即建立云南都督府，组织约2万人的讨伐袁世凯的护国军。护国战争的第一枪在昆明响起，因此，护国运动又称"云南起义"。

护国运动的结果，虽然最终没有推翻北洋军阀的统治，但推翻了"洪宪"帝制，打倒了袁世凯，所以护国运动可以说是一次胜利的革命战争。

大理段氏，600年辉煌之后是落寞吗

在整个云南历史上，很少有哪一个家族，能像大理段氏一样，从唐朝一直辉煌到元朝末年，横跨3个朝代，拥有600余年极富极贵的辉煌。

大理段氏，似乎是生活在传说之中的一个世家。就算是不了解历史的人，只要看过金庸的小说，应该就对大理段氏有印象。当年，还没去过大理的金庸先生，在其小说中就把段氏家传武学一阳指和六脉神剑等讲述得淋漓尽致，让人无限神往；而大理国段氏10位国君不爱江山爱青灯，甘愿禅位为僧的故事，更让人觉得不可思议。

段思平

早在4000多年前，就有白族在苍山洱海之间繁衍生息。到唐初，大理已成为云南的政治、经济、文化中心。

大理国建立后，段氏统治者曾多次主动与宋朝建立藩属关系。后来宋朝大将王全斌向宋太祖赵匡胤进献地图，力主进兵云南。然而，宋太祖鉴于唐祸，认为云南的乌蛮、白蛮太凶残，不想再与大理国发生关系。赵匡胤用玉斧在地图上沿着大渡河划了一条线，道："此外非吾所有也！"这就是宋挥玉斧的典故。也正是因为赵匡胤这一句话，大理国得以拥有300年的和平。

大理国的开创者是段思平，他的身世充满神话传奇色彩，如今大理一些村落的本主庙以及白王庙里，都供奉着段思平像，白族群众隔三差五都会到庙里去磕头烧香，请求保佑。

公元902年，南诏清平官郑买嗣发动政变，残忍地杀了蒙氏王族800人，并自立为君，改国号长和，南诏政权崩溃。公元929年，东川节度使杨干贞消灭郑买嗣，立清平官赵善政为王，国号天兴。第二年，杨干贞废赵善政，自立为王，改国号义宁。

此时已经是通海节度使的段思平，因为才华横溢，被杨干贞所嫉妒，被他追杀。后来，段思平在军师董伽罗的帮助下，向东方37蛮部借兵，并于公元937年进攻大理，讨伐杨干贞。杨干贞连夜出逃，跑到了鸡足山。

公元938年，灭了义宁国之后，段思平正式即位，国号大理，成为大理国的开国皇帝，号神圣文武皇帝。

段思平建大理国开始，大理段氏家族真正走向了富贵的巅峰。

到了宣仁皇帝段正严（又名段和誉，金庸小说中段誉的原型）统治时期，大理城中，八方歌舞，日夜笙歌于五华楼，盛况一方，这时的大理成为世界上最繁华的城市之一。到了元朝，段氏被废除王位，世袭大理总管，实际上还是总管以前大理国的大部分地盘，除了被废除王位之外，其富贵程度，与大理国时期相差并不太远。

公元1253年，忽必烈率领大军攻向大理城。段兴智率军与元军死战，元军战死8万余人，被瘴气毒死的有5万多人，而大理国军队死伤也达6万人之多，已经无力再与元军抗衡，所以大理城被元军攻下。后来段兴智被俘，忽必烈学诸葛亮治夷之策，亲自为段兴智解缚安抚，令其为摩诃罗嵯（意为王），仍然负责总管大理。从此，段氏成为大理世袭总管，存续300余年的段氏大理国宣告灭亡。

后来，明军傅友德、沐英、蓝玉等攻入大理。随着大明军队铁蹄踏入云南，段氏家族即便想占地偏安，也已不能。

从此，段氏便开始了辉煌之后的落寞。

清华北大曾迁至昆明吗

1935年，抗日战争期间，北京的局势日益危急。为了防止突发的不利情况，清华大学秘密预备将学校转移至长沙。学校拨巨款在长沙岳麓山下的左家垅动工修建整套校舍。

1937年，七七事变发生，7月29日、30日，南开大学遭到日机轰炸，大部分校舍被焚毁，损失惨重。

卢沟桥事变后，南京国民政府在庐山召开了一系列会议讨论战局问题。北京大学、清华大学和南开大学三校校长，在庐山会议后并未立即返回京津，而是暂时留在南京和上海两地。8月28日，国民政府教育部分别授函南开大学校长张伯苓、清华大学校长梅贻琦和北京大学校长蒋梦麟，指定三人分任长沙临时大学筹备委员会委员，三校在长沙合并组成长沙临时大学。

同年10月，1600多名来自三校的师生经过长途跋涉陆续到达长沙。10月25日，长沙临时大学正式开学。校址位于长沙城东的韭菜园，主要租借圣经学院和涵德女校。

1938年1月20日，第43次校常委会作出下学期在昆明上课的决议，并且规定师生3月15日前在昆明报到。

2月中旬，长沙临大开始搬迁到昆明。2月19日，师生在长沙韭菜园的圣经学院（为临大所租借的教学楼）召开誓师大会，开始往昆明搬迁。

同年4月2日，教育部发电命令国立长沙临大改称国立西南联大，国立长沙临时大学正式更名为国立西南联合大学，设文、理、法商、工、师范5个院26个系，两个专修科、一个选修班。校址现为云南师范大学。

5月份国立西南联合大学正式开课。

1938年12月21日，第98次常委会决议，决定由三校校长轮任常务委员会主席，任期一年，本学年由清华校长梅贻琦担任。后因蒋梦麟、张伯苓均在重庆任职，只有梅贻琦长期留于昆明，所以没法实施轮任制度，一直由梅贻琦任主席，主导校务。

1946年5月4日，西南联合大学举行结业典礼，7月31日宣布结课，上述三校迁回原址。

西南联合大学

昆明金殿是吴三桂建造的吗

昆明金殿，是我国现存的四座铜殿中最大，也是最精致的一座，另外三座分别在五台山、武当山和颐和园。

昆明金殿坐落在昆明城东北的凤鸣山上。昆明金殿并不是用金子建造的，古人喜欢称铜为金，所以便称为金殿，又名铜瓦寺、太和宫。

那么昆明金殿到底是谁建的呢？

据地方文献和寺内《碑记》记载，第一个金殿建造于公元1602年。因云南东川等地产铜，每年都要按规定数量外运，从四川转水路运至湖北的城陵矶铸钱。后来因战争无法将铜运进中原。当时凤鸣山道观的道长徐正元，便呈请巡抚陈用宾仿照湖北武当山七十二峰的中峰太和宫金殿，冶铜铸成殿宇，供奉"北极玄天真武大帝"，取名为"太和宫"。

金殿

明崇祯十年也就是公元1637年，云南巡抚张凤翮把金殿移至大理宾川鸡足山天柱峰。张凤翮之所以要迁走金殿，是因为统治云南的沐氏作恶多端，屡被朝廷惩治，家运日衰，但他不从自身上找原因，而从迷信中寻求解脱。认为鸣凤山在城东，山上立有金殿，"铜乃西方之属，能克木"，故由巡抚张凤翮出面将铜殿拆运至鸡足山。

后来该铜殿在1966年"破四旧"的动乱中被毁。

而我们现在所看到的铜殿，是吴三桂作为"平西王"镇守云南时

昆明的历史与城门楼

重建的，康熙九年时开始修建，康熙十年竣工。铜殿的梁上镌有"大清康熙十年岁次辛亥大吕月（十月）十有六日之吉平西亲王吴三桂敬筑"字样。

铜殿仿木结构，重檐歇山式，高六点七米，宽、深各七点八米，重达两百五十余吨；柱壁门窗，雕龙镌凤；殿内神像、帏幔、匾联和各种摆设，全由铜铸，充分反映了三百多年前云南冶炼、浇铸工艺的高超水平。

而后来因为康熙十二年时吴三桂举兵反清，故方志碑记只称"清康熙九年重铸"，回避吴三桂重铸铜殿。

昆明人的茶祖为什么是诸葛亮

茶在云南被誉为圣物。每年3到5月份是采春茶的季节，每到采春茶的季节，无论哈尼、基诺、壮、佤族都会不约而同地举行祭茶仪式。祭茶是茶农对天地的感激，对先民的怀念，更是对未来的祈福。茶农们会以最高的礼节祭山、祭茶神。在云南普洱茶产区，有的祭的是古茶树，有的祭的是一方山神，还有更多的是祭拜"茶祖"，而这个茶祖不是别人，正是人人皆知的孔明。

茶农采茶

为什么云南人不祭神农、陆羽为"茶祖"而偏偏祭拜孔明呢？这还得从诸葛亮（孔明）南征说起。云南攸乐茶山的基诺族传说，他们是诸葛亮南征时遗留下来的。诸葛亮给他们茶籽，让他们安居下来，以种茶为生。基诺族自称"丢落"，世代尊奉孔明。清朝道光年间编撰的《普洱府志·古迹》中有记载："六茶山遗器俱在城南境，旧传武侯（武侯指诸葛亮）遍历六山，留铜锣于攸乐，置铜于莽枝，埋铁砖于蛮砖，遗木梆于倚邦，埋马蹬于革登，置撒袋于慢撒，因以名其山。莽枝、革登有茶王树较它山独大，相传为武侯遗种，今夷民犹祀之"。该志还提到，大茶山中有孔明山，是诸葛亮的寄箭处。

清人阮福在《普洱茶记》中描绘道："其冶革登山，有茶王树，较众茶独高大，相传武侯遭种，夷民当采时，先具酒醴礼祭于此。"每年农历7月23日是诸葛亮的诞辰，这一天，茶山各村寨都要举行集会，称为"茶祖会"。2005年3月底，在云南勐腊县勐仑镇中国科学院西双版纳热带植物园举办了"纪念孔明兴茶1780周年暨中国云南普洱茶古茶山国际学术研讨会"，以纪念茶祖孔明。

昆明是朱德军事生涯的起点吗

在云南历史上，有一文一武两所学校非常有名，一文是西南联合大学，培养了一大批杰出的科学家、教育家；一武则是云南陆军讲武堂，培养了一大批杰出的军事家、革命家，两者都在中国近代历史上，尤其是近代教育史上享有盛誉。

朱德

那么陆军讲武堂都培养出了哪些杰出的军事家和革命家呢？

我们新中国开国元勋朱德就毕业于讲武堂。

说起朱德的大名，可谓是无人不知、无人不晓了。早年间，朱德曾在家乡四川南充的中等体育学堂读书，因为想在"教育救国"上尽一份力，所以朱德毕业后做了小学教师。但慢慢地，在教书这一年中间，朱德对社会上新旧势力的斗争、政治上各种阴谋压迫都有了新的认识，于是下了决心，要到云南去，走"军事救国"的道路。

说来也巧，就在这时朱德的好友秦昆得知昆明正在筹办一所军校，名叫陆军讲武堂，而且当时的云南也正是办新军的时候，主力多半都是由四川调去的。于是两个人决定一起去云南报考讲武堂。在当时西南地区交通极其不便的情况下，1909年春节过后，两人长途跋涉，晓行夜宿，大概花了70多天时间，两人吃尽了苦头最后到达昆明。

报考了陆军讲武堂，但过了几天发榜的时候，两人来到榜前一看，很是意外，秦昆录取了，而朱德却名落孙山。

于是两人就此道别。秦昆去讲武堂上学，而朱德索性去参了军。因为朱德读过中等体育学堂的经历，很快就被提拔为司书录事。一两个月后，朱德忽然又看到讲武堂的招考通知。这个消息让朱德很是纠结，因为上一次答得很好还名落孙山，这次再考能不能被录取都是未知了。

朱德正在犹豫考还是不考的时候，秦昆的再次出现成为转机。一出现在朱德面前秦昆就面露愧色，他说出了他心底的秘密，原来，秦昆在第一次考试之前，通过亲戚得知一个很重要的信息，就是讲武堂只招收云南本土人士，省外一律不予考虑。有了私心的秦昆在将自己的籍贯改为"云南昭通大关县人士"的同时，也没有把这个重要信息告知朱德。朱德并没有责怪秦昆，而是很释怀，发现原来不是自己的能力问题，那么这第二次考试就简单多了。

朱德一心报国，为了这次可以考过，他将自己的籍贯改为"云南临安府（建水）蒙自县人士"，并且还将自己第一次考试时报名的名字朱建德中间的"建"字去掉。从此，那个后来威震天下的"朱德"，就诞生了。

改了籍贯和名字的朱德很顺利地被讲武堂录取。本来以为一切准备就绪了，可没想到在报道这一天还是出了插曲，朱德因为口音问题被注册官发现了篡改祖籍这件事，还要以篡改籍贯的名义取消朱德的入学资格，朱德不甘心，于是与注册官起了争执，现场一片混乱。

当时讲武堂的监督李根源在了解了事情原委之后，把朱德叫到了办公室，听了朱德一番故事之后，李根源只淡淡地说了句，"我相信你，一会你去把入学手续办一下。"

这也是朱德和他人生的第一个贵人——李根源的第一次见面。

后来没过多久，李根源就出任了讲武堂的总办。只比朱德大8岁的他，是著名的爱国人士，当总办前6年，便在日本加入了同盟会。平时，李根源以严格的方式训练学生，并给他们灌输一些革命的思想。朱德从中受到了很多革命的启发，认定李根源是自己可以信任的老师。其实，朱德入校不久，也秘密加入了同盟会。而李根源也注意到了品学兼优的朱德，给了朱德很多锻炼和展示才华的机会，凡是全校性的会操和接受检阅，李根源都指定由朱德来指挥和喊口令。志同道合的两人在讲武堂结下的友谊一直持续到他们的终生。后来新中国成立后李根源到北京参加政协会议，已成为党、国家和军队重要领导人的朱德去看望李根源时，依然躬身问候，显得相当谦逊。

朱德从正式进入讲武堂学习到第二年的提前毕业，一共只在陆军讲武堂生活学习了一年零三个月。学校生活很苦，管束得也很严，完全是新军队生活。讲武堂很注重打靶、唱军歌、打野外，完全是现代化的训练。这段时间朱德学习得很投入。

朱德参加革命运动，大概是在进入讲武堂的第一学期之后。那时大家都在搞同盟会的小组，当然都是秘密的。

到了1911年7月，朱德从讲武堂顺利毕业，不到两星期，就被分派到新军的营盘里去做事了。而三个月之后的武昌首义，宣告辛亥革命爆发。于是，朱德正式开始了他波折的戎马生涯。

可以说，昆明对朱德的一生有着重要的意义。

红军长征曾路过昆明吗

1935年4月下旬，中央红军长征路过昆明时，红军把总部就设在这里。

遵义会议和扎西会议之后，中央红军在毛泽东的灵活指挥下，1935年4月22日，红军的先头部队——红三军团经云南富源、沾益、曲靖、马龙，于27日进入昆明寻甸境内。寻甸回族彝族自治县，简称寻甸县，是昆明市辖县。

红军长征过昆明

28日，一纵队抵达寻甸鲁口哨、大汤姑、阿香、水平子一带宿营，红一军团也进入寻甸的草鞋板桥等地。

29日，中央红军攻克寻甸县城后，立即宣传党和红军的主张，广泛宣传革命道理，把"打土豪、分田地""红军是工农自己的军队"等革命标语书写在墙壁上，在钟鼓楼下召集群众宣传共产党的政策和讨蒋救国的主张。红军打开县府粮仓及土豪李焕文的粮仓、盐仓和铺子，将其90石积谷、1万多尺布、数千斤食盐和其他财物分发给贫苦农民。红军还将擒获的作恶多端的县长李京石等人处决了。红军严格执行"三大纪律，八项注意"，深得当地各族人民的拥护。

30日，一纵队经可郎河进入柯渡坝子，柯渡坝子是寻甸县西南部的一个镇子，距离寻甸县72公里。一总司令亲自接见了当地回民首领，向他们讲解党的民族政策。红军宣传员在墙壁上写下了"红军绝对保护回家工农群众利益"等大幅标语。回族群众深受感动，当即有10余名回族青年报名参加了红军。

由此可见，红军不仅路过了昆明，还在昆明为当地人民做了好事。

滇越铁路是由累累白骨筑起的吗

滇越铁路是连接越南海防市—中国河口—昆明的铁路，是中国西南地区的第一条铁路，更是云南省的第一条铁路，被称为与苏伊士运河、巴拿马运河相媲美的世界第三大工程，也是全国为数不多的"米轨"铁路（窄轨铁路）之一。

滇越铁路分南、北两大段。南段在越南境内，从海防至老街；北段在中国境内，从河口到昆明。

滇越铁路原是法国殖民当局根据不平等条约修建的。因为起于原法属殖民地越南的海

滇越铁路

防市，经老街边中越边界，进入云南，自河口北伸到昆明，故称滇越铁路，河口至昆明段也称昆河铁路。

从19世纪初开始，英法殖民者侵入东南亚及中国云南，互相角逐。法国自入侵以后，步步紧逼，意欲控制云南，变云南为其殖民地。1885年，法国借助中法战争，与清政府签订了《中法会订越南条约》，取得对越南的"保护权"，以及在中国西南各省通商和修筑铁路的权利。

1895年，法国以在"三国干涉（日本）还辽"中有功为借口，强迫清政府签订了《中法续议界务商务专条约》，取得将越南铁路修入中国境内的权利。1903年，中法又签订了《中法会订滇越铁路章程》，紧接着法国派人勘察路线，绘制修路图纸，并且成立了滇越铁路法国公司。

在铁路修筑过程中，法国殖民者对中国筑路工人进行了极其野蛮的奴役、压迫。仅在滇段修筑过程中，除役使云南各族人民外，还从河北、山东、广东、广西、福建、四川、浙江等省招募来大量民工，前后7年间，总数不下二三十万，而被法国人虐待折磨致死者近8万人。正是："血染南溪河，尸铺滇越路。千山遍白骨，万壑血泪流。"

昆明为何将山茶花作为市花

山茶花是云南八大花之冠，1983年3月10日，昆明市人大常委会决定将云南山茶花定为昆明市花。云南山茶花既是昆明市花，也是我国的传统名花，更是世界名花。

云南是我国茶花的主要产地。山茶花原产云南西南部腾冲一带。早在唐宋云南南诏、大理时期，就在宫廷和昆明民间推广栽培。到元明时，茶花已在云南西部、中部城乡广泛种

云南山茶花

植，尤其是昆明佛寺道观、风景胜地，茶花成为普遍栽培的观赏植物。

昆明山茶花品种繁多，据说有72个品种。

山茶花之美，让很多古代的文人墨客为之驻足。

明朝三大才子之首的杨慎在诗中说："山国山茶太繁品，春盘春菜先此筵"，"海光珠树无颜色，羞把琼枝照玉台。"

明朝的陈佐才也有诗称："浪蕊浮花数万种，寒枝冷叶几千丛。"

丽江的玉峰寺院内有一株500多年树龄的"环球第一树"和"万朵茶花"，两株不同品种，并蒂开花，花开万朵。清代丽江诗人杨丙诗称："烛龙倒走迥空朦，玉龙迎战寒无功。鳞甲怒裂进光怪，化作片片山花红。"

就连郭沫若也曾多次赋诗赞美云南山茶花，其中一首这样写道："茶花一树早桃红，白朵彤云啸傲中。艳说茶花是省花，今来始见满城霞。人人都道牡丹好，我道牡丹不如茶。"

时任国务院总理的李鹏1990年8月15日为昆明金殿茶花园题训：春城茶花甲天下，试问谁家甲春城？

老昆明的城门楼

老昆明一共有几个城门楼

　　老昆明的城门楼是在明代时期修建的，一共有六个城门，每个门上有一座楼。也就是有六座城门楼。

　　当时的昆明城在地图上看形状为方形略扁。东门叫威和门，俗称大东门；东北门叫永清门，俗称小东门；北门名为保顺门，俗称北门，北门街也因此得名；西南门名为洪润门，俗称小西门；西门名为广远门，俗称大西门；南门名为丽正门，俗称大南门。

城门楼

　　据《昆明县志》记载："各门均有楼，分别为殷春、壁光、拓边、康阜、眺京、向明。"

　　大东门上的楼是殷春楼，小东门上的楼是壁光楼，大西门上的是拓边楼，小西门上的是康阜楼，北门上是眺京楼，南门上的是近日楼，近日楼以前叫做向明楼，是清代初改名近日楼的。

　　这就是老昆明的六座城门楼。那么让我们一起来了解一下这六座城门楼的前世今生吧。

　　小东门初名"永清门"，到了清代被改名为"敷泽门"。小东门的原址在如今的青年路北端圆通街口。小东门是重要的城乡物资集散地，街市上的马帮和商队络绎不绝，纷纷在这里装货卸货，交易买卖。

大东门的原址在如今的青年路与人民中路的交叉口，也就是小花园一带。

大西门原址在如今文林街与龙翔街交接处。到20世纪三四十年代时，大西门已经十分破旧并且周围也很荒凉。但这一带一直是昆明重要的教育区域，离云南贡院比较近。清代和明代时，各地的学子都在此云集。抗战时期的西南联大也是在此成立的。如今这里更集中了云南的几座高等学府：云南大学、云南师范大学、云南民族大学、昆明理工大学等。周围还有历史上最有名的军校：云南陆军讲武堂。还有省图书馆、省科技馆也在此，这里算是昆明最有文化气息的地方了。

大西门和小西门分别在一座坡的坡头与坡脚上，从大西门一直下坡就可以走到小西门，小西门是坡脚，东风西路从那里开始。

北门初名为"保顺门"，清代改为"拱辰门"。原址在如今的北门街北端坡头。由北门而得名的北门街从南到北全长约一千米，原路由大小不均的石板条铺成，路两侧也都是土木建造的老房子，街上的店铺很少，人也少。但是这条不起眼的小街和北门，却发生过许多大事件：1911年10月10日，辛亥革命云南革命军首先从北门杀进昆明城；1946年7月11日，著名民主斗士李公朴先生在北门街被国民党特务暗杀。如今的老北门遗址，仅保存了一条北门街，街上卖饭菜、服饰、珠宝等。

大南门地处城南，是交通要冲，地理位置优越，原址在如今的正义路与东风西路交界处，也就是昆明新百货大楼附近，从古至今都是最繁华的地段。

虽然老昆明这六座城楼都先后被拆除了，即使来到曾经原址所在的街道，也找不到什么痕迹，但是我们应该记住这六座城楼，毕竟它们是古代劳动人民智慧与汗水的结晶。

第一个修建老昆明城门楼的人是谁

明朝灭元后，明洪武十四年（1381年），明将傅友德、兰玉和沐英率师进入昆明，结束了元朝梁王在云南的统治，留沐英镇守云南。次年，沐英在昆明废弃历代土城，修筑砖城墙，城墙共开六门，门上各有一楼。

城门楼

也就是说，老昆明城门楼是名将沐英修建的。

那么沐英是谁呢？

沐英，明朝开国皇帝朱元璋的养子，明朝著名开国将领，今安徽定远县人。

沐英12岁参加朱元璋的农民起义大军，开始跟着朱元璋南征北战，后来被朱元璋的原配马皇后收为养子。十八岁的沐英因为军功卓著，被提拔为实权校尉，开始进入朱元璋的中层军事领导机构。朱元璋当上皇帝之后，沐英开始为他征战周边的少数民族地区。

37岁的时候，沐英被任命为征南元帅，与另外两位将军领兵30万远征云南。沐英在平定云南之后，被朱元璋命令镇守云南。这一守就是十几年，在镇守期间，沐英开始进行屯田建设，他让军队在空闲期间开垦荒地，进行农业活动。还大修水利工程，扩大滇池，疏浚河道，修建灌溉渠，保证农业所需的水利灌溉。还大规模地开设学堂，提高了人民的生活质量。

可以说，沐英不仅是明朝开国功臣，更是云南的大功臣。

吴三桂在小西门被刺杀了吗

有一个和小西门有关的历史故事，是"杨娥刺杀吴三桂"，那么这个故事是怎样的呢？

明朝末年，昆明的黔国公沐天波府中有一位女护卫，名叫杨娥，她容貌娇艳，武艺高强，在当地十分有名，一般的飞毛贼都对她闻风丧胆。杨娥有个哥哥，名叫杨虎，在哥哥杨虎的撮合下，杨娥与杨虎好友张子英结为夫妻，杨娥与丈夫张子英在黔国公沐天波部下充当护卫，并肩相协保护着黔国公府的安全。

后来，黔国公沐天波成为永历皇朝忠诚的支持者和追随者，杨娥与哥哥及夫婿因武功卓越，也被黔国公沐天波进献给永历皇帝做了御前护卫。但随着清军的逼近，永历皇朝的地盘越来越小，到了顺治十五年，清兵联合吴三桂分三路进攻云南，永历皇朝无力抵挡，只好率部众逃往缅甸。逃亡途中，由于风餐露宿，又粮食不济，总是克扣自己照顾妻子及他人的张小将患上了重病，病死在一片荒山野岭之中。

小西门城楼

张小将一死，杨娥成了寡妇，按当时的习惯，新寡之人在军中是不吉利的，所以杨娥只好由哥哥杨虎陪同返回云南。回到昆明的杨娥与哥哥秘密发展同道，继续进行反清复明的战斗。但是刚到昆明不久的兄妹二人就收到来自缅甸的噩耗，原来吴三桂挥兵追到缅甸后，抓到了在缅甸避难的永历皇帝及随从人员。随即吴三桂把这些人押回昆明并杀了他们，永历皇帝和黔国公沐天波都没有幸免于难。

杨娥兄妹亲眼目睹了自己追随多年的故君与故主同时殉难，心痛如刀割，同时也燃起了强烈的复仇之火。

经过一番谋划，杨娥与哥哥在平西王府附近小西门洪化桥开了一家豪华的"杨娥酒店"，尽量把店子搞红火以引起平西王吴三桂的注意，寻机杀掉他。"杨娥酒店"很快就在全城出了名。果不其然，垂涎杨娥美色的吴府护卫在"杨娥酒店"借着酒劲调戏杨娥，杨娥凭借高强的武功把他们教训了一番，这件事情传到了吴三桂的耳中。吴三桂本是个猎奇好艳之徒，一听说这个酒店老板娘不但貌似天仙，还有一套好拳脚，一下起了兴趣，便乔装成商人模样偷偷去"杨娥酒店"见了杨娥，然而杨娥并没有认出吴三桂，便失去了这次报仇的机会。但听熟悉的侍卫说，吴三桂那次暗察已相中了杨娥，并露出口风，说过些日子就要来将她娶进王府去。杨娥以为报仇的机会又来了，可惜因吴三桂的王妃反对他纳妾，杨娥便又失去了这样一个报仇的机会。

当杨娥日日等待着报仇的机会时，机会来了，杨娥被邀请去赴宴，并且吴三桂也会去赴宴。杨娥接到请帖后连忙做了准备，精心地化好妆，磨利了宝剑。

杨娥一切都准备就绪了，可惜天不从人愿，就在吴三桂带着一伙侍卫前来赴宴的途中，遇上了一个刺客，一剑没刺中吴三桂，刺客没入夜色中逃跑了。吴三桂蒙受一场虚惊，失去了赴宴的心情，当即折身回府去了。

几度的希望、兴奋，逐一地化为泡影，如此一折腾，杨娥的精神与体力都支撑不住了，回到家后，终于病倒在床上，吃不下一点食物，最终抱憾而终。

杨娥的历史事迹被写成了一部传记——《杨娥传》，这件事也被写在了《杨娥传》里，虽然杨娥在小西门刺杀吴三桂这件事有多少真实的成分我们无从得知与考证，但是杨娥确实是在历史上真实存在的人物，杨娥的存在告诉世人，其实女子也可以死得十分的悲壮，她虽然没有建功立业，但是她的事迹足以让人感到敬畏。也正因为这个故事，让小西门有了不一样的色彩。

护国战争是在护国门发生的吗

1915年冬，袁世凯称帝，遭到全国人民的一致反对。同年12月25日，云南首倡义旗，爆发了反对袁世凯复辟帝制的"护国起义"。1916年6月6日，袁世凯在举国上下的声讨中气绝身亡。

为纪念护国运动的功绩，1919年1月，昆明南城墙靠东一段被拆除，

修建了一座三孔拱形镂花大铁门，称之为"护国门"，

护国门曾是昆明的宏伟建筑之一。该门为四柱开三铸铁大扇花棂门，宽18米，高5米，表面涂有朱漆，门柱以花岗石为原料，上半部分雕以半圆形窗花图案；整座大门，上部设计成栅栏式，下部装饰着铁铸图案；三孔拱形镂花大铁门东、西两侧，建立两座对称的重檐门楼；大门正中上端由云南著名书法家陈荣昌先生书题"护国门"三个正楷大字，笔力遒劲，气势浑厚。

后来，经历了市政建设和"文化大革命"被拆除，1995年，纪念护国首义80周年，在南屏街与护国路交叉路口重新竖立起来的大铁门，没有了坚固美观的石柱，没有了颇具气势的重檐门楼的衬托，更像是一个无依无靠的老人，在风吹日晒中，孤零而单调地矗立着。虽然重建后的护国门渐渐淡出了人们的视线与记忆，但是我们不应该忘了护国门的意义，它是护国战争的产物。

由此可见，护国战争不是在护国门发生的，而是先发生了护国战争，后有了护国门。

老昆明的城门为什么被称为"龟"的首尾

昆明北倚长虫山，南临滇池，《民国昆明市志》中记载："昆明市有城高二丈九尺二寸，周围九里三分，形如梯式。西北面成长方形，东南面成三角形。"这与《南诏野史》的记载倒是大同小异："新建府城广十里，334步，共1964丈。城墙为夯土砖砌，高二丈九尺二寸，坐北朝南。"

根据上面的描述，早些年有人手工绘制了一幅《明清时期的古昆明地图》。地图上，昆明像极了一只趴在

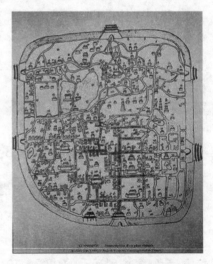

老昆明城图

倚长虫山与滇池之间的乌龟，样子有些滑稽。不了解昆明的人见了此地图可能会哈哈大笑，并且以为是有人恶意画了此图。

但后来在不少描写老昆明的著作中都见到了"龟蛇之城"的字样，再了解一下可能就笑不出来了，因为在中国人的传统文化观念中，龟、蛇，其实具有很浓烈的"灵"与"寿"的象征意味。

根据《民国昆明市志》和《道光昆明县志》的有关记载，证实了那幅《明清时期的古昆明地图》并非信手涂鸦，最初的昆明古城的确形似乌龟，并且理所当然地拥有其城门，甚至也不像其他一般古城那样，仅东、南、西、北各一道门，而是有六道。

如果以一只匍匐着的乌龟来比照古城昆明，那么它的龟尾就是北门，头就是南门，"龟"的右翼分别是大西门和小西门，左翼则分别是大东门和小东门。

所以说，老昆明的城门被比作"龟"的首尾和足并不是有人恶意为之，而是有情可原、有理有据的。

近日楼为何是老昆明人的骄傲

事实上，对于世居昆明的普通市民而言，什么咸和殷春、敷泽壁光、（尚明）丽正近日、宝成拓边，又什么威远康阜，拱辰望京（或者眺京），与他们其实关系不大，他们能记住的，只是大东门、小东门、小西门、大西门、南门和北门，唯令他们关注并引以为傲的，是那些城门曾经的"太气派了"和"太好看了"。

近日楼

以南门近日楼为例，或许是为了唤醒老昆明人某种自豪的记忆，2002年，仿古重建的"近日楼"竣工，据当时的媒体报道说，这是继金马坊、碧鸡坊、正义坊和东寺塔、西寺塔重新修建之后，历史文化名城昆明又出现的一大文化景观，它在夕阳的辉映下熠熠生辉，雄伟壮丽……

而对于以前的老近日楼，当时人们是如此描述的：近日楼"雕漆描彩，画栋飞檐，都仿照北京的正阳门……"并且它"曲栋雕拱，固庄严犹在也"。

近日楼始建于元代，南门原本叫"崇正门"，城楼名为"向明楼"，本来是南方为光明之意，但有人认为含有尊尚大明之意。到了清代康熙年间，云贵总督范承勋感到尊尚明朝而不尊尚大清，不合时宜，但改为何名，一时作难。再看大南城，坐北朝南，楼底东西宽约60米，南北长约40米，高约20多米。在当时，说它高大壮丽、气势雄伟，一点也不夸张。若是登楼而呼，那绝对有响遏行云的感觉，仿佛到了离太阳最近的地方。"举头红日近，回首白云低"，大南城头不正是显现出这种意境吗?于是，老昆明人建议改楼名为"近日楼"。一时间，这个名称使昆明的大南城名声更加远扬了。近日楼从此被老昆明人誉为"最接近太阳的高楼"，一提起这宏伟的名字，近日楼就足以成为老昆明和老昆明人的骄傲了。

然而20世纪50年代，因拓建横贯东西的昆明市中心的东风路，近日楼被拆除。为了发展旅游，昆明市政府于2002年决定将近日楼移址东、西寺塔之间重建，建成恢复"老昆明"风貌的步行街。

从步行街开街以来，每天都有万余人来这条步行街上寻访"老昆明"。游客中既有昆明市民，也有旅居海外的昆明游子；既有来自全国各地的游客，也有碧眼黄发的外国人。

新的近日楼已建成，老近日楼已不复存在了，那么如今的近日楼还会像老近日楼一样是昆明人的骄傲吗？我想，问题的答案，应该在每一个昆明人的心中。

老昆明城墙是如何从4650米变成只剩50米的

据了解，明代砖城建成以后，城墙、城楼多次局部坍塌，清朝先后对昆明城墙修葺过23次，并对城内外街道进行了较大改扩建，城郊设3坊24铺，街道150多条，巷道400多条。早年，城墙东至今晓东门，南至今近日公园，西至今小西门，北至圆通山北岭，环城有护城河。

现存的50米城墙

建国后最初的20年是昆明文脉被严重破坏的阶段，首当其冲的就是制约城市扩张的城墙。

20世纪50年代后，昆明的明代古砖城墙遭到毁灭性拆除，原有的城市格局因此破碎。拆除的原因是为了扩建城市，以及响应"消除封建残存"的号召。

其实在1922年，就已开始拆除城墙，先拆除南面一段，开辟一门，纪念护国起义成功，命名此门为"护国门"（在今南屏街下穿道口东北侧），俗称小南门。继之又拆除丽正门，保留"近日楼"。1930年拆除正义路以东、护国路以西城墙，填河建路，取名南屏街，今改为南屏步行街。

新中国成立后，1951年，拆除护国门至圆通公园的城墙，修建青年路，随后又拆除近日公园至小西门、大西门至圆通公园、小西门至大西门的城墙修建道路。从此，昆明大部分明代砖城都被拆除了，形成了今天的青年路、南屏街、东风西路。

如今，往日城池的荣耀已灰飞烟灭，变成了一条条拥堵的大路抑或是一个个高档小区的地基，4650米的明代城墙仅余象征性的50米。仅剩下的50米残存于昆明动物园东北角，是昆明唯一保留下来的明代古城墙遗迹。

昆明的街桥地名

　　当你来到一个城市，一落脚就是这个城市的街道，所以我们想要了解一个城市，就必然要了解它的街道，除了街道，探索走过的桥、去过的地方，也是快速了解这个城市的途径，毕竟每个地方的街桥地名都有它的故事，它们背后承载着很多历史事件和故事。

昆明的街桥

百万市民票选的昆明十条最美街道有哪些

街道是一座城市的脸面，也是一个人踏进这座城市的第一印象。2015年12月8日，由昆明《都市时报》组织的"昆明市十条最美街道、十条市民最不满意街道"评选活动启动。经过广大市民积极踊跃参与投票、市民巡访团实地走访评议，最终以131.2万张选票选出翠湖环路等"十条最美街道"和丰宁路等"十条市民最不满意街道"。

随着社会经济的发展，昆明城市街道建设也日新月异。如何定义一条街道的美，正如1000个观众心中就有1000个哈姆雷特那样，每个市民心中都有自己的评判标准。但不管是官方，还是民间，总有一些共同的标准。

此次评选活动有两大评选标准，具体包括道路路面平整、街面门牌广告设置规范、道路设施完备、街道特色、门前三包；路面清洁、街道绿化、环卫设施、街道两侧整洁有序、沟渠畅通等。

依据两大评选标准，最后评选出的"昆明市十条最美街道"分别有：

（1）翠湖环路

（2）滇池路

翠湖环路

（3）北京路

（4）前卫西路

（5）正义路南屏步行街

（6）西昌路

（7）春融街

（8）科高路

（9）红塔西路

（10）云大西路

同时也评选出了十条市民最不满意街道，分别是：

（1）丰宁路

（2）红菱路（蔡家村农贸市场路段）

（3）海屯路（云师大海源校区路段）

（4）盘江西路（良辰水逸小区路段）

（5）小普路

（6）福发路

（7）马街中路

（8）金锡路

（9）斗南路

（10）吴井路

相信评选的真正目的并不是单纯为了比较，而是希望受到好评的"最美街道"能够继续保持，而"最不满意"街道可以加速改进。大家一起努力，让昆明拥有更多的"最美街道"。我想，这才是评选的真正意义。

南屏街为什么有昆明"华尔街"之称

南屏街是昆明历史上古老的商业街，是昆明旧时的金融、商业和娱乐中心。在抗战时期，以南屏街为中心，包括护国路、金碧路在内的街区里金融机构多达48家，有昆明"华尔街"之称。那么南屏街为什么有昆明"华尔街"之称呢？仅仅因为它是老昆明的金融商业中心吗？

南屏街拥有4万平方米都市休闲娱乐空间，拥有"地浮雕以及旱喷泉"，还有昆明民间柱础特色街头休闲凳，另外还拥有表现了老昆明民俗民情的"遛鸟""挑水""照相""卖吆喝""跳海牌"5组情景雕塑。

南屏街

"近日公园"下穿工程完工后，在街道表层行人通行，边侧留下公交车道，东风路与南屏街接通，宝善街、正义路、三市街的商圈将连通。

南屏步行街建在"近日公园下穿工程"的地面部分，街区全长685米，两侧的商业建筑建于20世纪二三十年代到本世纪初之间。总面积3.67公顷的街区全部由正方形小青石等石材铺装，沿线设有5组情景雕塑；此外，西口安置有"日进斗金"标志小品，东侧设置"草帽当锅盖"喷泉水景，正义路与南屏街交叉口的核心区，则是"地浮雕以及旱喷泉"，周围设置有街头休闲凳。

步行街的4只巨大"通气柱"上，将镌刻来自云南先贤的格言警句，在过去老城墙的位置相对应的街道上，象征性地设置内容为"云南十八怪"的景观墙。在近日公园大花园被拆除的原址，一个100平方米的地浮雕成为一个罕见的"城市景观"浮雕。一幅老昆明地图地浮雕镶嵌在昆明的传统中轴线上。10×10米的地浮雕，在其中的花岗岩上镶嵌8×9.6米的"老昆明地图"，根据绘于清末的完整老昆明城区地图设计制作而成。5组雕塑，反映老昆明民俗民情的"遛鸟""挑水""照相""卖吆喝""跳海牌"场景。

由此可见，南屏街被称为昆明"华尔街"并不只因为它是昆明的金融商业中心，还因为它是一个十分有特色的街道。它的特色就在于它的建筑不仅代表着老昆明的特色，也蕴含着老昆明人的智慧。

你知道珠玑街原来叫"猪集街"吗

珠玑街位于圆通山东南部。北起米厂心，南至长春路，长1公里。和青年路，临江路平行。以前是买活猪的市场，原称"猪集棚子""猪集街"。

珠玑街

1944年，因为名字太难听，且猪市已经搬离，经过登报征求改名意见，按音近雅化后取《楚辞·七谏·谬谏》中"玉与石同匮兮，贯鱼眼与珠玑"的珠玑而得名，意为珠玉荟萃，美丽之地。现在都是居民小区和各种商住楼了。

其实很多人并不觉得"猪集街"有多难听，就像昆明也有马街、狗街一样，是有趣的名字，但是不管是"猪集街"还是"珠玑街"，都是属于老昆明独一无二的街道，我们应该了解它，老昆明人更应该记住它。

钱局街是造钱的地方吗

清代的货币大多是铜钱，而当时铸造铜钱的原料则大多由云南运到北京。由于运输路途遥远，清政府干脆把铸钱的工作交给了云南。根据雍正《云南通志》记载，公元1660年，首次在云南开局铸钱，以昆明为铸造制钱的基地，并在东川等地分置铸炉，由吴周在昆明设立宝云钱局，主持造钱。

钱局街

宝云钱局在昆明的设立催生出了一条以钱局命名的街道，这就是"钱局街"。

一开始，云南铸造的铜钱，技术上不过硬，产量很少，主要仍然以铜供应内地铸钱局。到了清代乾隆年间，云南铜钱终于成为优质产品，超越了其他省铸造的铜钱。现在闻名于钱币收藏家之间的"金钩钱"，就是其中之一。现在，这种钱已经成为颇具身价的稀世珍宝了。

光绪年间，大清朝风雨飘摇，全国各地的钱币也一片混乱。公元1707年，清政府改宝云钱局为度支部云南造币分厂，希望重新铸出优良钱币来挽救经济上的危机。只可惜当时造币局总办严某不计成本、大肆进购铜矿原料，虽然铜钱质量上升了，其挽救经济的"效果"却大部分被严某等官员中饱私囊了。

1911年，昆明重九起义爆发，民国政府将造币厂改名为云南造币厂。当时已经宣告独立的云南拥有了独立造币的资格，"唐头""半开"钱币从这里流向了全云南。

虽然如今的钱局街已经变成了一条商业街，但是一直到现在，很多昆明人都认为在钱局街上做生意可以发财，究其根源，这里就是造钱的老地方。

所以，"钱局街"就如它的名字一样——造钱的地方。

长春路与长春市有什么关系

长春路在五华山以南，原东起北京路西至正义路，长1.2千米，明代形成街道，明清时全路分为五段。20世纪50年代因为长春观、长春坊、殷春楼（大东门城楼）皆含长春之意改称长春路，寓意昆明四季如春。

1998年，在贯通人民东路、人民西路的城市道路建设中，将长春路和武成路大部分改造拓宽、拉直，改名为人民中路。昆明人都知

20世纪80年代的长春路

道昆明有条"人民中路",却可能忘了,它曾经的名字是长春路和武成路——两条路都是几百年来形成的昆明繁华之地。

而长春路并不是一开始就叫长春路,它曾有过很多名字:

早在元代,五华山还是满山大树,盛产今天已经成为保护树种的秃杉。昆明人在这里砍树加工木材,街上满是树皮,因此,由象眼街至兴华街一段,得名"树皮坡"。

明朝初年,道士刘渊然来到昆明,在这里建立了道观"长春观",由此,中国道教门派里一个重要的派别"长春派"在此开宗立派,由正义路至象眼街这一段路也就得名"长春坊"。

到了清代,这里又成了昆明城加工皮革的作坊云集之地,生皮制成熟皮,地名一变,成了"熟皮坡"。

再往东走,就是昆明城的东门,大东门,系1382年沐英修建的昆明6座城门之一。高4层,城门叫咸和门,城楼名殷春楼,位于今人民中路与青年路交叉口处。通往东门的这一段,兴华街至小花园,就叫大东门正街,以旧城大东门得名。

又因为大东门的正式名称叫咸和门,出了门再往东一段,小花园至北京路,得名咸和铺。

民国时期,因这几段路都连在一起,政府干脆把整条路连在一起取名为"绥靖路"。

中华人民共和国成立后,绥靖路的名字被改为长春路。

由此可见,长春路与长春市并没有任何关系,就像之前的其他名字一样,只是在特定时期老昆明人对它象征性的称呼而已。虽然如今的人民中路高楼大厦林立,但少了许多人情味和原生态,过去的长春路印象仍深深刻在许多老昆明人的脑海中,算是老年人的怀旧情结吧。

东寺街与书林街之间那段路为什么叫"鱼课司街"

鱼课司街,东起书林街,西至东寺街,唐南诏时,此地设管理水产、征收鱼税的衙门"鱼课司","鱼课司街"由此得名。

以前的鱼课司街，道路两旁几乎全是低矮的平房，石板铺筑的路面，街道狭窄，而如今的鱼课司街，早已是水泥铺筑的路面，街道已经扩宽，两边全是高耸的店铺和商住楼，旧时建筑渺无踪迹，只有"鱼课司街"的标牌能让老昆明人想起许多往事。

鱼课司街

明清时代的鱼课司街上百姓买卖水产、官员征收鱼税的场景，现代人只能在古人的游记、诗文中寻觅了。

所以说，"鱼课司街"这个街道名字也没有什么特殊的由来，就如同其字面意思，一个与"鱼"有关的街道。

一二一大街与一二·一事件有什么关系

一二·一事件是解放战争时期一次大规模的反内、战争民主运动。抗日战争结束后，全国人民希望实现和平民主，但国民党政府却一意孤行，坚持一党专政，并在美国支持下奉行内战政策。

1945年国共两党签订的《双十协定》墨迹未干，国民党便背信弃义，向华北、东北、华东、华中各解放区发动进攻。为此，11月5日，中共中央号召"全国人民动员起来，用一切方法制止内战"。处于全国民主运动中心的昆明青年首先行动起来，迅速投入反内战、争民主的运动。11月25日晚，昆明几所大学的学生自治会在西南联合大学举行时事晚会，到会者达6000多人，民主战士吴晗、周新民、闻一多参加了讨论会，钱端升、伍启元、费孝通、潘大逵四教授就和平民主、联合政府等问题作了讲演。演说正进行时，包围会场的国民党军队突然用冲锋枪、机关枪、小钢炮对会场上空射击，进行恐吓。

次日，昆明3万学生为反对内战和抗议军警暴行宣布总罢课，提出立即停止内战、撤退驻华美军、保障人民民主权利、建立民主的联合政府等口号。学生组织了100多个宣传队上街宣传，遭到国民党特务的殴打和追捕，许多学生受伤。12月1日，大批国民党特务和军人分途围攻西南联大和云南大学等校，毒打学生和教师，并向学生集中的地方投掷手榴弹，炸死了西南联大、昆华工校和南菁中学的学生和教师等4人，重伤29人，轻伤30多人，造成了震惊全国的"一二·一惨案"。

昆明市的"一二一大街"，正是为了纪念在"一二·一惨案"中牺牲的烈士们，同时也让人们可以铭记历史。

三市街为什么是昆明的"颜值担当"

三市街位于南屏步行街片区，属于昆明市中心区域的"颜值担当"。那么三市街为什么是昆明的"颜值担当"呢？

多年来，三市街作为昆明传统的核心商业区，随着城市的发展和年代更迭，许多现有的景观、建筑立面已不能满足人们的现代审美要求。2016年底，为提升昆明城市品位，重现昆明传统商业区的繁荣，五华区对三市街沿线的市容环境进行了提升改造，作为五华区重点区域提升改造的试验段，改造范围南起三市街与金碧路交叉口，北至三市街与南强街交叉口，全长约270米。目前该路段两侧建筑风格多建于20世纪90年代，改造后成为既具有历史文化特色又满足各方面功能需求的国际化、民族性的样板步行街。

三市街街景

虽然三市街目前仍处于改造阶段，但是也已经能看出一定的改造效果了，沿着金碧路走进三市街，反差最大的是，原先只能从两侧通行的道路已经被打通，6个水池全部被改造成步行道并贴上地砖。道路两旁的绿色植被虽然少了，但品质提高不少，原先8排的小叶榕已经被替换，替换的树种有云南樱花、银杏树、蓝花楹、桂花等。刚刚移栽过来的樱花已经开花了，未来从金碧路进入三市街将会出现春有樱花、夏飘蓝花楹雨、秋天赏银杏黄叶的秀美景观。

我想，三市街之所以被称为"颜值担当"，不仅仅是因为它的街道美化程度，还有一部分原因是它不断改造不断进取的态度，让它成为了人们心中的"颜值担当"。

你知道鸡鸣桥的传说吗

在金碧路的西头，紧邻着省一医院（昆华医院），玉带河从柿花桥下流淌过来，穿过金碧路的地方有一座桥，这就是"鸡鸣桥"。

横跨玉带河上的鸡鸣桥，始建于1457年至1464年间，鸡鸣桥长8米，宽7米，桥身用青石砌成，为方便行走，桥两端还用石板铺垫。同时为抵抗外患，还在桥头砌有土楼飞檐建筑的牌坊，成为当时入村的界楼、关口。鸡鸣桥原名小泽口桥。那么后来为什么改名为鸡鸣桥呢？你听说过鸡鸣桥的传说吗？

鸡鸣桥

明末清初，明朝永历皇帝逃至云南，维系着他的"马背王朝"，在五华山称帝。张献忠部将孙可望与吴三桂相勾结进攻昆明，永历帝败走滇西进入缅甸，最后被缅王诱捕后交给吴三桂。

永历帝及其家属侍从百余人被满清兵丁从中缅边境押解赴昆。公元1622年3月某日到达碧鸡关，在碧鸡关吃过晚饭后连夜进城，从弥勒寺经金碧路进城，跨过玉带河时，晨曦东现，雄鸡报晓，永历帝感慨万千，回头对众家属及侍从人员交代和诀别："马上就进省城了，吴三桂肯定要取我的首级去向满清政府邀功请赏，你们各自珍重吧！"话毕仰天长号，泪如雨下，鸡鸣声混合着永历帝的长号悲歌，撕裂着每个人的心肝。永历帝的两个侍从跳入滚滚的玉带河自尽，还有侍从欲跟着跳河自杀，被押解的兵丁快刀砍死。永历帝一行被押解进城，后人为了永久地纪念这一历史事件，就把金碧路玉带河上的这座桥叫做鸡鸣桥。

数百年来，朝代更迭，历史变迁，但鸡鸣桥的叫法却一直沿袭至今。鸡鸣桥，承载着一段令人难以忘怀而催人泪下的历史悲歌。

护国桥与护国战争有什么关系

1915年，护国战争爆发。反袁护国运动胜利后，当时的云南军政当局，为了纪念护国战争这段历史，就把横架在护城河上的白鹤桥改名为护国桥。

护国桥全长23米，宽17.5米，为古朴典雅的双孔石桥，桥体由栏杆、拱顶、拱眉各部组成。桥体东、西两侧遍刻象头、龙头、云头、云尾、日、月、光、华、龙象呈瑞。南北桥头雕有栏柱，祥云缭绕，气象万千。

护国桥一角

后因护城河淤积回填，加上道路改造，护国桥于20世纪50年代被掩埋地下长达半个世纪的时间，1999年因昆明举办世界园艺博览会，重修道路，埋于地下50多年的护国桥乃重见天日。重建护国桥被列为世博会重点文物保护重建工程，于1999年11月动工，2000年7月竣工。一代名桥，重现真容。

护国桥在今护国路中段与南屏街交会处。护国桥与护国门、护国纪念标隔南屏街遥相呼应，构成了一组护国路南北路口之间的护国运动和护国战争革命历史的纪念地标。

护国桥，承载着护国革命运动的历史勋绩，在新的世纪里，向世人展示着雄雄英姿。

你听过关于霖雨桥的奇幻传说吗

霖雨桥横跨盘龙江，长约37米，宽约10米，属三拱石拱桥，处盘龙江中游。霖雨桥始建于明代，后被洪水冲损；清康熙四十九年郡人熊兆武等筹款重修；嘉庆四年，云南巡抚初彭龄又重修，曾碑刻记此事，现碑已遗失。

明、清年间，此桥为嵩明、寻甸二州州官百姓往返昆明必经之桥；元、明、清三代，桥两岸为军民屯垦之所，同时是昆明官府百姓到黑龙宫祈雨必经之桥。那么你听过关于霖雨桥的奇幻传说吗？

据民间传说，清朝太子少保云南总督岑毓英由京城来云南上任，途中遇一道士何光舟与其同行。途中道士得总督照应，与总督同食同住结为良友。到昆明分手时，道士感念总督路途照应，许下"若岑毓英遇有难事可到黑龙潭来会，定相助"的诺言。

霖雨桥

岑毓英到任后，云南连续三年天旱无雨，大地龟裂，百姓苦不堪言，各地百姓官员纷纷烧香求雨，但仍无滴雨。岑毓英总督深感焦虑，忽忆起三年前与何道士别时相许，即选吉日，号令全城斋戒三日，禁屠三日，其亲到黑龙潭，请何道士祈雨。至黑龙潭，见黑龙潭龙泉观主静虚道长，相谈方知何光舟道士为云南龙王，住黑龙潭。总督即至黑龙观正殿上香，恭身祷告，至龙潭前会龙王金身，文武官员也同会龙王。总督打轿回府时，一路大雨随轿同行。抬轿者轿前烈日高照，晒得大汗淋漓；轿后电闪雷鸣瓢泼大雨，淋得轿后者喘不过气来。轿前人要赶回休息，轿后人要停下避雨。两轿夫一路吵嚷不休，行至一大石桥，轿内总督无奈，对轿外大声念到："谢谢龙王。免送，免送！"此时轿行至石桥正中，大雨忽停，只见石桥一边为雨水洗得一尘不染，另一边被太阳晒得石头发烫。自从岑毓英总督上香后，连降大雨，旱情解除。从此，昆明坝子连年风调雨顺，百姓丰衣足食。石桥因干旱逢大雨，而得名"霖雨桥"。

这就是关于霖雨桥的传说，既然是传说，真假与否便无从考证，读者心中信则有不信则无。无论真假，这个传说都是美好的，也给霖雨桥增添了许多奇幻色彩。虽然如今已经在别处新建了霖雨桥，但是老霖雨桥仍然保留着，霖雨桥老桥现在只供行人通行，汽车不能通行。所以对老霖雨桥的传说好奇的人可以亲自去走一走，感受一下传说中曾经一半日出一半雨的"奇"桥。

油管桥真的是用输油管搭建的吗

滇缅公路于1937年11月开始修筑，到1938年8月全线通车。在这个时期，昆明北郊修筑了一条连接东、西两端的公路。由于盘龙江横穿这条公路，需要架桥连接。当时战局紧迫，包括美国在内的世界各国对中国抗日战争战略物资的支援，急需从缅甸运往中国各抗日战区，不可能花很长的时间内，用其他材料来修建这座桥。因此使用了西起印度加尔各答、东至昆明金马寺油库，全长3000多公里的中印输油管的管道来架这座桥。全桥在很短的时间，全部用输油管道（无缝钢管）架接而成。

这座抗战时运送军用物资的桥本来无名，因为它全部使用输油管架成，便被昔日的昆明人称为"油管桥"。解放后，在此桥的下游新建了一座石拱形的公路桥（昔日称新桥），油管桥被拆除了。今日的油管桥新桥又称作"环北桥"。

在油管桥新桥北侧，紧邻着一座米轨铁路桥，这段米轨是滇越铁路的一个组成部分。

油管桥是盘龙江流入老城区的第一道桥，历史较为久远，20世纪90年代初期新建的小菜园立交桥与其互为邻里，两桥组成了一道靓丽而奇妙的城市桥梁风景线。

综上所述，油管桥就像它的名字一样，是由输油管搭建而成的。

得胜桥是为了纪念某个战争胜利而得名的吗

昆明城里金碧路和青年路延长线交会处，横架于盘龙江之上的这座桥就是得胜桥。这是一座古桥，始建于公元1297年元朝时期。桥建成之时，正逢朝廷改元大德，所以得名"大德桥"。1393年重修，改名为"云津桥"。

清代康熙帝平定吴三桂，清将赵良栋带领两千多人猛攻云津桥，桥毁坏严重。1823年，官府重修该桥，改名"得胜桥"，意为清将赵良栋在此打败吴三桂军队而得胜。

旧时的得胜桥

这里是旧时昆明的水陆交通要道，商贾云集，市井繁荣，商业兴旺，自古有"一桥飞贯日之虹"的美誉，元人王升赞叹"千艘蚁聚于云津，万舶峰屯于城根；致川陆之百物，富昆明之众尾"。说的就是当年得胜桥的繁盛景象。

你知道吗？中国第一座水电站——石龙坝电站的机器设备，经滇越铁路运到昆明后，就是从得胜桥旁的云津渡下水装船，运往海口石龙坝的。

今天我们见到的得胜桥，是于1985年4月重修过的，今天的得胜桥，有快、慢车道和人行道，比老桥宽了3倍。桥上车水马龙，畅通无阻。桥的左、右两旁，高楼林立，商铺满街；马路上，汽车川流不息，这就是21世纪的得胜桥。

虽然得胜桥的往日兴衰之事，已成过往烟云而无处可寻了，但是可以确定的是，得胜桥是为了纪念清将赵良栋在此打败吴三桂军队而得名的。

你听说过通济桥与阿盖公主的故事吗

说起与历史相关的昆明地名，有这样一句话："梁王除段功，通济桥边，阿盖公主，泪湿罗衫。"说的是"通济桥"与元代阿盖公主的故事。

通济桥，如今已不复存在。《新纂云南通志卷三十六·通济桥》转引《云南府志》说：“源由盘龙江达濠水，流入于市而不可渡，因建是桥。元梁王格杀段平章于此。今水涸而桥存。”《云南府志》为清康熙年间所纂，当时“水涸而桥存”，后桥亦拆除。

段功，官至云南行省平章政事，也称段平章。段功原为蒙化（今巍山县）知州，因元朝征讨木邦思可法之战有功，公元1346年升任大理总管。梁王为感谢段功保境退敌之功，“奏授段功为云南行省平章，以女阿盖妻之。”

通济桥

阿盖虽为蒙古女子，但深通汉文，擅长诗词，美貌聪颖；与段功夫妻恩爱，感情日笃。但因元朝统治集团与大理地方势力间本有矛盾，段功威望日增，有人乘机进言，说段“有吞金马、啖碧鸡的野心”，梁王便对段功开始心存怀疑，于是下决心杀了段功，密召阿盖公主：“今付汝孔雀胆一具，乘便可毒殪之。”阿盖劝段西归，三谏终不听。至七月中元，梁王“邀功赴东寺演梵，至通济桥，马逸，因令蕃将格杀之”（《滇考下》）。“梁王杀段功，阿盖闻之痛哭……盖命侍女锦被包之，以王礼敛，送归大理，作诗挽之。”

梁王杀段功，也断送了爱女的幸福，致使阿盖痛不欲生，绝食而死。清人杨琼《滇中琐记》载：“盖闻变，痛哭欲自尽，梁百计防卫，终悲愤作诗，不食而死。”另说，阿盖于通济桥跳水自尽。

沐英平定云南后，曾于昆明南郊柳坝村建阿姑庙，纪念阿盖和段功，庙之楹柱上挂有对联：“祸变起伦常，夫也何辜，父也何仇，泣尽千行血泪；奇冤含肺腑，羞兮休怨，宝兮休怒，怜此一片贞心”。

根据通济桥上的这段史实，郭沫若编写了《孔雀胆》的话剧。剧中的“安排”，阿盖是吞孔雀胆自尽的。近半个世纪以来，此剧被多次搬上舞台，尤其是席明真移植的川剧本，1955年由原四川省川剧院首演，连演200多场，很是轰动。

这就是通济桥与元代阿盖公主的故事，这不是传说，而是史实，可以说是一段凄美的爱情故事，同时也为通济桥增添了几分凄美的色彩。

洪化桥是如何得名的

清初承华圃前的通道，北头洗马河上源有石桥，1679年，吴三桂之孙吴世璠在昆明继位，改元"洪化"。

吴世璠是吴三桂之孙，吴应熊之子。康熙十七年（1678年）吴三桂病死后吴世璠继位吴周皇帝，年号洪化。康熙二十年（1681年），定远平寇大将军赵良栋、彰泰、赖塔等从蜀、黔、桂三路入云南，占五华山，围昆明城，城内粮食不继，文武大臣纷纷投降。十月攻破

"洪化桥"街

昆明，吴世璠兵败自杀，残部6700余人投降。

吴世璠改国号为"洪化"后，王府称洪化府，府前的石桥便命名为洪化桥，洪化桥由此得名。

金殿、莲花池与吴三桂之间有关联，是很多人熟悉的，不看路牌，很多人都不知道洪化桥与吴三桂家族有关。

虽然洪化桥现在也仅有一条路，桥已无踪，洪化府亦无半点踪迹，但是，对洪化桥以及它的历史感兴趣的人可以亲自去看一下。或许无迹可寻，可说不准你就找到了一丝过往的痕迹呢。

小西门的龟背立交桥为什么被称为"新加坡"

上文中提到过，大西门和小西门在一座坡的坡头与坡脚上，小西门本是坡脚，东风西路从它那里开始，然而向东原本是可以一路平坦的，但前些年，可能市政建设者们觉得"龟城"的昆明不能没有"龟背"，

就在那里建了一个龟背立交桥，结果，新桥改变了当地的市容不说，交通堵塞的状况改善效果有限，车辆数量的增加更加重了龟背立交桥的堵车，可称得上是春城的一道新景观，凡是开车坐车路过的人无不摇头叹息。以致在众多的诟病者中，它博得了一个浑名叫"新加坡"——新加的坡。

龟背立交桥

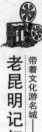
有趣的地名

你知道吗？昆明这些地名里都带"鸡"

1.小鸡嘴

山名。在官渡区小哨乡杨梅箐村西北面。海拔2251米。因山形像鸡嘴而得名。

2.公鸡箐

在昆明市西山区团结乡大河村北面。因箐中出一泉水，从前常有当地人以公鸡祭之，故名。

3.石鸡村

在安宁市一六街乡驻地北面。以村边有一块似鸡的石头而得名。

4.叫鸡山

在昆明东郊东白沙河水库北面。海拔2025米，范围0.3平方千米，多针叶林。因从前山林中常有野鸡鸣叫而得名。

5.杀鸡山

在昆明东郊，官渡区大板桥镇西部与阿拉乡交界处附近，棠梨坡村之北。其山海拔2115米，范围0.4平方千米，生长混交林。因从前乡民每逢天旱，到此山杀鸡祭天，祈求老天下雨的旧习俗而得名。

6.鸡街乡

在寻甸县城西48千米。县辖乡。面积226平方千米，人口3.05万。辖鸡街、泽和、耻格、极乐、黑山、南海、拖姑、古城、彩已、北屏、四哨11个村民委员会。以驻地鸡街村而得名。鸡街，因历史上逢属酉（鸡）日在此赶街而得名。

7.鸡蛋山

在昆明市西山区海口镇里仁村北，山冲村南。海拔2111米，长有针叶林。因山形椭圆似鸡蛋，故名。

8.金鸡巷

在昆明城区翠湖之西。北起文林街，南至石牌坊巷。长201米。清初以巷近吴三桂的平西王府亦即后来之洪化府的后园，常闻园内雄鸡啼鸣之声而得名。

9.使鸡山

在昆明东北郊。云南省种畜场西北面。其山海拔2008米，范围0.2平方千米，生长针叶林。因从前有人在此山杀鸡祭神，俗称"使鸡"，故名。

10.放鸡场

地片名。在盘龙区双龙乡西部，撒马坪村西1.5千米，约2万平方米的地面。因附近有小水塘，从前曾有滇东贩鸡者常在塘边场地上歇息，放鸡饮水啄食，得名放鸡场。

11.养鸡场

村名。在昆明市西山区团结乡妥吉村东6千米。9户，43人，彝族。因1958年人民公社在此建鸡场养鸡得名。

12.碧鸡坊

原在昆明城内金碧路上。与金马坊东、西相对，跨街而立，路经坊下而过。两坊始建于明代，为古建筑之珍品。"金碧交辉"为昆明八景之一。1966年以疏通道路交通为由而将两坊拆毁。1998年左右于金碧路南面广场上新建金马、碧鸡二坊。

13.碧鸡路

昆明西南郊。东起明波立交桥，通二环西路、二环南路，西至碧鸡关。

14.碧鸡巷

在昆明近日公园之南。北起金碧路的独口巷，长52米。清时曾以巷内出售裹脚布得名"裹脚巷"。辛亥革命后以其名不雅和地近碧鸡坊改称"碧鸡巷"。

15.碧鸡关

关隘名。在昆明西郊，碧鸡山（即今西山）之北，昆瑞公路所经。历史上为通往滇西的咽喉，两山夹立，中通一道，形势险要，属军事要地，明代起在此设关隘，并建有两处阁楼，驻兵镇守。因此关居碧鸡山之北，得名"碧鸡关"，为历史上省城通往滇西的第一关。

16.鸡茨棵村

呈贡马金铺乡驻地化城东南5.5千米。因附近名叫"鸡茨"的野生草本植物甚多而得名。

逼死坡曾逼死了谁

明代末年，李自成、张献忠等领导的农民起义军席卷大江南北。李自成进入北京，推翻明王朝的统治。明将吴三桂勾引清军入关，共同镇压义军。农民义军由反明转向抗清。明王朝在江南的一些官吏，为撑持半壁河山，曾先后拥立明王室后裔福王朱由崧、鲁王朱以海等为帝，但都很快失败。

逼死坡永历帝墓

1646年1月，又拥立桂王朱由榔于肇庆，次年以永历为号，是为永历帝。1656年2月，原农民起义军张献忠部将李定国等，把永历帝护迎至昆明。李定国治军严明，云南暂时得以安定。永历下令举行乡试，开科取士；改铸铜钱"永历通宝"，便于流通；以"扶明"为口号，团结了一批抗清力量。昆明一时成为抗清的重要基地。

1658年12月，清军三路入滇，集于曲靖。永历帝遂率军西走，越兰津，过腾冲，至缅甸。吴三桂带领清军步步追击。四月二十五日，吴三桂拟杀害永历帝，有人说："彼亦曾为君，全其首可也。"吴三桂遂令部将进帛。永历帝与太子等，遂被逼自缢于五华山西侧的蓖子坡金蝉寺，后人以谐音称之为"逼死坡"。

由此可知，"逼死坡"原本叫蓖子坡，后因永历帝与太子在坡上被迫自杀而改名"逼死坡"。

洋浦的地名由来与羊有关吗

洋浦这个地名来历较复杂。明朝洪武十四年（1381年），明军攻打云南。元军大部队在曲靖白石江大败后，昆明城岌岌可危，有人给据守昆明的元梁王呈上一计：战国时候，齐国和燕国打仗，齐国组织了千余头牛，牛角上绑刀，牛尾上束上抹布灌上油。点燃牛尾，牛猛冲燕军，齐军乘势杀出获得胜利。昆明不妨也来上一次？梁王大喜，依此照办。但昆明没有那么多牛，于是用羊代替。元军就在城外山坡上搞了个"火羊阵"。可惜这些羊没有遵守"羊战法"，直冲坡下的敌阵，反而横冲直撞，把元军的阵式冲乱。明军乘机进攻，打了胜仗还大吃了一顿烤羊肉；梁王兵败自尽。这个山坡由此得名"羊坡头"。后系讹传，成了"羊甫头"。继而有了"羊甫"，这才是最原始的名字，一个因为羊而得名的地方。

马街上有马吗

马街可以说是距昆明最近最大的一个乡村集市，位于昆明西山区，是茶马古道上的首个集市。这个曾经有"云南第一镇"之称的街道，据说从百年前的清朝开始，便有了赶集的传统。每次集市日，周围数公里的村民们带着自家生产的农副产品聚集至此进行交易。随着时间积淀，马街赶集规模越发扩大，也从之前每12天赶集一次变为每周日赶集的传统。

随着马街拆迁工作的启动，马街新城改造项目正式开工，这个有着

马街集市

百年历史的乡间集市将退出历史舞台。曾经熙熙攘攘的马街，将逐渐被投资百亿的昆明市"次商业中心"的繁荣所取代。

赶马街曾经是昆明人必修的项目。每到周日上午天一亮，马街的各条街道上便已经人头攒动，路上的摊位达3000多个，赶集的人多达五六万。

在这一天，马街各个街道没有一丝缝隙，背着背篓、提着购物袋的市民挨个贴身地在卖货地摊的商贩之间挪动。在马街中心的主干道上，云集着贩卖衣物、农副产品、日化用品、土特产和各种小吃的商贩，而各条分支街道也演变成了贩卖家禽、犬类、种子等各个较为"专业"的市场。

马街上并不是因为有马才叫马街，与"鸡街""狗街"相似，马街是以12生肖之中的"马"为周期，每12天赶集一次，因此而得名。

但昔日马街上热闹的场景，随着城中村改造的进行，将只能成为昆明人记忆中的风景了。

薛家巷是薛尔望的故乡吗

薛尔望是明末清初时的昆明书生。据《明史》记载，公元1661年，吴三桂率领清兵追击南明永历帝，永历帝从昆明败走缅甸。薛尔望看到南明大势已去，叹息曰："不能背城战，君臣同死社稷，故欲走蛮邦以苟活，重可羞耶！""吾不惜以七尺躯为天下明大义。"于是就携妻儿媳孙侍女投潭殉节。

后人称之为忠义之士，为其立墓纪念。墓旁原有一纪念亭，名"起云阁"。阁中曾挂清

1991年的薛家巷

康熙年间云南按察使许宏勋撰写的一副楹联："寒潭千载洁，玉骨一堆香。"清末，云南经济特科状元袁嘉谷也曾撰联一副，赞扬其品质："扶一代纲常，秀才真以天下任；奉千秋俎豆，伊人宛在水中央。"现在，袁联悬于黑龙宫中，已是后人所书。

薛尔望家原住昆明小东门外薛家巷（现桃园小学所在地）。这里曾有袁嘉谷题的"明忠义薛尔望故里"碑，此碑现存于黑龙潭碑馆之中。薛家巷也因为是忠义之士薛尔望的故乡而被赋予了一层传奇色彩。

一窝羊有羊吗

圆通山东北面，原来紧挨着古城墙的外边丛生着一大片青灰色山石，从山脚到山顶，一堆一垒，大小不一。从城墙上往下望，它们分布得杂乱无章，或聚或分，一块块一簇簇地从土里冒出来，乍一看就像羊群在山坡上悠然吃草，特别是冬天下雪后，那些"羊群"的模样更是栩栩如生，因此人们以形喻名，称这一带为"一窝羊"。

自古以来，昆明民间都有这样的传说，圆通山上的一窝羊每年都在神秘地长高，如果真是这样，那是地质变化的缘故。这种现象引出一个迷信的说法：清初，昆明原来的南通街和顺城街东口一带被称为"羊马市铺"，是云南府城的二十四铺之一，也是昆明市井中有名的农副产品市场，后来民间将这一带叫做"羊市口"。老昆明没有什么高大建筑物，人们可以从羊市口直接看到圆通山上的一窝羊。

由此可见，一窝羊上没有羊，只因为从远处看，一堆堆的山石像羊而得名。

先生坡上住的是教书先生吗

直到今天，"先生坡"的路牌还挂在那巷道坡脚古老的山墙上，其貌不扬的小巷位于昆明翠湖之北，南起翠湖北路，北至文林街，北高而南低，长115米，宽约3.5米。以现代人的眼光来看，不过是条陋巷。

那么先生坡为什么叫先生坡呢？是因为这里曾经是教书先生住的地方吗？

先生坡街景

想当年，这里学风涌动，文气飞扬。明、清两代是注重学历的时代，要想在朝廷中混个一官半职，至少要考上举人；想做大官，非进士不可，所谓"身非进士，不能入阁"。

抗日期间，因为西南联大的缘故，许多作家、诗人和名教授云集昆明，李公朴、闻一多、朱自清、陈寅恪、钱钟书、沈从文可能谈论着战局、国家命运走过这条小巷，有的还曾住过这里。

此地靠近云南学子向往的贡院（现云南大学内），早先设有驿馆，每逢乡试，各府、州、厅、县前来赶考的秀才大多住在这里。民间百姓把秀才尊称"先生"，故而这小巷就被叫做"先生坡"。

由此可见，先生坡上住的不是教书先生，而是秀才。

鬼门关真的有鬼吗

鬼门关是一个山名。在昆明东郊，官渡区大板桥镇西部与盘龙区双龙乡交界附近，棠梨坡村北面。其山海拔2143米，范围1平方千米，山上长满长针叶林。大板桥镇西部与盘龙区双龙乡交界处地势陡峭险峻，加上两旁长满松树遮挡了阳光，环境有些昏暗，行人走起来艰难，使人望而生畏，所以便叫它"鬼门关"，并把此名沿用下来。

由此可见，这个地名和恐怖、鬼并无关联，而是形容地势陡峭险峻。

昆明还有哪些有趣的地名

（1）黄瓜营：在昆明城南环南路与海埂路交会处的东北面。不是因种黄瓜而得名，而是因明代驻兵营地，首领姓黄，而称黄官营，后改叫黄瓜营。

（2）菊花村：在昆明许多公交站牌上，你都可以看到"菊花村"这个站名。的确，之所以叫菊花村，正是因为在20世纪这个村子被菊花拥簇，而且种菊花是菊花村老一辈所流传下来的手艺。每到秋冬时期，村子里的菊花盛开，一片金黄，实在惹人喜爱。目前，该村已成为昆明公交枢纽网络最重要的站点之一。

（3）豆腐营：和菊花村一样，豆腐营同样是昆明公交枢纽网络最重要的站点。在清朝时期，豆腐营为朝廷军队驻扎之处，而居住在此的人们则负责为军队制作豆腐作为军粮营，意为军队驻扎的地方，豆腐营这个名字的缘来就是如此。

（4）可乐村：与上面两个地名不同，可乐村并非以生产可乐而得名。该村位于斗南花卉市场隔壁，受其影响，村子的经济收入来源基本依靠生产玫瑰等花卉为主。可乐村是昆明历史较为悠久的几个村子之一，目前划分为上可乐村以及下可乐村两块区域。

（5）奶头山：也许是史上最无辜的山，也是一个让人听了名字便会脸红的山吧。奶头山又名"大青山"。目前奶头山的开发并未成形，所以游客数量并未太多，但却是昆明周边游的好去处。而且该山背靠滇池，从山上看滇池一览无遗，景色也可谓十分壮观。

金马碧鸡坊为什么被誉为昆明的标志

一座鲜活的城市往往带着记忆和灵魂，而地标恰恰是最合适的依附，浓缩着城市的精华。若是要说一说昆明的地标，我想，应该没有比金马碧鸡坊更合适的了。在昆明城传统中轴线的南端，金马碧鸡坊在闹市巍然而立，高12米，宽18米。那么金马碧鸡坊为什么被誉为昆明的标志呢？

金马坊

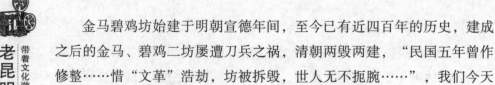
金马碧鸡坊始建于明朝宣德年间，至今已有近四百年的历史，建成之后的金马、碧鸡二坊屡遭刀兵之祸，清朝两毁两建，"民国五年曾作修整……惜"文革"浩劫，坊被拆毁，世人无不扼腕……"，我们今天所见到的金马碧鸡坊是1998年昆明市人民政府重建的。

金马碧鸡坊的独特之处，在于某个特定的时候，会出现"金碧交辉"的奇景。就是有那么一天，太阳将落未落，金色的余晖从西边照射碧鸡坊，它的倒影投到东面街上；同时，月亮则刚从东方升起，银色的光芒照射金马坊，将它的倒影投到西边街面上；两个牌坊的影子，渐移渐近，最后互相交接。这就是"金碧交辉"。相传，清道光年间有一年，中秋之日恰逢秋分。晴空一碧，万里无云。傍晚，许多群众在三市街口等待，到时，果真两坊影子见于街面，不一会靠拢相交，至此，日落月升，交辉奇景逐步消失。

这样的奇景必须由地球、月亮、太阳三者完美配合，产生合适的角度，因此60年才得以一见，据说在道光年间这个奇观曾昙花一现。二坊的设计恰恰彰显了古代云南人在数学、天文、建筑上的非凡造诣。如今重建的金马碧鸡坊不知能不能再现奇观。

尽管如此，在昆明人的心目中金马碧鸡坊早已成为城市独一无二的标志。它的屹立也代表着这座城市正在腾飞。

你知道官渡原名叫"窝洞"吗

昆明官渡古镇位于昆明东南郊，是著名的历史文化古镇之一，是滇文化的发祥地之一，是云南旅游，特别是昆明旅游的主要历史文化景观。

官渡古镇历史悠久，南诏大理国时期，已是滇池东北岸一大集镇和交通要冲。

那么你知道官渡原名叫"窝

官渡古镇

洞"吗？窝洞是滇池岸边一个螺丝壳堆积如山的渔村，在唐代时期，古官渡便是南诏王公游览滇池时理想的驻足之地，大约在1180年至1190年间，驻守"鄯阐"的演习高生世，常乘舟至窝洞游览。高生世的船绳于岸边，于是便把窝洞命名为"官渡"。官渡由此得名。

西仓坡是闻一多的殉难地吗

相信大家都知道闻一多，闻一多（1899—1946年），原名闻家骅，著名诗人、学者、民主战士。中国民主同盟早期领导人，中国共产党亲密的朋友，爱国民主战士。

西仓坡闻一多故居

1946年7月11日晚，中国民主同盟中央执行委员兼民主教育运动委员会副主任李公朴在昆明被国民党特务暗杀殉难。7月15日上午，西南联大教授、民盟中央执行委员兼云南省支部常委闻一多，在云南大学至公堂举行的李公朴先生死难经过报告会上发表即席讲演。这篇讲演，后来题名为《最后一次讲演》。

7月15日下午，闻一多又出席在府甬道14号《民主周刊》社举行的记者招待会。5时许，他在返回西仓坡教职员宿舍途中，于宿舍大门东侧的马路上，被国民党特务暗杀殉难，同行接护父亲的长子闻立鹤亦遭枪击，身负重伤。

西仓坡如今还立有柱碑一方，上书"闻一多烈士殉难处"。

文化巷里住的都是有文化的人吗

文化巷如今很有名了。它那独具校园文化特色的喧闹，一次又一次地被人们关注，以各种形式张扬在媒体上。然而在"老昆明"的记忆中，它却只是昆明当时众多古朴、安静的普通小巷之一。

文化巷街景

文化巷是昆明的一条很有名气和人气的小巷。那么它的名字是怎么来的呢？真的就如它的名字一样，是一个很有文化的巷子吗？

文化巷位于昆明市五华区。原名并不是文化巷，而是叫苍麻巷。后来因沈从文老人、冰心老人、李公朴先生……一代文豪，经常坐在文化巷里某个小茶馆里，谈笑风生。文化巷也因为他们，将自己的名字最终由苍麻巷改为文化巷。

毋庸置疑，文化巷就像它的名字一样，是一个有文化气息的巷子，如果来到昆明，我更愿意去文化巷里走一走，看看能不能找到当年沈从文先生和冰心老人坐着的茶馆，喝一碗茶，品一品历史所沉淀的味道。

沈官坡是沈万三居住过的地方吗

相信大家都听说过沈万三，他是明朝朝野闻名的人。此人之厉害，不仅在《明史》中有3处被提及，甚至《金瓶梅》里潘金莲都知道此人，于是有了这样一句话："南京沈万三，北京枯树湾；人的名儿，树的影儿。"沈万三以巨富闻名当朝，却也因巨富最终被发配云南充军。

沈官坡的沈万三故居

云南可谓是沈万三的"滑铁卢"，他在云南度过了一生中最后的岁月。那么沈官坡是沈万三居住过的地方吗？

沈官坡位于原先武成路中和巷的北段，即桑梓巷口至翠湖南路一段，地形是南北走向，南高而北低，其间有名的建筑为"石屏会馆"。

据坊间传闻，沈万三先被充军辽阳。明洪武十九年，朱元璋召沐英入京述职滇省之事，谈及沈万三时，皇帝对其怒气已消。因与沈万三有旧情交往，沐英说："万三通理财，求帝拔万三父子入滇，为西路理财。"朱元璋准奏。沈万三连同家眷来到昆明后，在黔宁王沐英接待照应下，安置于其别墅附近，即靠近翠湖洗马河南岸，也就是原先中和巷的下段，在那居住度日。

对于这样一个让皇帝都嫉怕的巨富商贾，自然少不了种种传说，有的说他寻找张三丰入了道教，也有的说他死在狱中，不知后来昆明人编出的沈官坡闹鬼是否受此影响？

后来为了纪念沈万三，昆明人将其居住过的地方称为"沈官坡"。

昆明的民俗特色

　　昆明是一个多民族汇集的城市，世居26个民族，形成聚居村或混居村街的有汉、彝、回、白、苗、哈尼、壮、傣、傈僳等民族。在长期的生产生活中，各民族既相互影响，融会贯通，同时又保持各自的民族传统，延续着许多独特的生活方式、民俗习惯和文化艺术。生活在昆明地区的各民族同胞热情好客，能歌善舞，民风纯朴，无论是其待人接物的礼仪、风味独特的饮食、绚丽多彩的服饰，还是风格各异的民居建筑、妙趣横生的婚嫁，都能使人感受到鲜明的民族特色。

昆明的节日习俗

你知道关于龙泉盛会的传说吗

阳宗镇阳宗海畔有一个大集镇名叫新街，新街东侧山麓有一座始建于明朝1497年的龙泉古寺。自龙泉寺建成后，新街附近的村民每年都要举办元宵节的上元盛会，后来被称为龙泉盛会，坝子中的关索戏、龙灯、狮子、花灯、打秧佬、般打等古老的文艺表演都要在山上表演。

龙泉盛会——送大香

龙泉盛会期间，立在龙泉寺大门外的两炷大香可称得上"世界之最"。大香高6米，顶口最大直径为1.3米，底部直径为0.33米。两炷大香如倒锥形插在专门用青石打制的香座上。由于制好的大香描绘得五彩缤纷，又高又粗，远远望去，犹似两座倒立的彩塔，蔚为壮观。

如此壮观的龙泉盛会，你听过关于两柱香的传说吗？

在当地有个传说，龙泉寺里有一潭像太极图的龙泉水，许多龙为争这眼龙泉而打架，于是这里经常电闪雷鸣、风雨交加，造成冲田淹地的灾祸，后来村民隐约听到了神的启示，说点两炷高香可以保平安，村民照办了，果真见效，当地村民就一直延续了这项传统民俗。

我们无法评论这个传说的真假，因为与其说这是一个传说，倒不如说这是当地村民美好的信仰。

你知道关于火把节的传说吗

彝族火把节是彝族地区的传统节
日，流行于云南、贵州、四川等彝族
地区。白、纳西、基诺、拉祜等族也
过这一节日。

火把节

彝族火把节是彝族最隆重盛大
的传统节日，每年农历六月二十四至
二十七日，彝族各村寨都要举行隆重
的祭祀活动，祭天地、祭火、祭祖先、驱除邪恶，祈求六畜兴旺、五谷
丰登。

在彝族地区，对火的崇拜和祭祀非常普遍，云南泸西县彝族在正月
初一和六月二十四，由家庭主妇选一块最肥的肉扔进燃烧的火塘祈祷火
神护佑平安。永仁县彝族同样在正月初二或初三奉行祭火，称作开"火
神会"，凉山彝族把火塘看作是火神居住的神圣之地，严禁触踏和跨
越。到了节日，各族男女青年点燃松木制成的火把，到村寨田间活动，
边走边把松香撒向火把，或进行集会，唱歌跳舞，或赛马、斗牛、摔
跤。近代，人们利用集会欢聚之机，进行社交或情人相会，并在节日开
展商贸活动。

了解了这么多关于火把节的习俗，那么你知道火把节由来的传说吗？

火把节的由来虽有多种说法，但其本源当与火的自然崇拜有最直接
的关系，它的目的是期望用火驱虫除害，保护庄稼生长。火把节在凉山
彝语中称为"都则"即"祭火"的意思；火把节的原生形态，简而言之
就是古老的火崇拜。火是彝族追求光明的象征。

传说一

火把节由来传说不一。第一个传说出自《南诏野史》及师范《滇
系》。这两书载：南诏首领皮罗阁企图并吞另五诏，将会五诏首领集会

于松明楼而焚杀，邓赕诏妻慈善谏夫勿往，夫不从而被杀，慈善以精明的智慧和对丈夫执着的爱恋，找到丈夫的尸体并顺利安葬，滇人以是日燃炬吊之。石林彝族撒尼人视火把节为纪念民众与恶魔斗争胜利的节日；武定彝族认为过火把节是要长出的谷穗像火把一样粗壮。后人以此祭火驱家中田中鬼邪，以保人畜平安。

传说二

在中国最大的彝族聚居区大小凉山，关于火把节由来的传说很多。其中影响最大、流传最广、最具代表性的是彝族英雄斗败天神恶魔，团结民众与邪恶和灾害抗争的故事。

相传在远古的时候，天上有六个太阳和七个月亮，白天有烈日的暴晒，晚上有强光照耀，土地荒芜，妖魔横行，世间万物面临着灭顶之灾。就在这个时刻，彝族英雄支格阿龙射死了灼热的五个太阳和六个月亮，驯服了剩下的最后一个太阳和最后一个月亮，治服了肆虐的洪水，消灭了残害人间的各种妖魔。

但是，统治天地万物的天神恩体古孜看到人间如此繁荣富足，心怀不满，于是年年派他的儿子大力神斯热阿比率天兵到人间征收苛捐杂税。后来支格阿龙的故乡出了个彝族英雄叫黑体拉巴，他力大无穷，智慧超人。一天，黑体拉巴上山打猎，高亢的歌喉引来了另一座山上牧羊的姑娘妮璋阿芝悠扬婉转的歌声。

早就对妮璋阿芝垂涎三尺的大力神斯热阿比听说了两人的恋情，心里交织着愤恨和嫉妒。没过多久，忍耐不住嫉恨的斯热阿比便下凡挑战，想与黑体拉巴摔跤决斗。结果在摔跤决斗中，被彝族民间英雄黑体拉巴摔死，天神为此大怒，便放出铺天盖地的天虫（蝗虫）到人间毁灭成熟的庄稼。

妮璋阿芝翻山越岭，找到了天边一位德高望重的大毕摩（祭司），毕摩翻看了天书，告诉妮璋阿芝：消灭蝗虫，要用火把。妮璋阿芝和黑体拉巴带领民众上山扎蒿杆火把，扎了三天三夜的火把，烧了三天三夜的火把，终于烧死了所有的天虫，保住了庄稼。看到这情景，恩体古孜使用法力将劳累过度的黑体拉巴变成了一座高山。妮璋阿芝看着这一切，伤心欲绝，痛不欲生，在大毕摩的祈祷声中舍身化作满山遍野美丽的索玛花，盛开在黑体拉巴变成的那座高山上。这一天，正好是农历的六月二十四。

从此，彝族人为了纪念这一天，每年的农历六月二十四这天便要以传统方式击打燧石点燃圣火，燃起火把，走向田野，以祈求风调雨顺、来年丰收。

虽然关于火把节的传说真实性有待考证，但是无论真假，火把节的出现都体现了彝族人民尊重自然规律、追求幸福生活的美好愿望。

听了关于火把节的传说，是不是对火把节有了向往？2014年的时候，云南民族村就曾举办了为期十天的"天下火把节——最牛民族村"为主题的原生态火把节狂欢活动，虽然我们错过了这次机会，但是希望下次昆明举办火把节的时候我们可以亲自去感受一下原生态的彝族风情。

踩花山是苗族青年男女谈情说爱的节日吗

踩花山又名"踩花节""花山节"，是苗族人民的盛大传统节日，一般在每年农历正月初一、初三、初六这几天举办。凡有苗族居住的各县，这几天都要立花杆，举行隆重的踩花山活动。这既是苗族男女青年谈情说爱的好时机，也是苗族人民开展文体娱乐活动的重要场所。苗家男女老少，穿金戴银，从四面八方赶到花杆脚下，吹芦笙、弹响篾、跳脚架、耍大刀、斗牛、摔跤、斗画眉、爬花杆。

踩花山盛况

在川滇公路旁的月亮岩镇大和套树花山节时，四川、云南的苗族同胞都要赶来参加节庆，真是热闹非凡。这里的踩花节适逢我国人民的传统节日春节，又给花山增添了更加丰富的内容，使之更加热闹。

昆明的民俗特色

71

"踩花节""跳花节"等活动是苗家青年男女谈情说爱，自由谈婚的美好时机。每逢"踩花节"或"跳花节"，苗家的男女青年都要佩戴漂亮的首饰，穿上美丽的新装，云集花坡场唱情歌、跳芦笙舞，在边歌边舞中各自挑选自己的意中人。苗家小伙抱着芦笙来到相中的姑娘身边，互相对歌表达爱慕之情。对罢情歌，双双离开花场到附近的石桥上走三遍，叫"踩桥"，表明两人的爱情如脚下的石桥一般牢固。直到夜幕降临，两人依依惜别。每当婚丧嫁娶，赴集踩花之时，各地苗族特别是妇女们都要把她们经过多年辛劳纺织、刺绣、缝制而成的盛装穿去比美。若你能有机会在此时此刻亲临现场，就会目睹那各式各样的服装把整个山头装饰得繁花似锦。此种情景，足以使人留连忘返、久不思归。

由此可知，踩花山确实是苗族青年男女谈情说爱的节日。怎么样？听了介绍是不是想亲临现场去看一看穿得繁花似锦的苗族姑娘？

你知道关于刀杆节的传说吗

刀杆节是云南边陲轮马山一带傈僳族人民一年一度的传统体育节日。时间是农历二月初八。

每年的这一天，人们都穿上节日的盛装，成群结队地来到"刀杆节"会场，观看"上刀山，下火海"活动。几声火枪响过之后，首先七八名"香通"也就是上刀杆表演者，为众人表演"跳火舞"。他们上身裸露，光着脚，模仿各种禽兽动作，在一堆一堆烧红的木炭上，来回跳动，还不时抓炭火在身上揩抹，圆浑的火球在手中翻滚、搓揉，而他们却毫不在意。经过火的洗礼，意味着在新的一年里消除各种灾难。

刀杆节

会场中央，矗立着两根约20米长的粗大木杆，木杆上绑有36把锋利的长刀，刀口向上，银光闪闪，形成一架高得让人生畏的刀梯。就在人们敬畏担忧之时，上刀杆必不可少的祭祀开始了，几个穿着红衣裳、头戴红包头、光着脚的勇士，健步来到刀杆下，跪在一幅古代武将画像前，然后双手举杯过头，口中念念有词，接着将酒一饮而尽。然后，他们纵身跃起，轻盈敏捷地爬上刀杆，双手握住刀口，双脚踩着刀刃，鱼贯而上。

最先爬上顶端的人，还要作高难度倒立动作，燃放鞭炮。几千名观众仰首观望，不时爆发出阵阵喝彩声。

这一古老而又奇特的"刀杆节"，已被有关部门正式定为傈僳族的传统体育活动。

那么你听说过关于刀杆节的传说吗？

在傈僳族中，"刀杆节"的习俗已有数百年的历史。刀杆节由来于一个传说，纪念明朝时期体察边民疾苦的兵部尚书王骥。

明朝时候，朝廷派兵部尚书王骥来边疆安边设卡。王骥到达滇西北后，依靠当地傈僳人民团结战斗，很快驱逐了入侵者。并且体察边民的疾苦，积极帮助傈僳族人民发展生产，使他们的日子越过越好，受到傈僳族人民的爱戴。后来，王尚书遭奸臣的诬告，被调回朝廷。在二月初八的洗尘宴上，王尚书被奸臣用毒酒害死。当这个不幸的消息传到傈僳山寨时，气得人们摩拳擦掌，为了给王尚书报仇，傈僳族人民决定将王尚书遇害的二月初八，定为操练武功的日子。

由此沿袭，逐渐形成一种传统的体育活动。

这样看来，刀杆节算是一个很励志的节日，人们在这一天操练武功纪念他们心中的英雄，而不是吃喝玩乐，只是这个对有些人听起来带点危险的节日里，人们在操练武功的时候一定要注意安全。若在节日的时候让自己身上挂了伤，岂不是适得其反？

你知道昆明人在重阳节有登高的习俗吗

农历九月九日，为中国传统的节日之一——重阳节。九九重阳，由于与"久久"同音，九在数字中又是最大数，有长久长寿的含意，况且秋季也是一年收获的黄金季节，菊花盛开。故重阳佳节，寓意深远，人们对此节历来有着特殊的感情，唐诗宋词和老昆明竹枝词中有不少贺重阳、咏菊花的诗词佳作。

自古以来，老昆明人在重阳节这天，家家户户就有"螺峰登高，饮菊花酒，酬馈花糕"的习俗，皆以"面簇诸果为花糕"，称为"重阳糕"，除全家带上山共食之外，还"亲相酬馈"给亲朋好友分享。

重阳糕系新麦磨成的面揉和，做成几层，寓"层层高"之意，每层都涂抹红糖稀，夹有元肉。松仁，最上一层嵌有枣子、莲子、白果等并撒上芝麻、红绿丝，蒸熟后，色香味俱全。带到山上后分享时，由长者切成菱形，一人一块。

这天，圆通山上下寺内香客很少，采芝径、月石亭登高的游人却络绎不绝。到山顶后，大家席地而坐，拿出带来的菊花酒、重阳糕及凉米线、凉面、凉豌豆粉火腿、卤菜、花生、瓜子等食品饮酒尽欢，叫做"吃席子酒"。

有首老昆明《竹枝词》形容道："重阳糕饼卯时尝，酒底花开菊正黄。饭后登高呼女伴，山头拾得锦香囊。"

还有一首《竹枝词》形容说："登高多在圆通山，道是螺峰尚可攀。石蹬层层叠叠转，山前上去山后还。"

那么昆明人为什么在重阳节这天有登高的习俗呢？

有一个民间演化的传说：

相传在东汉时期，汝河有个瘟魔，只要它一出现，家家就有人病倒，天天有人丧命，这一带的百姓受尽了瘟魔的蹂躏。一场瘟疫夺走了青年桓景的父母，他自己也因病差点毕命。病愈之后，他辞别了心爱的妻子和父老乡亲，决心出去访仙学艺，为民除掉瘟魔。桓景四处访师寻道，访遍各地的名山高士，终于打听到在东方有一座最古老的山，山上有一个法力无边的仙长，桓景不畏艰险和路途的遥远，在仙鹤指引下，终于找到了那座高山，找到了那个有着神奇法力的仙长，仙长为他的精神所感动，终于收留了桓景，并且教给他降妖剑术，还赠他一把降妖宝剑。桓景废寝忘食苦练，终于练出了一身非凡的武艺。

这一天仙长把桓景叫到跟前说："明天是九月初九，瘟魔又要出来作恶，你本领已经学成，应该回去为民除害了"。仙长送给他一包茱萸叶，一盅菊花酒，并且密授辟邪用法，让他骑着仙鹤赶回家去。

桓景回到家乡，在九月初九的早晨，按仙长的叮嘱把乡亲们领到了附近的一座山上，发给每人一片茱萸叶，一盅菊花酒，做好了降魔的准备。

中午时分，随着几声怪叫，瘟魔冲出汝河，但是瘟魔刚扑到山下，突然闻到阵阵茱萸奇香和菊花酒气，便戛然止步，脸色突变，这时桓景手持降妖宝剑追下山来，几个回合就把瘟魔刺死剑下，从此，九月初九登高避疫的风俗年复一年地流传下来。

后来人们就把重阳节登高的风俗看作是免灾避祸的活动。

这就是关于老昆明人为什么在重阳节登高的传说。

然而对于昆明人来说，重九，又是辛亥革命云南反清起义的纪念日，有关部门将在这天，举办各种纪念活动。

在1989年，我国把每年的九月九日定为老人节，传统与现代巧妙地结合，成为尊老、敬老、爱老、助老的老年人节日。

你知道关于傣族泼水节的传说吗

傣族泼水节又名"浴佛节"，傣语称为"桑堪比迈"，意为傣历新年。由于傣族群众在欢度新年佳节时，要举行别具特色的泼水活动，相互泼水祝福，因此其他民族便称这个节日为泼水节。

泼水节最早起源于公元5世纪的波斯，后经印度传入缅甸、泰国，约在公元12世纪末至13世纪初经缅甸随佛教传入我国云南傣族地区。随着佛教在傣族地区影响的加深，泼水节成为一种民族习俗流传下来，至今已经有数

傣族泼水节

百年的历史了。到了节日，傣族男女老少穿上节日盛装，而妇女们则各挑一担清水为佛像洗尘，求佛灵保佑。"浴佛"完毕，人们就开始相互泼水，表示祝福，希望用圣洁的水冲走疾病和灾难，换来美好幸福的生活。

那么你知道关于傣族泼水节有好几个传说吗？

传说一

泼水节的由来，在傣族民间有个神话故事。传说很久以前，统治傣族地区的火魔，乱施淫威，致使民间没有风雨，庄稼不能生长，人民生活十分痛苦。火魔有从民间姑娘中抢去的七个妻子，她们目睹火魔残酷狠毒，对民间的疾苦非常同情，决心为人民除掉祸根。因火魔练得法术，七个姑娘设法将它杀死。后来她们佯装挑逗他高兴，施巧计探得根除火魔的秘密。一天，她们设丰盛酒宴，陪劝火魔饮酒。聪明勇敢的七姑娘乘火魔大醉熟睡之机，从他头上拔下一根头发，火速地勒住他的脖子。果然，火魔的头颅立即掉在地上，滚到哪里便烧到哪里。随着火势不断扩大，眼看即将燃至附近的房屋，大姑娘急中生智，迅速将魔头抱起，地上的熊熊大火马上熄灭，火魔也随之消失，为了使人民不再遭受火魔的迫害，七个姑娘轮流抱住魔头，并于轮换的空隙用水冲洗身上的污秽，一直到火魔的脑袋化成尘土为止。

后来，人们为了纪念傣家七个姑娘的英勇精神，于每年消灭火魔的日子，互相泼水祝福。泼水的习俗在民间广泛流行，并与当地的神话融合，形成隆重的固定节日。1961年4月，周恩来总理陪同缅甸领导人穿着傣族服装，来到云南西双版纳州府景洪，同各族人民欢度泼水节，在泼水节的历史上写下了光辉的一页。如今，节日中的许多陈规陋习已经废止，增加了健康的内容。通常是第一天开庆祝大会，各族军民共贺佳节；次日举行欢快的泼水仪式；第三日赶摆，参加物资交流活动。

传说二

相传在很久以前，金沙江边一个聚居在密林深处的傣族村寨，因树林起火，村民处在被大火吞没的危难之中。

一个名叫李良的傣家汉子，为保护村庄，不畏危险，冲出"火网"，从金沙江里挑来一桶桶江水，泼洒山火，经过一天一夜的劳累，山火终于被泼灭。村民得救，李良因为劳累流汗流干了，渴倒在山头上。

于是村民打来清水给李良解渴，但喝了九十九挑水也解不了渴。后来，李良一头扑到江中，变成一条巨龙，顺江而去。有的人说，他变成了一棵大树。傣族人民为了纪念李良，每年农历三月初三这一天，每家房屋清扫一新，撒上青松叶。并在选定的江边或井旁，用绿树搭起长半里的青棚，棚下撒满厚厚的松针，两旁放上盛满水的水槽。午间太阳当顶时，众人穿行于棚下相互用松枝蘸水洒身，表示对李良的怀念和对新年的祝福。这项活动延续至今，成为傣族人民辞旧迎新、祝福吉祥的节日——泼水节。

传说三

一个忤逆的儿子在清明节后第七天在山上干活，看到雏鸟反哺的情景，有所感悟，决心好好侍奉母亲，这时，他母亲正在向山上走来，为儿子送饭，不小心滑了一跤。儿子赶来扶她，她却以为儿子要来打她，一头撞死在树上。儿子追悔莫及，把树砍下来雕成一尊母亲雕像，每年清明后第七天都要把雕像浸到洒着花瓣的温水中清洗干净，以后就演变为了泼水节。

传说四

传说人间的气候本来由一位名叫捧玛乍的天神掌管。他把一年分为旱季、雨季、冷季，为人间规定了农时，让一位名叫捧玛点达拉乍的天神掌管施行。捧玛点达拉乍自以为神通广大，无视天规，为所欲为，乱行风雨，错放冷热，弄得人间雨旱失调，冷热不分，苗枯死，人畜遭灾。

有位叫帕雅晚的青年，以四块木板做翅膀，飞上天庭找到天王英达提拉，诉说人间的灾难。帕雅晚欲到最高一层天去朝拜天塔——塔金沙时，不慎撞在天门之上，一扇天门倒塌，将他压死在天庭门口。帕雅晚死后，天王英达提拉开始用计惩处法术高明的捧玛点达拉乍。他变成一位英俊小伙子，佯装去找捧玛点达拉乍的七个女儿谈情。七位美丽的妙龄女郎同时爱上了他。姑娘们从小伙子的嘴里了解到自己的父亲降灾人间之事以后，既惋惜又痛恨。七位善良的姑娘为使人间免除灾难，决心大义灭亲。她们想尽办法探明了父亲的生死秘诀。在捧玛点达拉乍酩酊大醉之时，剪下他的一束头发，制作一张"弓赛宰"（心弦弓），毅然割下了为非作歹的捧玛点达拉乍的头颅抱在怀中，不时轮换，互用清水泼洒冲洗污秽，洗去遗臭。据说这就是人们在新年期间，相互泼水祝福的来历。

以上就是关于傣族泼水节几个版本的传说，也正是这些传说，为泼水节增添了许多传奇色彩。

你知道彝族猎神节时怎样祭猎神吗

每年农历正月的第一个属狗日（戌日）是彝家人一年一度的猎神祭祀节，彝语称为"昵世嘎捏底"。远古时代，彝族先民农耕少，猎事多，人们都靠狩猎维持生活，他们的衣着取自兽皮，食物来源于兽肉。

在漫长的历史发展过程中，彝家人充分发挥了他们的聪明才智，创造并积累了一整套狩猎经验，为人类走向文明建立了不可磨灭的功勋。

彝族猎神节

古代彝族先民以狩猎为生，从而给狩猎活动赋予了丰富的原始宗教色彩。人们认为狩猎时有猎神保佑，就能获得更多的猎物，因此崇拜猎神，常常用祭献猎神、占卜求卦的方式来祈求狩猎丰收。因而在每次出猎之前必须祭献猎神。

彝家人祭猎神主要有两种方法，第一是祭家猎神；第二种是祭山猎神。第一种祭法是以打猎为生的主人家，在自己家的正房楼上供一幅猎神像，上面画上身披虎皮的猎神爷爷，旁边有七十二位猎兵将、三十六条花猎狗，还有窜山小哥、阿翠小姐等的画像，并在神坛前供有一把弓弩。祭拜时，杀一只公鸡，取红冠子血为猎神"点光"。人们认为用这种祭祀方法，猎神才会大显神威。平时每逢初一或十五都要给猎神敬香，在每次上山打猎之前，都要首先祭拜猎神，念咒祷告，并向东、南、西、北四方占卜讨卦，看卦相，哪方有利，就往哪方狩猎。

第二种是祭山猎神。擅长打猎的众乡亲相约成群来到山上，选一棵松树为"猎神树"。在树下架设祭坛，撒上青松毛，插上三叉头松树枝，削去一面树皮，作为"猎神牌位"，然后采来一株嫩松尖，破成两瓣作为占卜的卦牌。祭祀占卦时，先杀鸡敬献，毕摩口里念着咒语，手里拿着占卦求吉卦。毕摩念道："猎神爷爷在上，今天是黄道日子，阿郎小哥今天上山打猎，去路不明，请猎神爷爷给予指点，奉请七十二位猎兵将，三十六条花猎狗，窜山小哥，阿翠小姐速速出山，助我打猎阿哥围猎丰收。"祭毕，依照卦相所示往吉方出猎。

彝族打猎有个规矩，只要枪响箭发，猎物倒地，猎人必须马上从猎物身上拔下一撮带有血腥的兽毛粘在弓弩或枪上，示意首先敬奉猎神。要是猎人在射击时，箭发不中，枪发不响，那人们就会认为猎具上污秽和邪气太重，猎人就会马上脱下一只鞋挂在弓弩或枪托上，因为彝家人认为猎人穿的草鞋是除秽避邪之物，把草鞋挂在猎具上，猎人就会弹无虚发。彝族人打猎捕到猎物，不分大人小孩或路人巧遇，一律是见者有份，公平分享，此习俗为打猎活动增添了独特的色彩。

现在，彝族打猎为生的时代已成为过去，但每年的猎神祭祀节这一天，众乡亲还会带上各种猎具，到指定地点进行猎捕射击的比赛活动。

这已经成了彝族的习俗，更是他们心中的一种信仰。

你知道嵩明县都有什么特色的传统节日吗

随着精神文明建设步伐的加快，越来越多的文化传统成为中华民族文化发展的不竭源泉。对于昆明嵩明县而言，嵩明人的精神世界与传统节庆密切相关，传统节庆文化不仅是嵩明文化发展中的重要组成部分，更是与嵩明发展旅游文化、传承传统文化密不可分的环节。嵩明的传统节日不仅有特色，更凸显了嵩明人热爱文艺的情怀。

要说嵩明的传统节日，第一当属嵩明杨林土主山"接祖大典"，每年的正月十三至正月十七，在杨林镇杨林社区小河底村，举办杨林土主山接祖大典。传说明太祖派沐英驻守云南，因沐英上京路过杨林土主山时，正逢旧历正月十三，土主庙会期，见此盛况，上书皇帝，皇帝为土主老爷赐了一块匾——"敕封土主大黑天神"。从此以后，每年正月都要把土主老爷接往各村镇进行庆祝，同时举行唱灯活动。在此期间，除了"接主""送主"仪式外，还有舞狮子、耍龙灯、踩高跷、装铁管、打天秋、演滇剧、崴花灯等一系列丰富的文艺活动。

除了"接祖大典"，还有嵩明法界寺"新春庙会"，每年的大年初一到大年初六，在嵩阳镇法界寺森林公园都要举办为期六天的"新春庙会"系列活动，不仅有形式多样的业余文艺演出，还有内容丰富的庙会，不但赏心悦目，更可品尝美食，还能嬉戏玩乐，为百姓营造了辞旧迎新的热闹氛围。

说完了"接祖大典"和"新春庙会"，要说嵩明海潮寺"山歌节"每年正月十五、十六，在牛栏江镇海潮寺森林公园举行的"山歌节"了，届时众多山歌爱好者聚集于此，"以歌会友，寓歌传情"，充分展示原生态的民俗风情、文化魅力，随着多年来"山歌节"活动的开展，参赛歌手的水平不断提高，活动的专业性更强、更具规模化。

由此可见，嵩明县的传统节日还真是很有特色，如果有机会，一定要亲自去嵩明过一过这些有趣的节日。

你知道普米族的"穿裙子"和"穿裤子"吗

"大过年"，即春节，是普米族的传统节日，连过三天至半个月。宁蒗普米族以腊月初六为岁首；兰坪、维西普米族每逢腊月三十日过除夕。

节日期间放火炮、吹海螺、撒猪膘、祭锅庄。全家欢欢乐乐，载歌载舞通宵达旦，待到天明时用蒿叶、松枝、清酒、牛奶等祭奠屋顶，名曰"祭房"。表示祭先祖、驱鬼邪、迎新年、求平安。

每逢新年这天，男女老少穿上节日盛装，向亲戚朋友拜年。新年这天，为年满十三岁的孩子，举行"穿裙子"和"穿裤子"的隆重典礼。

普米族成人礼

除夕之夜，年满十三岁的孩子们，通宵欢乐，准备迎接成年仪式的到来。待到雄鸡报晓，东方发白时，他们才回到自己的家中，参加传统的成年仪式。仪式是十分隆重的，由母亲主持。如果成年的是女孩，便引她到火塘前方的女柱旁，双脚分别踩在猪膘和粮食袋上，猪膘象征财富，粮袋象征丰收；右手拿耳环、串珠、手镯等装饰品，左手拿着麻纱、麻布等日用品。手上的物品象征着妇女将有物质享受的权利及承担家庭劳动的义务。接着由母亲把女孩的麻布长衫脱下来，给她换上麻布短衣，穿上百褶长裙，在她的腰间系上一根绣花腰带。换上新装的女儿，要向灶神及亲友叩头，亲友还礼祝福，至此仪式全部完毕。

如果年满十三岁的是男孩，他便走到火塘左前方的男柱旁，在舅父的主持下，双脚踩在猪膘和粮袋上，右手握着尖刀，左手拿着银元。银元象征财富，尖刀象征勇敢。接着由巫神向灶神及祖先祈祷，由舅父把男孩的麻布长衫脱下来，为他换上麻布短褂，穿上麻布长裤，系上一根腰带。换上新装的男子也像女孩一样，要向灶神和亲友一一叩头，并用牛角酒杯向客人敬酒。亲友们往往回送他们一只羊，祝贺他们牛羊成群，发家致富。成年男女的父母，在这次盛大宴席上，端给每人一碗骨头汤、一块肉和一些猪心猪肝，表示大家都是至亲骨肉，心肝相连。至此，全部成人仪式便告结束。

由此可见，原来"穿裙子"和"穿裤子"是普米族的成人仪式，这

昆明的民俗特色

81

么有趣的成人仪式，普米族的孩子应该都很期待成人那天吧。

你听说过关于目脑纵歌的传说吗

目脑纵歌，又写作"目瑙纵歌"，是德宏景颇族的传统节日，意思是"大伙跳舞"。一般在农历正月十五日举行，节期四至五天。届时，人们穿着节日盛装，从四面八方赶来参加。在中国境内，场况最热闹的目瑙纵歌在中国目瑙纵歌之乡——陇川举行，有上万人参加。

目脑纵歌现场

目瑙纵歌要在宽大的广场或草坪上举行。人们先在场子中央竖起色彩斑斓的目瑙柱，柱高约20米，用栗木做成，上面绘着精美的图案。左侧画的是一个四方形等分成四个三角形，右侧画蕨菜，因蕨蕾如握拳，叶如排箭，景颇人视之为团结和前进的象征。两柱之间交叉置放着两把银光闪闪的大刀，象征着景颇族人民骁勇刚毅、披荆斩棘的性格特征。

目瑙柱的两侧还有两块高约8米的木板，所绘图案象征子孙昌盛吉祥。上方横匾画着相传为景颇族发源地的喜马拉雅山，下方横匾画着农作物和家畜，象征着对未来美好生活的向往和追求。目瑙柱前搭有两个高台，据说从那里可以眺望祖先的故地喜马拉雅山和展望未来。高台周围立着木桩，桩上挂着八面大锣、大鼓和其他乐器，表示吉庆。外面用两道竹篱笆围住，表示胜利。

关于目瑙纵歌还有一个传说，不知你听说过没有？

目瑙纵歌的历史悠久，相传是太阳神传授的。景颇族有个创世英雄叫宁贯娃，他父母临终前对他说："我们去世后，你要跳起舞蹈举行送魂仪式，我们才能变成大地，你才能变成人在上面繁衍、生存。"宁贯娃正想去太阳国学舞，却看到鸟雀们在一株黄果树下举行目瑙会，原来他们已经应太阳神的邀请学回来了。他便很快向鸟雀学会了舞蹈，把舞蹈套路画在栗木柱上，并在喜马拉雅山脚划定舞场，举行了第一场目瑙纵歌，从此传到了人间。

这样美好的传说，也为目瑙纵歌增添了一份奇幻的色彩。

你知道三朵节是祭祀谁的节日吗

农历二月初八，生活在中国云南的纳西族有一个别具风格的祭祀性节日，叫"三朵节"，也叫"三多节"。

三朵节是纳西族祭祀本民族的最大保护神——"三朵神"的盛大节日，也是纳西族"法定"的民族节。该节源于白沙玉龙村的北岳庙会，纳西语叫"三朵颂"，就是"祭三朵"。

三朵节

既然三朵节是"祭三朵"的节日，那么"三朵"是谁呢？

"三朵"是纳西族的本主神灵和最高保护神，传说是骑白马、穿白甲、戴白盔、执白矛的战神，常常显圣，保护着纳西人的安全，这位天神被人们认为就是"阿普三朵"，并当作本民族最大最具权威的神来拜祭。纳西族木氏土司还大兴土木，拓修三朵神庙，铸大鼎和大钟详纪三朵种种圣迹，人们也认为"三朵"就是玉龙雪山的化身。忽必烈南征大理国过丽江时，敕封"三朵"为"大圣雪石定国安邦景帝"。因传说三朵是属羊的，故每年二月八和八月第一个羊日，用全羊牲来祭祀。庙会期间，不仅远近的纳西人蜂拥而至，邻近的其他民族也来进香，甚至远方的藏族也来朝拜。信众最多，香火最旺。

从此，每年的二月初八日和八月羊日，远近的纳西人云集玉龙山麓的三朵庙，用全羊作牺牲举行称为"三朵颂"的隆重祭拜仪式。人山人海，香烟缭绕，气氛庄严肃穆。届时各家各户也要在家中烹制食品，烧香祭拜。

关于"三朵"的传说很多，其中有个传说中说，有个很能干的猎人，天天带着猎犬上玉龙山打猎。有年二月初八，他在雪山看见一块怪异的雪石，那雪石很大，像魁梧的武将，但又非常轻，一只手便能把它托起。猎人十分惊奇，顺便把它背下山来。走到山麓，猎人放下雪石，抽袋烟又背，可是哪里背得动，好像生了根似的，任怎么使力也纹丝不动，人们以为是神的化身，便就地建祠供奉。从此后，人们屡见一位穿白甲、戴白盔、执白矛、跨白马的神将显圣，打仗时，他带领兵马助战；有火灾，他从云雾里降雪灭火；瘟疫流行，他乘风驱散瘴气；发生水患，他在夜间带着白衣人来疏导……于是把他尊为保护神"阿普三朵"，每年祭一次，求他佑护。

还有一个传说：从西边加宽地迁来三兄弟，长兄阿吴瓦住在玉龙山西坡太子洞，二兄剌开剌胡住拉什坝纳古瓦山上，三朵神是老三，也曾住雪山西坡可索罗悬崖中，后又来到这里。他穿白甲、戴白盔、执白矛、跨白马，曾对一个国王说："你每天供献我三只兽，会享大福。"国王照办，却久不见大福来临，王后埋怨说，家畜都供献完了，福在哪里？三朵出现了，他说："我打算让一半天下尊你为国王，为什么私下怨我？我要回玉龙山去了，供献的东西加倍还你。"说完，国王供献的家畜、钱币都还来了，还比原来多了十倍，可是这个王国却一天天弱下去了；这同时，三朵又托梦给丽江的麦琮，说："麦琮，我是三朵，从北方来帮你作战，你是正直的南方人，有使你的王国受福的愿望，切勿三心二意！"说完就化成白麂消逝了。此后，麦琮每上战场，总有一个白色勇将助阵，一打胜仗，就有风雨，又什么都看不见了。平时，三朵也秘密帮助麦琮。麦琮打猎，常见一只白麂在玉龙山时隐时现，却捕捉不到。一天，他的猎犬围着一块白石头，人们把它抬起，石轻如纸，下到半山，又重得抬不动。猎者拿米饭供献，祷告要它变轻，结果又变得很轻，到山下盖庙的地方，又抬不动了。

这就是三朵以及有关三朵的传说，至于三朵是否真的存在，还是说三朵根本就是人们心中对神灵的美好向往而臆想出来的呢？我们无从得知，但至少我们可以看出，"三朵"为人们做了许多好事，他早已是纳西族人心中的信仰。没错，就在他们心中。

昆明人元宵节为什么要"偷青"

说来有趣，我们以前常在网上玩的偷菜游戏竟存在于旧时的昆明，这就是"偷青"。"偷青"（青、情同音），偷了"青"就不再是"剩女""剩男"。说的是没有结婚的昆明男女要在元宵节这天晚上去别家的田里偷点菜回家，之后便能够"脱光"。

民国年间，"偷青"变成了大规模哄抢昆明郊区菜农栽种的农作物的活动，惹出不少纠纷，政府不得不明令禁止。这都怪老昆明人玩得太嗨，以致这个民俗毁在了昆明人自己手上。

你知道昆明人过年时都有什么习俗吗

进了腊月，意味着春节的脚步进入倒计时阶段，意味着昆明人要开始为过年忙碌起来了。

毕竟对于昆明人来说，过年时的习俗太多了！

过"小年三十"，小年过完过大年

昆明人有两个"三十晚上"，"大三十晚上"就是除夕，而这"小三十晚上"就是北方称的辞灶，又叫做"送灶君""南糖节"，一般人喊做"过小三十晚上"，时间是农历腊月二十三的晚上。送的对象是灶君，像供在厨房灶头，像上书"东厨司命定福府君"，每天饭前都要敬三炷香。

贴唐诗——沿街读来妙趣横生

汪曾祺先生曾用清新的笔调描写他在昆明过春节的亲身经历：昆明较小店铺的门面大都是这样，下半截是砖墙，上半截是一排四至八扇木板，早起开门卸下木板，收市后上上。过年不卸板，板外贴万年红纸，上写唐诗各一首，此风别处未见。初一上街闲逛，沿街读唐诗亦有趣。

年三十——铺松毛，买水仙花，一室清香

铺松毛是昆明特有的年俗，据说源于彝族兄弟对松树的崇拜。在20世纪六七十年代昆明物质相对匮乏的背景下，过年过节较难找到人多使用的桌椅板凳，地上铺满青松毛，全家便可席地而坐，聚在一起吃年夜饭；此外，按照习俗，从大年三十开始，家里是不能扫地或是倒垃圾的，因为怕把"运气"扫走了，所以铺上松毛还有"藏住财运"的作用。

年三十——吃长菜清清白白长长久久

长菜，是老昆明年饭中最重要的角色之一，寓意长吃常有，长长久久。老昆明人爱吃的长菜是将大年三十吃不完的菜煮一大锅，一直吃到正月十五，菜发酸了就加许多辣椒进去。长菜不能用刀切碎，要一根根完整地煮，如蒜苗、青菜等，都要完整地煮。后来发展成为专门的年菜煲，里面有猪骨头、酥肉、蒜苗、青菜，自己喜欢吃的菜都可以放在里面煮。

吃年夜饭前先祭祖

祭祖的菜肴必须有青菜、白菜、芹菜和鱼，表示清账、有余。祭完祖后，孩子们给长辈行礼要压岁钱。然后，放爆竹、贴门神和春联。爆竹点燃后，响声不能中断，中断了会断了财气，一旦发生这种中断，必须立刻点响备用的另一串。

除夕贴门神——大鬼小鬼进不来

在抗日战争时期，云南省政府下了个命令，门神改为岳飞、戚继光，表达云南人民抗击外来侵略者的决心。这个"官方意志"获得了老百姓的一致拥护，政府也印了大量门神图发放，一时间，老昆明的家家大门上都是这两位民族英雄威风凛凛的形象。

"翻梢"守岁——来年翻身时来运转

汪曾祺先生在昆明生活的7年间，就经常见到春节期间在街边"赌赛劈甘蔗"的场景。另一个与甘蔗有关的年俗是"翻梢"，翻梢是在年三十晚上用一株甘蔗把门顶起来，有人家会用到两株甘蔗，代表好事成双。年初一时，把甘蔗的梢翻过来，意味着新一年"翻身"。

大年初一吃饵块——小小饵块寓意大

昆明人过年一定要吃炒饵，这碗饵块非常讲究。首先饵块大多是自己做，用好米泡上四五个小时煮熟后，用"碓"舂出来，舂饵块的"碓"很大，要用脚踩，舂后揉成圆圆的筒状，晾干后用松毛捂起来，不让它干裂。

做饵块很麻烦，所以常常是几家合在一起做，一次做很多份送亲戚好友，一般是今年我家做你家就不用做，明年你家做我家就不做了。所以，小小一筒饵块里，包含了你敬我我敬你的人间情意。过年的这碗饵块是用老腊肉、腌冬菜、青豌豆、甜酱油一起炒，油漉漉香喷喷，既是下酒菜又是主食。

大年初二迎财神——来年财运滚滚来

大年初二是老昆明人迎接财神的日子，一早需买"发烛"——过去引火的木片、纸元宝，特别是昆明特有的"元宝鲤鱼"供在财神面前，以图一年财源广进。

大年初五不串门——避开晦气，新一年顺顺当当

传说这天最怕"破五"。这天忌串亲访友，也不准串门，说是走亲会把晦气带到别人家。另外还有妇女不能用针缝纫、不能打碎东西等诸多禁忌。过了初五这天，很多过年时的禁忌就打破了，故而称此日为"破五"，可以扫地，过年关门的店铺可以营业，妇女也可以用针缝纫了。

初七初九赶庙会——不做宅男宅女

每年初七，昆明西坝东岳庙会举行庙会，昆明人就到金汁河边拜神烧香，其实也是郊游。过年总不能天天都在城里"宅"着吧？庙会上还支起秋千架供大家玩耍，青年男女们也借机寻找意中人。

不过，更热闹的郊游是正月初九的金殿庙会，传说这一天是玉皇大帝的生日。这一天，不只是在金殿所在地的鹦鹉山上举行庙会，庙会的摊子还延伸出好几里地，有各种杂耍表演、打把势、高跷、耍狮子、对山歌、唱小调。旧时昆明人赶金殿庙会，都是自带饮食在山上野餐，呼朋唤友，一片热闹。

大年初十赏灯会——昆明人也过夜生活

正月初十之后，每天晚上，在正义路一段，一到夜里，灯火辉煌。灯会一直热闹到元宵节，老昆明人说"元宵"的意思就是"年过完销假"了，这天老昆明人才会撤去过年期间的神台及供品，晚上煮元宵吃。

传说，元宵的名字和云南还有点关系，说的是民国袁世凯称帝，觉得"元宵"这个名字对他不吉利，下令改称"汤圆"，但云南人就不改，护国起义一枪把袁世凯打下马来，应了"袁消"的音。

封门——送走烦劳

过去的一些老昆明人家还有封门习俗，即在大门外左、右两边墙上贴印有招财童子骑龙马的封门纸。封门后，任何人都不会再随意出入了。然后又用同样的方法封住院里的水沟和井，当晚也不能再向沟中倒水、向井中打水。据称，这是人们以此送走一年的烦劳，要在新旧交替之时，让自己得到片刻的休息。

你知道什么是苦扎扎节吗

苦扎扎节，也叫"六月年"，在每年农历6月中旬举行。是红河哈尼族人民盛大的传统节日，犹如汉族过春节一样热闹隆重。

按照哈尼人的规矩，磨秋杆必须是黑夜砍好后，小伙子们在黎明前扛回来。他们一路唱着山歌，把用坚硬结实的木头做成的秋杆抬到寨边

苦扎扎节

的秋场，将一根木头栽进土里，顶端削细当轴心，然后再把长长的横杆从中间凿凹，架在上面。两边的横杆长短要一样，还要削得滑溜溜的，以免划伤手。

下午，穿着绚丽服装的哈尼人摩肩接踵地聚到了磨秋场，按照哈尼人尊老敬长的传统习惯，先由几

个德高望重的老者"开秋"，他们象征性地甩了几圈以后，一对对、一双双的小伙子们、姑娘们轮流上去转。打磨秋是一项哈尼人充满情趣的体育活动，它要求磨秋两边的人数要对等，骑坐的人用脚蹬地面，时而飞速旋转，时而升降起伏，反复转动，悠悠荡荡。甩秋人的速度越来越快，围观的人也显得更加开心，人群不时发出"哦嗬嗬，哦嗬嗬"的呼喊声，为其加油助兴，气氛十分热烈。那些艺高胆大、身手不凡的小伙子，往往成了姑娘们爱慕的对象。

夕阳西下，磨秋场上响起了一排清脆的枪声，通知人们前来唱歌跳舞，那些躲到树林里谈情说爱的青年男女成双成对地聚拢来了，老人和孩子也聚拢来了。老人们围坐在场上喝酒取乐，孩子们追逐戏耍，青年人则围成圈子，跳起了扇子舞、竹棍舞、乐作舞。锣鼓声、琴弦声、欢呼声交织在一起，在群山间回荡，一个不眠的狂欢之夜开始了。

这就是苦扎扎节，一个一点都不苦而是很有趣的节日。

"开门节"和"关门节"到底是怎样的节日

开门节，也称"出夏节"，是傣族、布朗族、德昂族、佤族等信奉南传上部座佛教民族的共同节日，时间在傣历十二月十五日，与关门节（入夏节）相对应，源于古代印度佛教雨季安居的习惯。

相传，每年傣历九月，佛到西天去与其母讲经，三个月才能重返人间。有一次，正当佛到西天讲经期内，佛徒数千人到乡下去传教，踏坏了百姓的庄稼，耽误他们的生产，百姓怨声载道，对佛徒十分不满。佛得知此事后，内心感到不安。从此以后，每遇佛到西天讲经时，便把佛徒都集中起来，规定在这三个月内不许到任何地方去，只能忏悔，以赎前罪。故人们称之为"关门节"。

关门节开始后，也就进入农事繁忙季节，为了集中精力从事生产劳

开门节

昆明的民俗特色

动，人们定下许多戒规：禁止青年男女谈情说爱和嫁娶活动；和尚不得随便外出；进奘拜佛的人不能远离家庭或到别家去过夜；任何人不得进佛屋、上佛台、拿佛的东西等。直到三个月后，即开门节时，人们才又恢复关门节前的一切正常活动。

关门节持续了三个月后就是开门节，开门节，象征着三个月以来的雨季已经结束，这时，农忙已经过去。同时表示解除"关门节"以来男女间的婚忌，即日起，男女青年可以开始自由恋爱或举行婚礼。关门节中的所有禁忌全都解除了，青年和小孩子们也重新活跃起来，恢复了他们天真活泼的天性；成年人相互祝贺秋收五谷丰登，并忙于访亲探友。

在这个欢乐的节日里，男女青年身着盛装去佛寺拜佛，以食物、鲜花、腊条、钱币敬献。拜佛完毕，举行盛大的文娱集会，庆祝从关门节以来的安居斋戒结束。集会上人们燃放火花和高升，爆竹声响彻村寨山林，焰火礼花飞舞，孔明灯高高升起，照耀着欢乐的人们尽情歌唱、跳舞。最受村民欢迎的节日是舞灯，青年们将舞着各种形状的灯笼环游村寨，舞灯种类繁多，有鸟兽虫鱼灯，有凶神恶鬼灯，还有又大又美的龙灯。于是，人们提着各种舞灯，敲着锣鼓环游村寨，给村民带来无尽的欢乐。这时，正逢稻谷收割完毕，故也是庆祝丰收的节日。

开门节以后，傣族的文化娱乐活动也多起来了。因为在举行关门节时禁止人们外出，禁止青年谈情说爱，以便集中精力搞好生产。在这期间，信奉佛教的也要进行宗教活动——赕佛。这时候大人们在一起聚聚餐、下下棋或者出外游玩，年轻男女可以约会或者旅游。

这就是"开门节"和"关门节"，虽然在"关门节"的时候可能有点对外封闭，但是这毕竟是少数民族的传统节日，我们应该报以尊重的态度来对待每一个传统节日。

昆明的生活习俗

你知道昆明人有哪些日常生活习俗吗

1.方言方面

昆明方言属于西南官话区，因此和普通话比较接近。关于昆明方言的来由，按照《大观楼长联》的说法是"宋挥玉斧，元跨革囊"，意思为：宋朝没有能够征服云南，只好挥动玉斧，把云南从版图上割去；元世祖挥师南下，乘皮筏渡过金沙江统一了云南。元朝统治者征服云南后，从南京输送了大批移民过来，他们构成了最早的昆明人，所以昆明也讲官话。

昆明话既然属于官话方言，就有官话方言的特点，但同时也包含了许多传统语言成分。昆明话中的古音、古文成分很难有确切论证，因为并未有很翔实的记录考证昆明话发音和语法，也没有一本很全面记录昆明话的著作，对于昆明话中的古音、古文法成分很多还只能靠推测。

昆明话的语气生硬，但昆明人说起话来是极其生动的。这其实和昆明人的市民生活有很大的关系，昆明人的日常生活主要有两个特点：一是闲适，二是幽默。昆明人的这两个特点，随着日月的变迁，已经基本上成了昆明人的性格特征，因而在方言里，这些闲适和幽默也是被发挥到了淋漓尽致的。

2.饮食方面

昆明饮食滇味风格独特，风味小吃众多，有鲜明的民族和地方特色。对于那些饮食味道偏淡的省份来说，昆明饮食稍微显辣，而对于四川、湖南等省份来说，昆明饮食又辣味不够。昆明市内可谓每种小吃都有一个典型地点。昆明的饮食颇为丰富，每种都有着自己独特的味道。不过到了昆明，过桥米线、野生菌、汽锅鸡则是非尝不可的。

3.衣着方面

老昆明的成年妇女服饰很特别，头上戴深蓝色棉布头巾，穿宽大的浅蓝色棉布上衣和黑色绣花的围裙，或者穿黑色坎肩扎绣花腰带，穿黑色裤子，塞到白色的袜子里，看起来像灯笼裤一样，穿有搭扣的圆头的或者鞋尖上翘的各色有复杂绣花的鞋子。昆明传统妇女的上装采用了汉族传统的面襟盘扣的系扣方法，而坎肩、绣花腰带和围裙则吸取了白族和彝族民族服饰的元素，头巾的系法是陕北女性劳动时的样式，裤和袜子的穿法也是取自北方的劳动人民，而尖头鞋完全脱离了汉族的绣花鞋，吸收了少数民族服饰的元素。前些年这样穿着的老奶奶很常见，但这些年城里渐渐见不到了，在农村还有这样的汉族妇女。而少数民族妇女反倒在平常日子里不穿着民族服装，除了穆斯林戴头巾之外。

4.婚庆方面

贺婚是人之常情，俗话说"来而不往非礼也"，所以"凑份子"是理所应当的。主家需准备记账本，记好"份子钱"，等到将来人家办喜事的时候也要"凑份子"，且数额要多于对方当初送来的礼额。当新娘步入男家时，翁姑二人以及孕妇和守孝之人要做回避，以防相冲。同时孤寡、再婚妇女、穿白衣服者忌进入洞房，属不祥之兆。结婚当天，若是碰到闷热天气，所有参加婚礼的人，都不能扇扇子，不然会有"拆散"的意思。

5.丧事方面

由于昆明外来移民众多，所以大部分的家庭没有祖坟，也没有祭祖之类的事情要忙。家中有人去世的时候儿童是不参加葬礼的，有说法是孩子禁不住，葬礼上阴气太重之类。长寿老人过世要摆宴席，当喜事办。

6.称呼方面

男性对家族以外的人提起自己妻子的父母时要称呼"老岳父、老岳母"，女性对家族以外的人提起丈夫的父母时要称呼"老婆婆、老公公"。第二代称呼兄弟姐妹的父母叫"亲爹、亲妈"，第三代则称呼其为"亲老爹、亲奶"。人们称呼自己的曾祖父母统统叫做"祖祖"或"老祖"。

除了这些，昆明人还有一个生活方面的习俗就是：昆明的孩子出生后出门都是大人背在背上。背孩子用的东西叫做背被，用黑色的布缝成，往往有里子，就是几层布缝在一起，像一个给孩子盖的小被子，还要在上面绣上图案，大多数都是鲜艳的花草植物。四个角要用深蓝色的布缝上带子，背的时候用来固定在背上且把背被裹紧。背被很多都由祖辈的妇女缝成，有的人家一个背被可能背过家族里的几代人。一个重要因素就是天气温暖，所以孩子不用裹在棉被褓褓里，不用时常抱在怀里，于是就产生了背被这一独特物品。

昆明人真的是"家乡宝"吗

只要是家乡的，什么都好，有人说，昆明人很喜欢叫自己为"家乡宝"，一个昆明人到了外地，不是发现别人的优势，而是觉得什么都不好。乘电梯嫌楼高，吃饭觉得味不够，找地方觉得远，抱怨最多的是天气，"咋个这个差？"热了受不了，冷了也受不了。而且昆明人也排外，所以看到听到的那些昆明人的外地见闻结论，都是"还是家昆明好"的定论。那么这是真的吗？

昆明的民俗特色

其实即使你没到过昆明，动动脑筋也能想到，昆明人真的排外吗？如果真的排外，他们为什么要把世博园等景点对外开放呢，还有那么多的美食特产等，外地人也都没少买啊，想想就能知道，昆明人一定是热情的，不然为什么每年都有那么多人到昆明去旅游？至于"家乡宝"这种说法，我认为家乡宝是个中性词，热爱自己的家乡没什么不对吧！

老黑格尔谈过地理对人格的影响，他认为内陆居民善于沉淀和积累，中庸保守，满足于自身优势，因为他们拥有富庶的资源、稳定的生活栖息和繁衍环境。而云南坐拥动物王国、植物王国，资源丰富、人口较少，有着得天独厚的优势。

《昆明县志·风俗志》说，吾滇人最不喜欢背井离乡，其中昆明人尤其如此。士人除了外出做官，只有赴试才肯离开家乡。否则井田桑麻，以终老田间为乐。为经商而出远门的，那是百人中不见一二。所以昆明比其他地方民风淳朴。

昆明人还编过一个故事：

上帝与一个昆明人打赌，输了就交换相互居住的地方。结果上帝输了。那昆明人到了上帝住的地方才明白，这家伙明明是故意要输，立即后悔得要死。

多年前，昆明市政府力推"春城天天是春天"给外地人，连气候都可以卖？牛到这样的地步，只有那些卖空调的商人知晓，在昆明空调是几乎没有市场的。有人在网上发帖子，抱怨昆明天气太热，受不了。点击进去的人都大呼上当受骗，才30度就叫热啊。来重庆试试？40多度烤死你！按国家的说法是夏季的气温标准为22度，而夏天的昆明平均气温也只有20来度。与沿海地区相比，一天中的最高气温相差10度左右。而且每年6到8月都属于降雨比较集中的季节，全年80%的降水都集中在这个时段。固然，昆明是一个避暑的圣地，这本是天然，昆明人贪图好气候仍是人之常情。

还有就是经济压力不大。昆明的消费水平一直都很低，吃喝玩乐不需要花太大的代价。即使昆明人真是"家乡宝"，那也是因为上天给昆明得天独厚的条件，它有资本让昆明人这样热爱它。

昆明人即使真是"家乡宝"，也没有什么不妥，总比那些崇洋媚外的人好吧。况且，昆明绝对有值得热爱的地方。

昆明人真的是慢吞吞的性格吗

气候决定性格，昆明人的性格就像一杯温水，不温不火，在繁琐中尽显温吞本色。许多外地人觉得云南人办事效率极为夸张，几分钟就可以搞定的事，他们需要几个小时，你要是碰巧约了人，昆明人说的"马上就到""还有几分钟"可能是半个小时，甚至几个小时。

回到日常生活中，不难看出，女人煮饭和男人吸水烟筒是云南最具特色的两大生活习惯，都与蒸汽有关。

昆明人的做饭其实包含两道程序，煮饭和蒸饭。流程是这样的：先把米放在锅里煮10来分钟，等煮到半生不熟时，便置于筲箕上漏干，再把不熟的米倒入蒸锅用蒸汽蒸熟，这样一来，米是米，米汤是米汤，分得清清楚楚。"煮饭"的关键点在于把米汤剥离出来，让米单独享受蒸汽蒸熟，还有漏不干的米汤，也会顺着蒸锅流到下面的锅里。吃饭的时候，米汤可以发挥汤的使用效果。

要是家里小孩问妈妈多久可以吃饭，妈妈会用"煮着了"或"蒸着了"来回答吃饭的大约时间。在蒸饭的同时，也是做菜的开始。对蒸汽烹调的热爱，不仅体现在煮饭上。昆明最为著名的美食汽锅鸡和过桥米线，无一不是对蒸汽的热爱。尽管在烹调的意义上，蒸被赋予了太多上上做法的意义，比如这样可以保持食物的原汁原味，保存食物的营养均衡，但是生活快节奏的今天，叫人慢慢等待蒸出来的食物，一定会觉得原始和浪费，但是昆明人一直热衷于此。今天随着电饭煲之类电器的出现，许多家庭已经不采用蒸饭的传统方式。蒸饭的方式却大规模出现在饭馆中，今天到昆明的人还会看到，许多专业的煮饭公司都用很大的木质蒸子把蒸出来的饭送到一些馆子里，原始的蒸饭并没有被现代文化所取代，而是顽固地保持了下来。试想，一个从儿童时代就熟谙这套繁琐程序的昆明人，性格自幼便是蒸出来的，不温吞才怪。

在昆明的男人圈里，还有一句话颇有意味，就是"等我咂锅烟"。为什么是咂"锅"烟而不是"根"呢？因为这里常见男人吸水烟筒。就连身边的女人也会抱怨，自家男人怎么会一天到晚抱着水烟筒。出门前，女人都要耐心地等着男人把手上的烟丝吸完；而一回到家，坐到沙发上的男人第一件事还是抱起水烟筒，"咕咕咕"地抽个没完。无论做什么，都会听到男人说"等我吸口烟，就来就来。"这样的语气，换到另外一

吸水烟筒

个家庭或另外一种场景，都不会有所改变，最多换成这样，"急什么，烟都没有吸完呢！"要是一群昆明男人在一起办事，他们会轮流抽一圈水烟筒，当作休息之用。一个人说我要去吸锅烟，就是告诉别人他想休息一下。如果一群男人中碰到不会抽烟的人，他的休息权会被大大地减弱，成为抽烟者的"使嘴人"，就是叫他们去帮忙买点东西之类的。也许一个使嘴人开始并不想抽烟，但因为老被使唤，也毅然加入抽烟大军。

水烟筒在云南被叫做"烟锅"，是一种用竹筒制成的烟具，一般长约一米，用铁条弄穿竹节，竹子三分之一处，开个小孔，斜插上一根手指般大的小竹筒，作为烟嘴，灌进半筒清水，便成了水烟筒。抽烟时，将一小撮烟丝按在烟嘴上，边对着烟丝点火，边将嘴巴贴着水烟筒上端筒口猛吸，烟经过清水的过滤，去掉大部分尼古丁和杂质，变得更加醇厚爽口，不会因吸烟过多而喉咙痛、肝火盛。这正是水烟筒魅力的所在。不吸烟的时候，昆明人在喝茶，一杯接着一杯，瓜子壳一地，水好几壶。

在这里，需要说一下普洱茶。任何一位接触到普洱茶的人都会被泡茶程序吓坏了。也许叫外地人很为难的是，拿到一饼茶不知道如何下手，普洱茶被压得太硬，用手几乎是没办法弄开的，必须启用锥锤等利

器才能弄，可是一般的家庭哪里有这些利器？昆明人就会告诉他们，用锅蒸一蒸，自然就散开了，这个法子固然不错，可是麻烦还在，普洱茶小坨也许一天可以喝完，可其他大号型的一旦蒸开，喝不完就失去了价值。喝茶方式一样繁琐，第一道茶是不能喝的，要泡好几次才能下口，对喝茶工具需求也很多，我们把茶叶扔到杯子里的方式不行，普洱茶一直泡着的味道会吓死人，得泡一点喝一点，于是不经意间，为了一斤茶，得要配备许多工具，本来极为休闲的喝茶，在昆明，演化成一桩累人的活计，要是还有人参与讨论普洱茶的各种滋味，那就是另外一番感慨了。

这样看来，昆明人慢吞吞的性格，是天生的，并且渗透到日常生活中。慢吞吞的性格没有什么不好，这样也是一种热爱生活享受生活的方式。

布朗族"偷女婿""偷新娘"是真的偷吗

在布朗族的婚俗中，结婚前，男家要请一位被称为"布台"的人择定结婚日期，请一位被称为"召曼"的人参加婚礼，作为媒证，并送给他一包草烟，由他通告全寨亲族邻友。结婚那天，男家杀猪宰羊，大宴宾客。按传统风习，把猪肉切成小块，用竹

布朗族男女

篾穿起来，每户分送一串，表示"骨肉至亲"。还要用猪肝、猪心剁碎与糯米掺合，煮成猪肝饭，请全寨儿童来吃，表示新婚夫妇"叫了孩子们的魂"，婚后即可早生孩子。当晚，新郎和同伴们悄悄地把新娘接到男家，称为"偷新娘"。

结婚前，男家把准备好的米、肉、茶叶、草烟等东西摆在饭桌上，由媒人送到女家，并与姑娘父母交谈有关事宜。双方说话简洁，语言含蓄，寓意深刻，就像一首抒情的散文诗。第二天，在新娘亲戚家办酒席，当晚，新娘和她们的同伴们悄悄地把新郎接到女家，叫做"偷

女婿"。

偷女婿非常奇特，时间要选择在晚上。在夜深人静时，新娘及女伴们开始行动，她们来到新郎住的地方，先放出"密探"，观察周围的动静，伺机"捕捉"新郎。当一切条件都成熟之后，新娘和女友们破门而入，不由分说，把新郎抢走。

这时，新郎对新娘的举动并不反感，也没有"抵抗"的表示。把新郎"偷"到女家后，新娘家长要为他们举行拴线仪式，并祝新人幸福。

原来，"偷新娘"和"偷女婿"并不是真的偷，而是布朗族一种有趣的婚嫁习俗。

你知道水族"打电话式"的对歌吗

水族源于古代"百越"族系，分布在贵州省三都水族自治县、云南富源县的黄泥河、古敢一带，彝良县的大河、龙安等地也有分布。

水族民歌按其形式可分为单歌、双歌、蔸歌、调歌、诘歌等；按其内容则可分为古歌、颂歌、生产歌、风物歌、风俗歌、酒歌、情歌等类别。水族民歌的特点是曲调变化不大，旋律较为简约，但歌词

水族姑娘在对歌

常因时因事因人而不断充实新的内容，以抒发自己的感情。

双歌是水歌中最富有特色的一种说唱形式。双歌以组为单位，分歌前的说白和主体的吟唱两部分。双歌，尤其是寓言性的双歌，十分幽默、风趣，寓意不直接表露，必须根据当时演唱气氛结合歌的内容去揣摩。双歌多在热烈庄重的酒席间，主宾对阵时演唱。

在贵州榕江县水尾乡一带的水族人民中还有一种风趣的竹筒歌，演唱时，男女不能直接会面，而是各在一栋房子，借助于两个蒙上蛇皮在其间穿着长线的竹筒来对歌。

这种"电话式"的对歌，感情表达更为深沉委婉。

你知道纳西族的奇怪婚姻习俗吗

纳西族，是个生活繁衍在云南丽江一带、富有神奇色彩的古老民族，有着奇异的婚姻习俗，那就是跑婚、抢婚与情死。

跑婚，是姑娘主动跑到男家成婚，是对封建包办婚姻的反抗。姑娘有了心上人，可是家长不同意，于是，姑娘鼓起勇气，与男方秘密相约，悄悄

纳西族婚礼现场

跑到男家成亲，造成既定事实，迫使娘家不得不承认。姑娘趁着上街、购物或跳舞等机会跑婚，成功后，男家便请族中长辈或有权威的人，主动到女方家赔礼道歉，请求宽容，承认婚姻。能言善辩的说客，往往既夸耀姑娘，又肯定男方，把跑婚说成是命里注定的美好姻缘，只能促成，不可拆散，否则便违天命。女家虽知木已成舟，无可奈何，但碍于面子，往往愤慨怨责，措辞强烈，甚至聚众到男家"有理取闹"，以致大动干戈。

但终因覆水难收与亲情难断，事后总是默认或追认，极少长此与女儿及亲家对着干的。常常是在男方登门道歉的时候，化干戈为玉帛，双方母亲暗中来往，补办婚礼，以成明媒正聘。

而男人们则神圣不可侵犯，始终维护着家门的尊严。但到后来，亲家还是亲家，女婿还是岳母的掌上明珠。而且，社会舆论非但不歧视，反而夸奖跑婚者的勇敢，赞赏美好的姻缘。

与跑婚相反，抢婚的行为专属男方。抢婚似乎野蛮，实际是以爱情为基础的，但由于男方贫穷娶不起，或女方家长不同意，男家才不得不采取抢婚的"违法"行为。这抢，其实是拉或牵。

男方组织人去抢，没有暗约的姑娘虚惊一场，终于由惊转喜，来到男家门口，被男方迎头泼上一盆清水，意为洗头结婚，以后就再没有跑

回家的道理了，好马不吃回头草。

抢婚后，女方家族必定向男家兴师问罪，男方自然要谦恭礼让，再三道歉，给女方一个大面子，让女家好下台阶，息鼓班师，以后再渐认亲家。但也有处理不当、引发械斗、变亲家为仇家的。在这种时刻，勇敢正直的纳西姑娘便挺身而出，面对刀棒与辱骂，热泪流淌或笑脸相向，鲜明地表达自己的爱情和意愿，希望母家以爱女之心宁人息事。此情此状，再狠心的家长也只好吞忍，至多也只能当众宣布不认女儿，但事过境迁，女儿终是心头肉，仍盼女儿回家门。

与跑婚、抢婚相比，情死则完全是追求婚姻幸福的消极方式了，并且充满了悲剧色彩。

当自己选择的爱情和婚姻受到干涉和破坏而又无力抗争时，心爱的人便相约到僻静处，在享受最后的欢乐之后，上吊、服毒或跳崖，为自己的爱情而悲壮赴死，这就是情死——纳西人的殉情风俗。

还有个关于情死的传说："久命"是传说中第一个情死的纳西姑娘，她与"羽排"真心相爱，却遭到羽排父母的坚决拒绝，经多方努力仍坚冰不化，久命慷慨殉情赴死，为玉龙第三国的爱神"游主"所接纳。羽排也殉情赶来，在开满鲜花、充满爱心的国度里，双双过着自由幸福的生活。

这样的故事还有许多。相传许久以前，有一对未婚青年，小伙子日若参战远征，未婚妻巴命推迟婚期。战争胜利了，士兵们纷纷回师故里。黄山垭口飞扬着欢笑声、哭声和哀叹声。巴命在人群里奔走着，悄悄注视着每一个士兵，却始终见不到日若的影子。在阅兵场，她发现了祭台。东巴祭司正在超度战死士兵的亡魂。日若的舅舅正在削着日若的替身木，并供上祭台，准备超度日若的亡魂。巴命昏倒在祭台前。在一阵阵撕心裂肺的螺号声中，姑娘醒了过来。月牙儿落山了。姑娘抽泣着，跌撞着来到玉龙雪山南坡上，选择一棵松树，面朝玉龙山情死国，自缢身亡了。悲痛呵千古恨。原来，日若并没有死。班师时，他想捉一只美丽的孔雀带给心爱的巴命，谁知在深山老林里迷路了。十几天后，他才找到出路，带着美丽的孔雀羽翎回到了家乡。可他得到的却是终生的遗恨。他像一头着了魔的牛牯，疯狂地跑进山里，抱着孔雀羽翎，毅然跳进巴命熊熊的焚尸火堆里，到情死国里找巴命去了。

纳西人认为，情死并非简单的自杀，它是坚强的恋人们带着圣洁的新生的希望投奔理想世界的特别方式。纳西人对情死者不轻视，不谴责，而是佩服他们的勇气，为他们"祭风"，超度亡魂到祖先那里，以免成为风流鬼，贻害活人。

然而对于殉情而未死的人，人们非但不同情，反而认为他们是污浊下贱到连死神都不肯收留的活鬼。情死者一方死了，另一方还没死，哪怕鲜血淋漓，苟延残喘，旁人也见危不救，有的甚至采取残忍手段去"成全"他们。就是家里人来了，也袖手旁观，直至情死者气绝身亡，方痛哭敛尸。

比起跑婚和抢婚，情死当然是消极的，也是悲惨的，情死者爱情高于生命的壮烈殉情行为，是生活中遗恨千古的不幸和令人无限痛惜的错位。

昆明调子是在田间地头唱的吗

昆明调子是民间的演唱艺术。民间小调、山歌、民歌、小曲等形式不拘，主要在昆明郊区农村流行。它不需要化妆，也不需要选择场所，适应范围广泛。

昆明是一个多民族的地方，各民族又有各自不同的演唱方式。汉族小调的演唱形式不拘，大体上有：在田间地头劳动时的独唱、对唱以及男女间的对调子等。所唱内容，一是显示男女双方才能智慧的赛歌，另一种是表达男女之爱的情歌，第三种是歌颂祖国、家乡富饶美丽和生活美好的赞歌。路南彝族支系撒尼人节日喜庆、社交活动、谈情说爱和生产劳动中都有调可唱，常见的有《喜调》《骂调》《悲调》《犁地调》《放羊调》和《诗玛调》等。民歌演唱家黄虹演唱的《猜调》《小河淌水》《绣荷包》《耍山调》等，更赢得国内外的赞誉。

由此可见，昆明调子确实是在田间地头演唱的，但却不仅仅拘泥于

这一种形式，还有在庆祝节日、社交活动、谈情说爱中演唱的。

你知道花灯戏也叫"过街灯"吗

花灯戏是广泛流行于中国各地的一种传统曲艺。其突出特征是手不离扇、帕，载歌载舞，唱与做紧密结合。花灯戏源于民间花灯歌舞，是清末民初形成的一种地方戏曲形式。在流行过程中因受当地方言、民歌、习俗等影响而形成不同演唱和表演风格。

最初演出的是歌舞成分很重的花灯小戏，后受滇戏等大戏影响，花灯戏艺人在改进情节比较曲折复杂的剧目时，也吸收相关曲调加以变化、拓展和翻新，创立了花灯戏新调。新编的灯调采用曲调连接的编曲方式，具有板腔音乐的某些特点，适合演出传统大戏。除此以外，云南花灯戏的曲调还有各种民歌小调，在整个剧种中占有重要地位。花灯戏演出很注重舞蹈，云南花灯舞蹈的基本特征是"崴"，民间有"无崴不成灯"的说法。"崴步"都有手部动作

过街灯

配合，手中的道具和扇子的"手中花"及"扇花"的种种变化是其具体表现。花灯戏中的歌舞有利于烘托情节和丰富人物性格。

花灯戏是一种地方戏曲。昆明花灯演出队伍由写有"太平花灯"的大灯和写有"风调雨顺""国泰民安"字样的各形彩灯领队，随后依次是过山号和文武乐队、狮灯龙灯队、武术杂耍队、高跷、旱船、跑驴、秧歌、秧老鼓、霸王鞭及彩装的剧中人物或"鹬蚌相争""大头宝宝戏柳翠"等故事人物，沿途表演，向接了灯帖的人家祝贺。

此种"贺灯"边走边演，称之为"过街灯"。以后发展为在村镇街道广场演出，被称为"簸箕灯"。节目有本地的花灯小戏《打枣竿》《金纽丝》《倒扳桨》等剧目。

你知道昆明小调起源于马帮吗

众所周知，昆明是国家历史文化名城，是中国面向东南亚、南亚的门户城市，是中国重要的旅游目的地，是多民族的汇聚地，但是你知道吗？昆明也是古老马帮文化的发源地和集散地。

远古时期，这里山高路险，马帮的头领们牵着昆明特有的、最善于跋山涉水的"矮脚马"与外界进行物资交流、交往。在漫漫的旅途中，他们用歌抒怀，用声怡情，用木头敲打节奏，形成了独具特色的"昆明小调"，2006年，经云南省人民政府批准，昆明小调被列入云南省省级非物质文化遗产保护名录。

昆明小调源于民间，多在山野、田间歌唱，不受季节限制。反映了人们对养育自己一方水土

随时随地演唱的昆明小调

的热爱，抒发了人与人之间的纯真情感。昆明民歌小调曲调悠扬、节奏明快、情感真挚、语言短小精悍、琅琅上口。歌词内容十分广泛，包括男女情爱、家乡风光、历史、地理、生产、生活等方面的知识、趣闻。昆明小调曲目繁多，最具代表性的是猜调、耍山调、放马山歌等。

昆明小调演唱开始前，有呼唤式的引腔，如："妹唱情来哥知意，先唱几句丢过去"，对方心领体会，接着便你一歌，我一曲，即兴发挥，尽情歌唱。昆明小调的曲调具有叙事性的特点，音调近乎"说唱"，有的曲调则快似"绕口令"，让人感到精彩万分，不由自主地喝彩。

每逢节日，如"三月三""玉兰调子会""金殿庙会"的时候，都要举行民间歌会。届时，各路民间民歌、调子"高手"云集，人如海，歌如潮，热闹非凡。

由此可见，昆明小调最开始是在民间的马帮内形成的，后来发展到民间的其他领域。

昆明的民俗特色

103

昆明的山水园林

　　昆明最大的特点是以山川自然景观为主，山多水也多，所以去了昆明一定要看看昆明的青山绿水才会不枉此行，而昆明的山山水水又为昆明建造园林提供了得天独厚的条件。虽说山水是自然景观，背后却也隐藏了许多历史故事，那就让我们一起来了解昆明的山水园林吧。

昆明的名山胜水

西山为什么叫睡美人

　　西山位于昆明市西郊15公里，由华亭山、太华山、罗汉山等组成。它峰峦连绵40多公里，海拔1900米至2350米。相传古时有凤凰停歇，见者不识，呼为碧鸡，故也称"碧鸡山"。又因形状像卧佛，也叫"卧佛山"。

　　除了碧鸡山和卧佛山这两个名字，西山还有另一个名字，那就是"睡美人"。那么西山为什么叫"睡美人"呢？

　　西山森林茂密，花草繁盛，清幽秀美，景致极佳，在古代就有"滇中第一佳境"之誉。从昆明城东南一眺望，宛如一位美女卧在滇池两岸。她的头、胸、腹、腿部历历在目，青丝飘洒在滇池的波光浪影之中，显得丰姿绰约，妩媚动人，所以又叫"睡美人"。

西山

　　关于"睡美人"这个名字还有一个传说。

　　民间传说，远古时一位公主耐不住宫中寂寞，偷偷出了王宫与一小伙结为夫妇。后来，国王拆散了这一美满姻缘，并用计将小伙子害死。公主悲痛欲绝，痛哭不止，泪水汇作了滇池，她也仰面倒下化作了西山。

　　还有另一个版本的传说：相传很久以前，在滇池岸边，有一对真挚相爱的青年男女，男捕鱼，女织网，生活得很幸福，小伙子为了表达对姑娘的爱意，乘小舟到海上为她采取海菜花，结果一去不返。一天又一天，姑娘思念着小伙子，悲恸欲绝，昼夜长哭，眼泪流了"五百里"，最后泪尽而逝，身躯化为湖滨山峦，长发则散于草海之内。从此，这山便称为"睡美人山"。

这两个版本的传说都十分凄美，同时也为西山增添了许多神秘的色彩。无论西山叫什么名字，碧鸡山、卧佛山也好，睡美人也罢，"滇中第一佳境"的美誉都是不可逾越的。

西山现已被辟为一座森林公园，景点比以前要多。每年阳春三月，昆明人有"三月三，耍西山"的习俗，届时四方士民云集聚会，唱山歌，对小调，耍龙舞狮，野餐赏景，热闹非凡。

长虫山真的是长虫的形状吗

长虫山，又叫"蛇山"，位于昆明市北市区龙泉镇。

说到长虫山，许多人也许不太熟悉，但谈到孙髯翁那首脍炙人口的大观楼18字天下第一长联，联中的"北走蜿蜒，南翔缟素"这般古雅的诗句，你一定不会感到陌生。北走蜿蜒，说的就是长虫山。

那么长虫山真的是长虫的形状吗？其地貌特征十分显著而又富有坚强的个性。满眼望去，山上光秃秃的不长树，就只有草，和那些如

长虫山

同被上帝放牧在这里吃草和漫步的羊群一般的石头。这些石头的分布既有规律而又无规律，在天地之间构成了别样的和谐风景。似一条石质巨蟒，静卧于昆明城的北郊。

所以山如其名，长虫山就是长虫的形状，如果我们身临其境一定十分有趣。

凤凰山上的天文台竟是"嫦娥工程"的重要环节

说起凤凰山可能有些人会不熟悉，但是说起凤凰山观测站，相信很多人都会知道。因为它是与"嫦娥工程"有关的地方。

凤凰山上的天文台

观测站的标志性建筑是40米直径的射电天文望远镜和1米RC光学望远镜圆顶。

2006年2月7日上午8时30分，由中国电子科技集团公司第39研究所为中国嫦娥工程研制的40米天线中心体（包括内圈辐射梁及两圈环梁）总重量52吨，在中科院云南天文台40米天线安装现场安全吊装到位，与天线四座顺利连接。就这样，云南天文台成为了我国航天科技事业——嫦娥工程的重要环节。

能为嫦娥工程出一份力，我相信凤凰山观测台一定是昆明人的骄傲。

你知道古代描绘玉案山的诗吗

玉案山，在昆明市西北郊。

唐代就有诗人作诗来描绘玉案山的美丽，诗人通过对声响的描绘来表现玉案山的秀丽风光，诗中描绘了松林遍山，秀木成荫，一片苍翠郁郁，风起松鸣，涛声轰响；加上万籁之中，风声、雨声、溪声、鸟声等这些大自然的声

玉案山一角

响，为读者摹绘出一幅山青林翠、鸟语花香、石涧交错、晴雨无定的秀美景色。两句独具匠心的描绘，实写玉案山之景，赞美之情充溢于字里行间。

那么，我们再来欣赏一下唐代诗人道南描绘玉案山的诗：

松鸣天籁玉珊珊，万象常应护此山。

一局仙棋苍石烂，数声长啸白云间。

乾坤不蔽西南境，金碧平分左右斑。

万古难磨真迹在，峰头鸾鹤几时还？

梁王曾在梁王山上搭建兵营吗

梁王山位于澄江、呈贡两地之间，离昆明40余公里，山自南而北，绵亘百多公里。

关于梁王山，元代梁王遗留的多处军事遗址和传说，总能激发游人思古之幽情和探迷之遐想。

相传，公元1253年，蒙哥汗命储王忽必烈率十万大军进军云南，万里袭滇，乘革囊强渡金沙江，平定云南后，忽必烈封其孙甘麻剌为元在云南的王政代表，称梁王。

梁王山

元末，中原元朝已被朱元璋消灭，明军必来进攻云南。为与明军对峙，第四代梁王把匝剌瓦尔密看中此山地势险要，视野开阔，草肥林密，易守难攻，在主峰北侧较平缓的山地建立了大小军事教场，驻屯练兵。又在主峰北侧下的菜花坪植园种菜，修建跑马场、花园、凉亭、寺院等基础设施，梁王山白云深处有了人家，有了袅袅炊烟，有了牛铃悠悠，也有了牧人和樵夫高亢嘹亮的喊山调。

当时，云南每年要向元朝廷进贡良马2500匹，后改贡给梁王，梁王在山上建兵营要塞，行宫衙门，修建了梁王金殿，开辟了大、中、小教场，驻军扎寨，并将一部分马匹放养在山上，筑池饮马，现今的饮马池村委会由此得名。由此，形成了18年分庭抗礼的局面。洪武十五年（1382年）梁王战败后，举家200多人全部殉难，可谓惊天地，泣鬼神。

在梁王山搭建兵营期间，梁王搜罗昆明宫中金银珠宝，藏匿于梁王山石洞，形成了有九十九桶金，九百九十九桶银，以及几代藩王等神秘的故事和传说。

由此可见，梁王确实曾在梁王山上搭建兵营，并且由于梁王及部下在此驻军扎寨时间长，活动遍及全山，后人就称这座山为"梁王山"。

轿子雪山为什么被誉为"滇中第一山"

轿子雪山位于昆明市东川区西南与禄劝县东北角乌蒙乡分界处，属于乌蒙山系拱王山脉余脉，最高海拔4247米。

轿子雪山

轿子雪山是云南省级自然保护区，有"滇中第一山"的美誉。因为峰山体型似轿子而得名。那么轿子雪山为什么被誉为"滇中第一山"呢？

迪庆的梅里、白马雪山早已是声名远播，而在四季如春的昆明，如能寻到一处有雪域风光之地，似乎不大可能，但轿子雪山提供了这奇异的可能。二月时分，雪花飘飘的轿子雪山，冰瀑高悬，登山探险，踏雪观景是难得的体验。夏秋之季，山中溪流飞泻，漫山的杜鹃花争奇斗艳。

其之险，登时本不易，下山觉得更艰，可谓夺人心魄；其之奇，怪石盘山，冰瀑与石相搏，奇趣横生；其之秀，云海茫茫，薄霭缥缈，仿佛天香袅袅；其之幽，久未人迹至，"天池"与虫鱼鸟相谐共处，另具诗情画意。冰雪世界，原始森林，天然泉流，杜鹃花海，在这里，呈现出别样的风致，别样的情趣。正是这样，轿子雪山以其高、险、峻、奇而被誉称为"滇中第一山"

轿子雪山在滇中大地拔地而起，凌空飞腾，其雄险、其壮阔、其秀丽为滇中少有，而能将雄险壮阔与秀丽妩媚融为一体，更是滇中仅有。所以轿子雪山被誉为"滇中第一山"是当之无愧的。

黑风山曾被写入《西游记》中吗

黑风山位于昆明市安宁市鸣矣河乡、八街乡、县街乡境内，距昆明市区约60余公里，山体呈南北走向，群峰耸立、连绵起伏，方圆100多平方公里，平均海拔2500米，主峰大墓山（当地人还称"李大张坟山"）海拔2617米，是安宁

黑风山

市最高峰，也是安宁市与玉溪地区易门县的界山。

整个山区植被茂密、苍翠葱茏，溪流清澈，传说山顶月黑风高时常有黑风阵阵，风声凄厉，而山下老羊箐植被茂密遮荫蔽日，安宁县志载："此山因进山不见天日而得名。"黑风山山势巍峨、层峦叠嶂，其东侧山体高差720米，西侧扒河河谷一侧高差1020米，属深切割中山地貌。

而让黑风山增添了神秘色彩的是黑风山曾被写入了《西游记》中，是《西游记》中的地名，黑风山黑风洞中住着一头黑熊，修行多年成为精怪，使一柄黑缨长枪，善于变化，手段也很厉害。后被观音菩萨收为守山大神。

至于《西游记》中的黑风山说的到底是不是昆明的这座黑风山，想必也无从考究了，毕竟《西游记》是一部神话，关于它的点点滴滴，应该都在吴承恩的心中吧。

你听过金铜盆山的传说吗

金铜盆山位于距富民县城约30公里的者北乡境内，海拔2834米，是

昆明的山水园林

昆明境内最高的十座山峰之一，富民最高峰。那么你听说过关于金铜盆山的传说吗？

关于金铜盆山的传说有三，其一，相传主峰脚的低洼处曾有一金盆，盆里的水常年不会干涸，是周围老乡的饮用水源，后被一贪财的人取走了金盆，从此水源也断了。其二，金铜盆山因山形像一个倒扣的金铜盆而命名。其三，据当地老乡讲，金铜山因有人在山顶挖出一只金铜盆而得名。

游客登上金铜盆山

关于这三个传说孰真孰假大概是无从考证了，但是如果我们亲自去一趟金铜盆山，当我们真正身临其境时，我们心中便有了答案也说不定呢。

五华山为什么被誉为昆明的胜地

五华山，在昆明市区北部，为昆明市区最高峰，占地1.73平方千米，海拔1926米，其北接螺峰山，东连祖遍山，并称昆明城中三山，西与翠湖山水相连。五华山现为云南省人民政府驻地，昆明市五华区也因五华山得名。

五华山为昆明主山蛇山余脉。蛇山从昆明东北方向南下，九起九伏，至螺峰山顿开玉屏，再前则脉分五支，吐出五华秀气，因称"五华"，自古为一方之胜。那么五华山为什么自古以来就是昆明的胜地呢？

这要从当年南诏筑鄯阐城时说起，鄯阐侯高智升即于五华山麓筑府居之，称"东府"。宋大理时重筑土城，沿称鄯阐，为"新城"。鄯阐城址西移，又于云南昆明五华山设北

五华山

门。元初置昆明城，赛典赤"建省堂""兴市井"，仍以五华山为云南昆明城北天然屏障。公元1227年，云南王忽哥赤、平章政事赛典赤"为保国安民"，于山"高阜之上创建五华大殿，匾曰'悯忠寺'"。一说因寺内塑释迦等五尊佛像，以祈保国安民，故寺又称"五华"。1363年，寺毁于战火。五年后重建，改名"五华寺"，山因寺名，称"五华山"。元人王升作《滇池赋》，有句曰"五华钟造化之秀"，将五华山列为元代昆明八景之一。

可以看到，无论历史怎样变迁，五华山都一直在历史的大潮中立足。所以说五华山被誉为昆明的胜地是当之无愧的。

正如马之龙《九日登五华山》有言："城中好晴景，纵目五华巅。不是登高日，焉知望远天。四山秋色里，万户夕阳边。未得故园返，黄花空自怜。"

你知道滇池名称的由来吗

滇池，亦称昆明湖、昆明池、滇南泽、滇海。在昆明市西南，有盘龙江等河流注入，湖面海拔1886米，面积330平方千米，是云南省最大的淡水湖，素有高原明珠之称。平均水深5米，最深处8米。是一个断层陷落形成的湖泊，四周环山，包括东边的金马山，西边的碧鸡山，北边的蛇山，南边的白鹤山等。

滇池风光

滇池风光秀丽，为中国国家级旅游度假区。四周有云南民族村、云南民族博物馆、西山华亭寺、大观楼及晋宁盘龙寺、郑和公园等风景区。度假区占地面积18平方千米。

那么你知道滇池这个名字是如何得来的吗？

关于滇池名称的由来可归纳为三种说法。一是从地理形态上看，晋人常璩《华阳国志·南中志》中说："滇池县，郡治，故滇国也；有泽，水周围二百里，所出深广，下流浅狭，如倒流，故曰滇池。"另一种说法是寻音考义，认为"滇，颠也，言最高之顶"。第三种说法，是从民族称谓来考查，《史记·西南夷列传》有记载："滇"，在古代是这一地区最大的部落名称，楚将庄蹻进滇后，变服随俗称滇王，故有滇池部落，才有滇池名。

　　这就是滇池名字的由来，无论是哪一种说法，都改变不了滇池在昆明人心中的地位，也改变不了它是一颗高原明珠的事实。

昆明长湖为什么被当作神湖

　　昆明长湖位于石林县城东南18千米处，距昆明市区约120千米处，湖长约3千米，宽仅300米，湖面呈长形，状若卧蚕，又似新月，得名长湖，因其深藏丛山密林之中，又称"藏湖"。同时也被昆明人当作神湖。

　　那么昆明长湖为什么被当作神湖呢？

昆明长湖

　　昆明长湖，一个静静地躺在群山怀抱中的高原湖，修长的湖面犹如一位靓丽的少女，楚楚动人。湖水清澈平静，从竹筏上可以清晰地看到一群群鱼儿不时在水中悠然自得地游过，岸边的青山绿树倒映其间，那般景象是用任何华丽辞藻来表述都显得苍白无力的。长湖是民间传说中阿诗玛的故乡，而且在电影《阿诗玛》中也有许多镜头是在长湖拍摄的。因此，当地人把长湖看成是神湖。

　　如果有机会来到长湖，您不好好地呼吸新鲜空气，会是一大憾事。当你深深呼吸后，感受到长湖的空气是那么的清新、湿润，让人心旷神怡。同时也会感觉到，长湖被当作神湖，一是因为它是民间传说中阿诗玛的故乡，还有更大一部分原因或许就是因为它的美景。

你知道翠湖被誉为"城中碧玉"吗

翠湖位于昆明市区五华山西麓，是城区的中心观光点。因其八面水翠，四季竹翠，春夏柳翠，故称"翠湖"。

元朝以前，滇池水位高，这里还属于城外的小湖湾，多稻田、菜园、莲池，故称"菜海子"。李专《菜海行》诗中说："昆明池水三百里，菜海与之为一体。菡萏之国蛟龙窟……"翠湖涌出之泉水，直接入注滇池。

翠湖

因东北面有九股泉，汇流成池，又名"九龙池"。至民国初年，改辟为园，园内遍植柳树，湖内多种茶花，始有"翠湖"美称。

翠湖不仅有"海菜子"和"九龙池"的称呼，还被称为"城中碧玉"。那么翠湖为什么被称为"城中碧玉"呢？

清康熙年间云贵总督范承勋、巡抚王继文于湖中建碧漪亭（俗称海心亭），水光潋滟，绿树成荫。唐继尧时在湖中筑有东西堤和南北堤，把湖一分为四，湖中有海心亭，西侧有观鱼堂，东南有水月轩。翠湖堤畔旧有"十亩荷花鱼世界，半城杨柳抚楼台"之联，同时被誉为"城中碧玉"。

你知道阳宗海以前叫"汤池"吗

阳宗海，古称"大泽"、奕休湖，明朝时又称"明湖"，阳宗海是以驻地而得名的。属成湖较晚的幼年湖，为高原断陷湖泊，湖内盛产著名的金线鱼。湖水主要来自周围汤泉河及雨水聚积。

阳宗海是云南九大高原湖泊之一，属于珠江流域南盘江水系，湖面呈纺锤形，流域面积252.7平方千米，湖面面积31.1平方千米，水位标高

1770.46米，平均水深20米，总蓄水量6.04亿立方米。

据史料记载，阳宗海是以驻地而得名的：南诏大理国时期设三十七部，明湖一带为强宗部，公元1256年设强宗千户所。后强宗讹为阳宗，故名"阳宗海"。元代称阳宗为"大池"，池旁有温泉，故又名"汤池"。

阳宗海

你知道抚仙湖的"七大谜团"吗

抚仙湖是中国最大的深水型淡水湖泊，珠江源头第一大湖，属南盘江水系，位于云南省玉溪市澄江、江川、华宁三县间，距昆明60多千米。

抚仙湖是一个南北向的断层溶蚀湖泊，形如倒置葫芦状，两端大、中间小，北部宽而深，南部窄而浅，中呈喉扼形。湖面海拔高度为1722.5米，湖容量达206.2亿立方米，相当于12个滇池的水量，6倍洱海的水量，太湖的4.5倍，占云南九大高原湖泊总蓄水量的72.8%，占全国淡水湖泊蓄水量的9.16%。

抚仙湖一直给世人留有神秘的印象，关于它的七大千古之谜也被湖边人祖祖辈辈给留了下来。那么你知道关于抚仙湖的"七大谜团"吗？

谜团一：抚仙湖下存有天然人体库？据曾经潜入湖底的潜水员透露，抚仙湖湖底尸体数量庞大，水下尸体均呈现倾斜状，男尸前倾，女尸则向后仰，并且随着水流自然运动，如同活人一般。

抚仙湖

谜团二：湖中存有大鱼？抚仙湖里面的大鱼，可不是一般意义上的大鱼，有人说：有一次乘船过抚仙湖，到尖山时，狂风大浪，不远处看见一个像船一样的东西，仔细一瞧，却是一条大鱼的背脊。

谜团三：水底建筑？当地盛传

着这样一种说法：古代的时候，抚仙湖所在地是一个很大的坝子，在坝子的里面，有一个繁华的城池，后来一场大水将这个坝子全部淹没，从前热闹非凡的城池从此沉入水底。

谜团四：航空禁飞区？抗战时期，一架国民党的飞机，当时本来已经准备降落在呈贡机场，不想偏离航向，鬼使神差地撞到抚仙湖畔的老虎山上，最后造成机毁人亡。20世纪80年代，我军一架军用飞机在飞到抚仙湖上空的时候，因仪表失灵，最终导致飞机失控，坠入湖中……类似机毁事件发生多次。后来，抚仙湖被列为"航空禁飞区"。

谜团五：惊现光环？1991年10月24日，这天正好是二十四节气中的"霜降"日，村民张玉祥等人乘船到湖中捕鱼，却惊奇地发现湖的中央部位冒出了一个发光的圆盘，相当耀眼夺目。

谜团六：孤山鲛宫？据民间传言，孤山下面有龙宫，还有许多洞，抚仙湖的鱼常常跑去游玩，可是洞口太小，它们身子又大，每次进去就出不来了，最后永远地待在里面。

谜团七：界鱼石？在抚仙湖与星云湖中间的隔河上，有一块"界鱼石"，从抚仙湖游来的抗浪鱼与从星云湖游来的大头鱼，每次游到此处又各自回游，形成"两湖相交，鱼不往来"的奇观。

这些传说本身带有一定程度的神秘色彩，再加上在传述过程中人为加工篡改，真实性更加令人怀疑。但是不得不说这些谜团大多数人听了应该都会提起兴趣，或许这些谜团也成了让人们对抚仙湖趋之若鹜的原因吧。

陈圆圆是投莲花池自尽的吗

昆明莲花池公园被定位为历史文化名园，新开放的莲花池公园尊重历史、注重文化内涵。

在总体布局上，莲花池公园让市民亲历一种江南水乡特有的清秀风韵，"三山一水"这一古典园林堆山理水精髓得到充分体现。如今莲花池早已泉枯水竭，山也不成其为山了。虽然如此，莲花池留给人们太多的谜和无穷的回味。

要解开莲花池的谜，不得不说说历史上两个有名的人物：明末清初的名将吴三桂、江南名媛陈圆圆。

莲花池

"冲冠一怒为红颜"，这家喻户晓的词，当然是吴三桂的专利。这一怒，可谓四两拨千斤啊！怒得地动山摇，它改变了中国的命运，重新书写中国的历史。明末清初的得力干将吴三桂，为保卫明朝阻击清兵立下了赫赫战功，也正是这名干将为了自己的爱妾陈圆圆，又投降于自己的敌人，引清入关，把李自成领导的农民起义军赶出了北京，最终亲手为自己国家贴上了封条。

陈圆圆这个背着"红颜祸水"骂名的女子，这个用江山换来的美人命运又如何呢？陈圆圆可谓花明雪艳，色艺冠时，她从小寄人篱下，生活凄惨，几经转手落到了吴三桂手里。陈圆圆跟随吴三桂辗转来到昆明，吴三桂对陈圆圆疼爱有加，在莲花池旁建了安阜园，以作为他和陈圆圆享乐处所。转眼间，吴三桂又有了新欢，此时的陈圆圆已看破红尘，她削发为尼。后来在吴三桂反叛清朝，清政府平定"三藩叛乱"时，陈圆圆投莲花池自尽。

陈圆圆的这一跳，也为如今的莲花池增添了许多历史的色彩。

你知道龟龙湖的三大"奇特"吗

龟龙湖位于昆明市北市区的盘龙江畔。原是盘龙江的一道湾，后因改造江堤被隔离，开发成公园，现由房地产公司开发成"小区公园"。龟龙湖值得一提的有三大"奇特"。那么你知道是哪三大"奇特"吗？

我们从盘龙江畔西边，原来的正大门进入，到金印广场，便可看到第一奇特的"滇王金印"塑像。

高大的座基上有一条大金色蟒蛇，扭曲在金印上——滇王金印，需仰头才能望见。座基上刻有《滇王金印记》

很久以前，传说云南有个"古滇王国"。司马迁的《史记·西南夷列传》也提及，未作详细描述，故不可信以为真。

由此，古滇王国是否真的存在，长期以来都不敢确认。直到1955年11月，在晋宁石寨山古墓，出土了金蛇的"滇王金印"，才证实了古滇王国的存在，与司马迁《史记·西南夷列传》上的记载基本吻合。

这个金印奇就奇在为何要用一条蟒蛇扭曲在金印上，这是到目前为止所有出土的印章中，都没有过的奇特现象。而且印章是纯金的。一般讲究的印章，即使皇帝的玉玺，也只是用上等的玉制成，用金制成的印章少之又少。滇王金印便成了国宝。

蟒蛇扭曲在金印上，用意很是诡秘。大蛇为龙，龙为天子，滇王不配，可野心还是有，只好用大蛇隐含为龙。

看完滇王金印，顺着湖边过小石桥，经状元岛，转到龟城广场——公园的南大门处，便能看到第二个奇特：一个巨大的铜制"龟龙相交"塑像安放在那里。

一条龙盘着一只巨大的神龟，龙头与龟头张嘴相对，两尾相缠，呈相交之状。龙是一种传说，实际上没有龙，特大的蟒蛇便是人们神话传说中的龙。龟蛇大战从小就听人说过，可龟蛇相交却闻所未闻。

龟龙湖公园

龟蛇大战有这个可能。大蛇一般藏在山洞，大龟也喜欢山洞。后去的必然与先去的发生冲突，于是龟蛇交战起来，龟肯定打不过蛇，只有把头缩进去，蛇拿龟也没有办法，于是就盘着龟身。你不出来，我也不松，就这样两两相持，不知过了多少年，直到成了化石。后来人们发现了化石，才知道龟蛇大战的情形。人们在此基础上，加以丰富的联想，便有了神话般的龟龙相交。

龟龙相交，则来自风水先生的说法：明清时期这一带叫"龟城"，原本与盘龙江连成一体，因此把龟蛇大战演变成了龟龙相交，寓意着玄武应合之气象，能福泽子孙、深厚悠长。

龟龙湖原本与盘龙江连在一起，类似于湿地公园，其中有龟并不奇怪，古时的人不食龟，有大龟也是可能的，盘龙江类似于龙，故有龟龙相交之状，因此湖的命名包含进龟龙的特征——龟龙湖；塑像命名——龟龙相交。

看完龟龙相交，沿着湖边向北走，过一架木桥，经长龙岛，跨越过一个漫水桥，来到跃鱼浅滩——公园的北大门处，便能看到第三个奇特：一个巨大的铜制"麟凤来仪"塑像。

该塑像取自《说文》："凤，神鸟也。天老曰：凤象麟前、鹿后、蛇颈、鱼尾、龙纹、龟背、燕颔、鸡喙，五色备举。"

塑像以一只巨大的凤凰，斜担在麒麟背上，长长的凤尾从麒麟后脖子上，搭到麒麟的前胸，一只翅膀朝天，一只翅膀向下，搂在麒麟的后腿上，像是要拥抱麒麟一样，麒麟回头观望，两两相亲相爱。呈现出闻所未闻、见所未见的凤凰与麒麟相交景象。实在是一大奇观。

神话中，凤凰是神鸟，为百鸟之王，祥瑞之物；麒麟是神兽，为百兽之王，祥瑞之物。祥瑞物与祥瑞物相交，自然是绝配，寓意着祥瑞无比。

凤凰身上的羽毛，麒麟头上的犄角，都是非常珍贵、极其稀少之物，所以才有"凤毛麟角"的成语产生。

龟龙湖公园虽然不大，但西门有滇王金印，南门有龟龙相交，北门有麟凤来仪；东门没有什么奇特，门前早已建成了连片的住宅大楼，有煞风景。但公园里仍然值得徘徊。

龟龙湖公园，以"龟龙相交"塑像，引入"麟凤来仪"两大祥瑞之物，中华文化之"吉祥四物"——龟、龙、凤、麟便齐聚一堂，确实为龟龙湖争了光添了彩。

星云湖上曾出现过"龙吸水"奇观吗

星云湖位于江川县城北1千米处，与抚仙湖仅一山之隔，一河相连，俗称江川海。湖面海拔高出抚仙湖1米；该湖南北长10.5千米，东西平均宽3.8千米，最窄处2.3千米，湖岸线长36.3千米，总面积为34.71平方千米；平均水深7米。最大深度10米，透明度约1.5米。

由于湖水碧绿清澈，波光妩媚迷人，月明之夜，皎洁的月光映照湖面，如繁星闪烁，坠入湖中，晶亮如云，故而取名为"星云湖"。星云湖属营养性湖泊，是发展水产养殖业的天然场所，也是云南省较早有专业部门繁殖和放养鱼类的湖泊。

星云湖上的龙吸水奇观

2007年9月3日，星云湖出现水龙卷（俗称"龙吸水"），一个犹如大萝卜似的龙卷风水柱在星云湖上空出现，就在不到3分钟的时间内，这股龙卷风不断壮大，而此时，周边还有一些农民在渔船上，看到龙卷风盘旋过来，大家都很害怕，纷纷划船上岸。

这种奇观，全球不少，但在星云湖属于相当罕见的现象。

昆明的园林

石林为什么被誉为"天下第一奇观"

　　石林风景区是世界自然遗产，世界地质公园，国家5A级旅游景区，国家重点风景名胜区，国家地质公园，全国文明风景旅游区，最佳资源保护的中国十大风景名胜区。

　　石林风景区又称为"云南石林"，位于云南省昆明市石林彝族自治县境内，面积350平方千米，景奇物丰，风情浓郁。石林是阿诗玛的故乡，同时石林也被誉为"天下第一奇观"。那么石林为什么被誉为"天下第一奇观"呢？

石林

　　石林形成于2.7亿年前，是世界喀斯特地貌的精华，拥有世界上喀斯特地貌演化历史最久远、分布面积最广、类型齐全、形态独特的古生代岩溶地貌群落。风景区由石林、黑松岩（乃古石林）、飞龙瀑（大叠水）、长湖、圭山、月湖、奇风洞等组成，以雄、奇、险、秀、幽、奥、旷著称。

　　石林风景区范围广袤，山光水色各具特色，石牙、峰丛、溶丘、溶洞、溶蚀湖、瀑布、地下河等景观错落有致，正是因为这些，石林才被誉为"天下第一奇观"。

　　石林是最适宜人居的生态环境，也是最佳旅游目的地，更是旅游者的天堂。

你知道昆明世博园创下哪八项"世界吉尼斯之最"吗

昆明世界园艺博览园（简称世博园）是1999昆明世界园艺博览会会址，设在昆明东北郊的金殿风景名胜区，距昆明市区约4公里。

博览园占地面积约218公顷，植被覆盖率达76.7%，其中有120公顷灌木丛茂密的缓坡，水面占10%～15%。园区整体规划依山就势，集全国各省、区、市地方特色和95个国家风格的园林园艺品、庭院建

昆明世博园

筑和科技成就于一园，体现了"人与自然，和谐发展"的时代主题，是一个具有"云南特色、中国气派、世界一流"的园林园艺品大观园。

2016年8月3日，国家旅游局批准云南省昆明市昆明世博园景区为5A级景区。

博览园主要有5个场馆、7个专题展园、34个国内展园和33个国际展园组成。世博园还创下了八项"世界吉尼斯之最"。

这八项"世界吉尼斯之最"分别为：占地面积、建设速度、展示植物种类、园林精品、连体温室、竹类植物种类、柏科植物移栽、断崖塑石。

作为世界上唯一完整保留的世博会会址，世博园凭借全世界规模最大、最具原创性的园林园艺大观园独有的历史文化和景观价值，已经成为具有世界性、民族性、园艺性、高品位性、唯一性、不可模仿性、价值可持续性的会址文化遗产。

金碧公园是昆明的第一个公园吗

金碧公园是老昆明的第一家公园，创建于民国初年，园址即现在金

碧路省第一人民医院。因附近有金马碧鸡坊，故此得名；又因当时只有这一家公园，所以人们都只简称为"公园"。

正因为是当时的第一个公园，所以当时的许多重要活动都是在金碧公园举行的。

20世纪20年代前后，云南省和昆明市的许多展览会都在公园举办。

金碧公园

1914年6月，举办了巴拿马赛会预展会，征集昆明及各县名特产品展览评比，挑选特优品赴巴拿马参赛。这是云南第一次选出产品参加国际比赛。1921年10月，又在这里举办了云南第二次物产品评会，分设农林、工艺、矿产、教育、古物各馆，分门别类展出云南各地各行各业产品，也有少量法国和越南的工艺品参展。1922年12月，又举办云南劝业会物产品评展览，规模比上次大，门类多至16种，增加了人体生理、优良种畜、珍稀动物等内容，并举行演讲会宣讲科学及社会常识。

1923年3月，由市政公所征集市内及近郊各种花木，举办了昆明市花木园艺展览会。这次展览会盛况空前。公园大门布置成西式建筑模样，爬满攀缘植物，称为"绿门"。公园里面更精心布置了杜鹃花山、牡丹花船、九层花塔、兰花牌坊，水池内摹建了苍山洱海风景，铜像前则陈列上等花卉。此外，盆景馆内展出山水盆栽艺术品，园艺图书阅览室内陈列中、英、法、日文关于园艺的图书报刊三百多种，园艺器具陈列室内展出外国及外省的园艺器具数十种，展示牌上摘抄各种花木改良栽培法和各家种苗公司的商品目录，还有书画馆展出字画。这确实是八十年前昆明市的一次园艺博览盛会。

后来，金碧公园改设昆华医院，50年代以后改称云南省第一人民医院，现已成为一家规模宏大的现代化医院。不过庭院内仍保留着几株参天的古树，尤其是住院部的花园设计布置得很不错，有假山、池沼、小亭，花木也很茂盛，说明人们似乎没有忘记这里曾是一座美丽的公园。

洛龙公园为何有"新翠湖"之称

洛龙公园位于新昆洛路石龙立交桥旁，是呈贡新区的第一个大型现代园林、休闲、景观公园，占地38.34公顷，水体面积13.32公顷，建有大小广场、亭、廊、台等设施。

公园环境优雅、绿树成荫、碧水蓝天、风光秀丽、景色怡人，被游人称之为"新翠湖"。那么洛龙公园为什么有"新翠湖"之称呢？

洛龙公园

公园规划建设是以水为主线，充分利用洛龙河水源和地形低洼的特点，建成了一个水体湖泊，碧波荡漾，鱼儿在徐徐游动；公园以人工堆筑山体绿化景观为重点，形成与北部张官山森林公园情景呼应，山水交融的公园特色。是呈贡新区最大的公园，每天傍晚都会有新区的居民在此散步、跳舞，老人也经常来洛龙公园进行唱歌、锻炼身体等活动。一到夏天，池塘中的睡莲白天尽情绽放，夜晚却羞涩地躲了起来，别有一番风味。正是因为这里独特的人文景观，才让洛龙公园有了"新翠湖"之称。

省诗词学会曾应邀为其景观题名，并赋诗以纪之。我们一起来欣赏一下这首诗：

呈贡洛龙公园

石鹏飞

洛龙知我来，骤雨涤尘埃。

水阁无人坐，浪堤有鸟猜。

迷花为选胜，觅句且登台。

风物得诗助，声名上九陔。

你知道郊野公园的"二娇"吗

昆明郊野公园位于昆明西郊玉案山麓，背倚棋盘山，西邻筇竹寺，可以带宠物去，还可以自助烧烤。

郊野公园最大的优势是山清水秀，每逢阳春三月，漫山的茶花、棠梨花、野樱桃、杏花，还有那些呼不出名字的花朵竞相怒放，一幅幅美丽如画的春景图跃入人们的眼帘。

郊野公园"二娇"

而娇艳的碧桃花是郊野公园的园花。每年春节过后，五千多株桃花含苞欲放，数不清的花蕾一点也不吝啬她们的笑脸，掀起一股挡不住的桃花潮……这些碧桃花红白相间，白里透红，白得像雪，红得发紫，形成了一道美丽的风景线。最稀奇的是，一株桃花开出红、白两色花朵，一朵花又分出两种颜色，被人们称为"二娇"。

郊野公园自1990年建园起，以游览面积宽阔、以山野情趣为主要特色的休闲风格，给游人营造了一处旅游踏青、露营的好地方。如果有机会，大家可以亲自去郊野公园走一走，与家人去野餐，顺便欣赏一下"二娇"的独特之美。

徐霞客曾去过石城公园吗

石城公园位于昆明市西山区海口镇，占地14万平方米。石城呈典型的喀斯特地貌特征，其间峭壁高耸、层峦叠嶂，既以峰峦奇峭显气势峥嵘，又因怪石嶙峋呈千姿百态。

明崇祯十一年（1638年），徐霞客考察石城，撰文赞曰："幻化莫测，钟秀独异"，"犹令人一步一回首矣"。

虽然徐霞客曾去过石城公园，但石城公园似乎并没有因为徐霞客的到来而增添太多人气。20世纪后叶，建厂于海口镇的西南光学仪器厂曾出资对景区作了一些修建，供职工和当地群众参观游览；然而近年来可能是由于资金窘迫吧，园区已日渐荒芜，以致许多昆明人还不知眼皮底下有如此好玩之处。

石城公园

你知道昆明瀑布公园有全亚洲最大的人工瀑布吗

昆明瀑布公园，又名牛栏江瀑布公园，位于昆明北部山水新区，是举世瞩目的牛栏江—滇池补水工程入滇水口，也是集昆明城市饮用水通道、景观提升、滇池治理等多功能于一体的综合设施建设项目。

"牛栏江水汇德泽，翻山越岭入滇池"。牛栏江—滇池补水工程水源地德泽水库建成运营，不仅在曲靖市沾益县德泽乡牛栏江干流形成了高峡出平湖的壮美景观，同时在德泽水库库区建设了亚洲最大的地下提水泵站，泵站提升233.3米，通过百余公里引水管道自流到昆明，在引水入滇目的地昆明建造了人工瀑布公园。

瀑布公园于2013年开工建设，总投资约11亿元。瀑布公园景观区充分利用牛栏江引水地势自然落差，建造了高约12.5米，宽幅约400米的人工瀑布，进入公园就可感受到空气中的湿度明显增加。在瀑布前方的水面上建有观景桥，可近距离观景。据悉，该人工瀑布属国内幅宽最大、流量最大、规模最大的人工瀑布。瀑布公园被称为"亚洲第一大人工瀑布公园"。

昆明瀑布公园的瀑布

昆明的人文景观

　　美丽的自然风光，灿烂的历史古迹，绚丽的民族风情，使昆明跻身为全国十大旅游热点城市，首批进入中国优秀旅游城市行列。昆明的人文景观也很多，人文景观是人们在日常生活中，为了满足一些物质和精神等方面的需要，在自然景观的基础上，叠加了文化特质而构成的景观。人文景观是社会、艺术和历史的产物，带有其形成时期的历史环境、艺术思想和审美标准的烙印。

昆明的博物馆

云南省博物馆有哪些重大的考古发掘

　　云南省博物馆是一座中国省级综合性博物馆，位于昆明市五一路118号，创建于1951年8月，陈列面积达2400平方米。馆内现有10个部门，分别是：担负藏品收藏与保护的保管部；承担向社会公众介绍宣传博物馆展览的社会教育部；主管文物鉴定和文物征集的鉴定站等。

　　作为民族文化大省，考古发掘已证明了云南历史文化呈现的多样性与多民族省份是一致的。50余年来，云南省博物馆经过多年的考古发掘、调查征集、社会收购和接受捐赠的青铜器、古钱币、陶瓷器、古书画、碑帖、邮票及各类工艺品已逾19万件之多，是云南省

云南省博物馆

收藏文物最多的博物馆。在数以千计的珍贵文物中，被认定为国家一级文物的约一千余件。该馆的历史文物藏品绝大多数来自考古发掘。

　　你知道这么大规模的一个博物馆，都有哪些重大的考古发掘吗？

　　从20世纪50年代始，云南省博物馆在全省范围内进行的科学考古发掘、试掘、调查多达数百次，其中影响较大的几次重大考古发掘为：

1955—1960年先后4次在晋宁石寨山古墓群进行了大规模考古发掘，这一墓地已成为滇池地区青铜文化的典型代表，被世界考古学界称为"石寨山文化"，亦称"滇文化"。该墓地共发掘了50座西汉时期的墓葬，出土器物4件，尤其是在6号墓内发现了金质的"滇王之印"，从而印证了《史记·西南夷列传》对"滇"的记载。

1972年发掘的江川李家山古墓群，是石寨山文化的又一重要地点。该墓地共发掘了27座古墓，出土战国至两汉时期的各类文物1300多件，进一步丰富了滇文化的内涵，而其中最具代表性的是一批青铜纺织工具，有卷经杆、刷形器、梭口刀、弓形器、纺轮、针线盒、筒、锥、针、绕线板等，是研究云南纺织史的重要资料。

1975—1976年，在楚雄万家坝发掘了79座古墓，时代为春秋至西汉。出土文物1245件，其中，最重要的是出土了5面春秋时期的铜鼓，这也是迄今为止，世界上发现的最早铜鼓。1977年至1982年连续7次对曲靖珠街八塔台古墓群进行了发掘。在7米多高的巨大封土堆上，层层叠压着东周至明代的古墓葬。其中，东周至两汉的墓葬出土了青铜器、陶器、玉石器等文物200多件，较重要的有铜鼓、铜釜、扣饰、矛、戈、剑及陶鼎等。南诏至明的墓葬均为火葬墓，随葬品不多，但其火葬罐形式却复杂多样，为云南火葬墓的分期提供了较科学的依据。八塔台古墓葬区延续近两千年，经历若干朝代，这一奇特现象，在中国考古史上是不多见的。

了解了这么多的重大发掘，相信大家一定十分想去云南省博物馆亲眼目睹一下这些有趣又伟大的收藏吧。

昆明市博物馆因何俗称"古幢"

昆明市博物馆位于昆明市城区东部的拓东路东段，占地面积2万平方米，为地志性的综合博物馆，属国家三级博物馆，于1997年9月29日建成开馆。所在地为地藏寺旧址，故名"地藏寺经幢"，俗称"古幢"。后来地藏寺倒塌，古幢长期埋没地下。1919年古幢从地藏寺废墟出土。

昆明市博物馆是中国向公众，特别是青少年公众开展科普宣传、教育的主要阵地，2002年以来，博物馆先后获得许多教育基地的荣誉称号。

昆明市博物馆

馆内现有滇池地区青铜文化精品展、地藏寺经幢展和恐龙化石展、昆明飞虎队纪念馆、扇面精品展、瓷器精品展、昆明老照片展等基本陈列，3个机动展厅。不定期举办各类展览。

如果有机会，我们一定要亲自去参观一下这些藏在"古幢"内的"宝贝"。

昆明警察博物馆是一个怎样的博物馆

昆明警察博物馆坐落于昆明滇池畔鑫安会务中心，2002年4月正式开馆，该馆总面积1800平方米，设公安史综合馆、禁毒馆等11个展厅。

那么你知道昆明警察博物馆是一个怎样的博物馆吗？

史料记载，明、清时期，昆明已有专职救火的"水军"，驻扎在城中心、寺庙和民宅周边。城楼设有"棚子"，由各保、甲、牌长承担防火任务，实行火甲制度。1906年，水军改为消防队，成为昆明历史上第一支消防队。

在昆明市警察博物馆消防展厅内，就收藏着从清朝时期到现代有关消防的实物、图片、录像、文字等珍贵历史资料和百余件实物。

所以说，昆明警察博物馆是一个可以带你了解从古代到现代

昆明警察博物馆

的消防情况的博物馆。

云南铁路博物馆是用候车室建的吗

云南铁路博物馆位于昆明市北京路913号，利用昆明火车北站的候车室建立而成，2004年开馆，主要展示昆明铁路发展历史，特别是米轨铁路文物。

博物馆由南馆和北馆组成，南馆以百年滇越铁路"云南府站"法式古典建筑为原型，北馆为萃取高铁旅客车站元素的现代建筑，两馆之间贯连一座铁路钢架桥梁，跨越车站的三条股道，将博物馆与运营中的车站组成一个整体。

博物馆建筑面积7963平方米，布展面积5155平方米，收藏或展示文物、文献万余件，其中一级文物8件、二级文物10件、三级文物123件。浓缩了云南铁路百年风雨历程。因其独特的历史和

云南铁路博物馆

文化价值，被命名为全国青少年教育基地、全国铁路和云南省爱国主义教育基地以及云南省科普教育基地。

那么你知道在这样一个"候车室"内都收藏着什么吗？

"米其林"载客胶轮内燃动车组：1914年在滇越铁路上投入使用。车内设软席座位19个、硬座24个，还设有洗脸间、卫生间、厨餐间，装饰豪华，犹如一个功能齐全的流动宾馆。

寸轨行李邮政车：由中国汉口扬子工厂于1919年制造，车号351。

寸轨木质客车：是在寸轨铁路上运营的三等客车，由中国汉口扬子工厂于1919年制造，车号241。

寸轨铁质棚车：由美国Koppel车厂于1930年生产，载重10吨，车号451。

除了这些，还有寸轨木质敞车、寸轨木质平车、寸轨木质棚车、准轨春城号动车组、齿轮传动轨道车等。

虽然是利用候车室建的博物馆，但可以说是"麻雀虽小，五脏俱全"了。

云南民族博物馆接待过哪些国家领导人

云南民族博物馆位于昆明海埂云南民族村旁，场馆占地面积13万平方米，建筑面积6万平方米，分为展示区、收藏区和科研办公区。馆内有16个展室，展出面积达6000平方米，还配有设备齐全的报告厅、会议室、接待室等，是中国规模最大的民族博物馆。馆内藏品达12万件，是云南民族历史和民族文化的博览场所。

云南民族博物馆

藏品是博物馆的重要元素之一。民博目前收藏全省26个民族的文物2万余件，这为民族文化大省建设提供了强有力的文物资料保障。同时积极接受了一批有识之士的文物捐赠，系统征集全国56个民族的服装，使云南民族博物馆成为全国范围内民族服饰收藏最集中、最全面的专门机构，形成了自己的特色和优势，为后人留下了一笔宝贵的民族文化遗产。

1955年4月30日，敬爱的周恩来总理出访东南亚国家归来，在昆明观看"云南少数民族文物展览"时指出，要做好少数民族的工作。在这样的历史背景下，作为云南省"八五"重点建设项目，云南民族博物馆经过十余年的筹建，于1995年11月9日正式建成开馆。

开馆以来，接待国内外观众250万余人次，并且先后接待了吴邦国、乔石、王光英、杨汝岱、布赫等党和国家领导人，以及日本秋筱宫亲王及王妃殿下、泰国诗琳通公主、美国副国务卿、法国驻华大使等重要外国贵宾。

云南民族博物馆立足于云南民族文化资源丰富这一得天独厚的优势，通过坚持"走出去、请进来"的发展战略，馆校合作结出了硕果，增进了云南民族文化的对外交流。

云南民族博物馆已成为旅昆各族同胞欢度民族传统节日的重要场所，并且也是许多高等院校的教学实习点。在昆明的大学生有去云南民族博物馆实习的机会，实在是太幸福了。一个接待过这么多国内外领导人的博物馆，谁会不想去感受一下那里的气息呢？

云南民族大学博物馆内有什么珍贵的典藏

云南民族大学民族博物馆位于云南民族大学校区内，收集有大量民族文物，库存达三万件以上，内容涉及面宽，丰富多姿，不少为罕见之珍品。

早在20世纪50年代初，一大批热心于民族工作的专家学者、民族干部，在他们的工作日程上，就列着征集民族文物的计划，立下建一个民族博物馆的誓愿，他们翻山越岭，走村串寨，把少数民族在形成、发展历程中留下的珍贵文物，一件件精心考证、汇集。三十年的里程，一步一个脚印，凝聚党和政府对边疆各族人民深情关怀和爱护，三十年的心血，让不少人黑发变银丝，为云南民族大学博物馆奠定近万件珍贵文物的基础。其中多数在民族地区罕见，于今更是不可再有的珍品。

云南民族大学博物馆内典藏

那么你知道云南民族大学博物馆内有什么珍贵的典藏吗？

大致可分为以下几个部分：

一、民族宗教文物

1.经书

以民族文字书写的基督教、藏传佛教、南传上座部佛教、道教经籍，伊斯兰教阿拉伯文经籍以及古彝文、东巴象形文字经典。其中伊斯兰教"微型古兰经"、傣文"贝叶佛经"、纳西族象形文字"东巴经"，历史久远，装帧古朴精美，文字符号独具特色，内容十分丰富。

2.造像

民族地区基督教崇拜偶像、道教神像、藏传佛教"唐卡"、南传上座部佛教佛座像、汉地佛教佛图以及原始宗教鬼神、图腾物种。喇嘛教"人头骨内画欢喜金刚佛像"，百年工艺，形象生动，色彩丰富，在人头盖骨内绘画实为罕见。原始宗教视石器、青铜器为上天所赐之物，倍加崇拜，给这些原始的劳动工具赋予新的文化内涵。

3.法器

各教在祭祀活动中使用的衣物、祭坛用具、法仪、神龛、卜卦具以及迎神驱魔的法器等。"镇山宝剑"，长八尺许，传世百余年。众多青铜镜，映射着古代先民对鬼神的敬畏。"头盖骨双面人皮法鼓"，久设祭坛，鬼魔远避，观者也不寒而栗。

二、服装

各民族明清不同风格传统服装，衫、褂、氅、裙、袍以及特殊环境下使用的衣物，土司官服、喜寿服装、绣花鞋帽以及用皮、火草、麻、棕为料所制衣物。清朝廷所赐傣族土司"金丝正龙龙袍"和彝族男女土司官袍，有政治、历史、文化、经济等多方面研究价值，其社会意义深远，耐人寻味。

三、饰物

头冠、耳环、披肩、挂饰、手镯、戒指、扣饰、挎包、链、佩刀，造型各异，颇具性格，明清时期傣族土司夫人"云龙鎏金头冠""二龙抢宝双凤朝阳项圈"、白族姑娘"长寿披肩"和阿昌族妇女"桶镯"为西南民族饰物之珍品，国内亦不多见。

四、劳作器械

近代部分少数民族从事农业生产、交通运输、狩猎、纺织、食物加工所使用、具有远古社会文化特征的劳动工具是再现历史的物证。独龙族"神斧"，每次拓荒开山第一斧，实际上是石器时期的一柄有肩石斧。"木杈""木耙""木挝""竹耙"这些粗劣简陋的器械折射出"竹木文化"光华，与石器、青铜文化并存同一时代，考古学已无法采集，民族文化遗物却能提供活化石。

五、社会生活文化

生活文化涵盖面广，内容丰富。根据馆藏情况，可分为家庭生活用品、官书文契、印章、土司仪仗、刑具、衡具、量具、原始通讯——以物代言、民族文字家谱、碑刻拓片、取火器。其中"擦竹取火""牛角筒取火"为云南独有，实物保存完好，使用仍有效果。西双版纳傣族土司宫迁仪仗中、象征财富和权势的铜鼓，既存古代遗风，又显震慑一方威严。以物代言原始信息传递方式，生动形象，趣味无穷。

六、乐器

云南少数民族能歌善舞，乐器均自制自用，特色鲜明，音律单纯，韵味郁浓，民族中有"音乐像盐巴，没有它生活就淡白无味"之说，故"乐器随身带，有空跳起来"的场面随处可见。民族乐器品种繁多，大致可划分为吹奏管筒乐器、吹奏簧管乐器、拉弦乐器、弹拨乐器、打击乐器、体鸣乐器几类。原始古朴的佤族"木鼓"，雌雄各一，体大如牛，声震百里，可称得上民族乐器之冠，又谓生殖崇拜之物种。彝族"鼻箫"，鼻烟吹奏，"烟""韵"同飘，另有一番情趣。基诺族"猎归竹筒"、哈尼族"跺竹筒"无疑是乐器之始祖，颇具远古社会遗风。

七、武器

人类社会发展步入竞争年代，曾用于防御自然侵害的武器被作为部落之间维护权益的工具，在云南有些不发达的民族地区，近代仍袭用原始的器械为自由、生存而斗争。"牛皮套头甲""象皮甲""竹护手""扳盾甲"以及"竹标""长刀""三叉""勾镰""砍刀""弓弩""弹弓"等，这些原始粗劣的器械，加上后期出现的"火药枪"，展现了人类武器进步的脉络。

八、工艺文化

民族民间传统工艺技能多口传身授、世代传承，历史变迁，仅花样翻新而已，传统技艺沿袭不断。比如白族"疙瘩花""草编"，瑶族"蜡染"，傣族"竹编"，彝族"木胎漆器"，布依族、水族"瓢画吞口"；昆明"斑铜"，个旧"斑锡"，剑川"木雕""石刻"，大理"大理石工艺"，版纳"黑陶"，鹤庆"花银饰物"；各民族的挑花刺绣、香袋、象牙雕刻；纳西族"现代东巴画"以及彝文、傣文、东巴文、阿拉伯文等的书法作品，百态千姿，各有千秋。

云南民族大学博物馆有这么多种类珍贵的典藏，我相信在这里一定可以看到从古至今云南历史的缩影。

昆明动物博物馆里真的有"动物王国"吗

昆明动物博物馆位于昆明市教场东路32号中国科学院昆明动物研究所园区，筹建于1959年初，于2006年11月正式对公众开放，是一家动物专题博物馆，占地面积为1885平方米，建筑面积7350平方米。

昆明动物博物馆

昆明动物博物馆面向国内外公众开放，是一个集展览、收藏、研究和教育为一体的现代化博物馆，是自然科学普及和教育的重要基地。

1959年初，修建动物博物馆标本馆。1998年9月，正式展出"动物王国"展览。昆明动物博物馆拥有中国西南地区规模最大、收藏量最为丰富的动物标本馆，馆藏标本涵盖了云南"动物王国"和邻近省区几乎所有生态类型的动物标本，具有浓郁的地域特色。

那么昆明动物博物馆里真的有"动物王国"吗？

博物馆库存标本56万号，展示标本数量为2277号，包括国家一、二级重点保护动物90余种，还有许多珍惜种、濒危种、观赏种、药用种、资源种及食用种等。

储藏区包括兽类库、鸟类库、两栖爬行库、鱼类库和昆虫库，标本馆现馆藏各类动物标本66万余号。

由此可见，昆明动物博物馆里并不是真的存在一个活的"动物王国"，而是因为这里的动物标本之多而被称为"动物王国"。

云南广播博物馆内收藏着中国最大的收音机

2009年12月9日，一台超大型收音机在云南广播博物馆展出。该收音机长4.3米、高2.48米、厚度达1.04米，喇叭外圈直径达1.82米，选台旋钮直径超过半米。据介绍，这台黑色机身的收音机由云南人民广播电台创意，广东德生通用电器制造有限公司设计、制造，目前可收听云南新闻广播、交通之声、音乐广播等十多套调频广播节目。

云南广播博物馆内一角

据中国用最多少数民族语种播音的云南人民广播电台称，该项创意旨在成为展示云南广播博物馆风采的又一张特色新名片。"该台收音机的建成，对传承广播文化，推动云南电台建设全国一流强台将发挥积极的作用。"

创意者表示，该台收音机将存放在云南广播博物馆。云南广播博物馆是中国首家广播文化专题博物馆，于2006年8月8日组建，是纪念广播作为一种新兴传媒问世一百周年而建的标志性博物馆。整个展览分为"百年沧桑""尘封记忆""收音世界""岁月留声""云南历程""领袖与广播"六个部分。

目前，博物馆收藏有各个时期广播实物和声音资料近5.2万多件及15

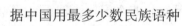

昆明的人文景观

万余首歌曲。2017年11月，以"用广播的历史告诉广播的未来"为主题的云南广播博物馆，入选影响中国广播电视进程六十年的六十件大事。

听了介绍，相信很多人都想亲自去云南广播博物馆见识一下这个比自己个子还高的收音机吧。

云南钱币博物馆的前身是云南钱币陈列室吗

众所周知，云南地处祖国西南边陲，是古代人类文明的重要发源地之一。纵观云南历史货币的发展历程，极具特色，是中国货币文化的一个重要组成部分。

2004年，中国人民银行总行正式批准人民银行昆明中心支行成立云南钱币博物馆，2005年7月，云南钱币博物馆又被云南省文物局批准为行业专题博物馆。

云南钱币博物馆是云南省聚钱币收藏、陈列、展示、研究，弘扬祖国优秀的钱币文化，进行爱国主义教育，以及开展人民币反假知识宣传等诸多功能于一体的公益性文化事业单位，其前身是1995年建成的云南钱币陈列室。

重建后的云南钱币博物馆展厅面积约320平方米，展线长约150米，展品2000余件，分为中国历史货币、云南历史货币、东南亚暨南方丝绸之路货币和人民币流通纪念币及人民币反假四个展厅。钱币陈列馆展示了中国历史货币的发展演变过程和云南历史货币的边疆民族特色，以及与云南有密切联系的邻邦货币，体现了云南钱币博物馆的区域特色，同时也展示了人们日常生活经常接触的人民币及流通纪念币的发展历程。

云南钱币博物馆新馆的落成，为弘扬祖国优秀的货币文化提供了一个很好的平台，博物馆将深入开展有关学术研究，在传承文明、维护文化多样性方面发挥积极的作用，为繁荣中国特色社会主义文化，做出积极贡献。

你知道云南地学旅游博物馆是收藏什么的吗

云南省旅游学校地学旅游博物馆始建于1986年，原名为昆明地质学校博物馆，建馆以来已接待了5万多人次的参观。1997年被云南省政府授予"云南省首批科普教育基地"。2009年12月被中国科协评为科研院所类"全国科普教育基地"。

博物馆设于学校综合实验楼二楼，总面积1104平方米，展出面积663平方米，现有展柜130个，展出实物标本3974件；展板223平方米，展出图片、图表463幅；另有模型52件。根据展出内容和主题分为七个展室：

1.地球史展室

展室通过大量的图片、绘画、图表、模型和实物标本，概括介绍了宇宙、地球的形成；地球的结构和组成；地球板块和构造运动以及各种地貌的形成。陈列的实物标本中，有世界罕见长度达1.3米的石棉、巨大的云母和绿柱石晶体、各种光彩夺目的宝玉石和彩石、天外来客——陨石等，展示出宇宙的无限和地球的广阔、神奇，激发人们对生存的家园——地球和大自然的热爱。

2.古生物化石展室

展柜中陈列有不同时代不同门类种属的古生物化石标本700多种，其中的珍品有：藻类化石、巨大罕见的三叶虫、完整精美的海百合、长近1米的角石、保存完好的玄武蛙、巨大的吐鲁番鳕、云南特有的海林檎、澄江动物群化石等，还专柜陈列了周口店北京猿人、山顶洞人的头骨复制模型和石器，以丰富的标本展示了地球上生物演化的进程。

3.奇珍异石展室

展出有数百种形态各异、色彩斑斓的矿物标本和百余件宝玉石原料标本，数十件精美、造型奇异的观赏石标本。为增强趣味性及科普性，还展出了部分矿物内部构造的晶体格架和与实物对照的模型。各种宝玉石、观赏石、宝石级的孔雀石、蓝铜矿、不同形态的天青石、褐铁矿、罕见的黑长石和香花石、重达数十公斤的自然铜、形态完美的葡萄石等珍贵标本，除给人以美的享受外，还对大自然造物的神奇留下深刻的印象。

4.恐龙展室

以大量图片、绘画及装架的永川龙及本校师生1958年实习自采的许氏禄丰龙模型为主，展示了中生代恐龙家族从起源、演化到灭亡的神秘兴衰史。展品中保存有完整的一亿七千多万年前的西属鳄化石，堪称国内外罕见的稀世珍品。1994年，应台湾文教基金会邀请，永川龙模型及其他部分展品在台湾参加展出，促进了海峡两岸的文化交流。

5.矿产资源展室

包括岩石和矿产两大部分，展出标本达1230多件。展示了组成地壳的火成岩、沉积岩和变质岩三大岩类的各种岩石类型，以及我国50余个著名矿产产地的矿床实物标本，其中有云南的兰坪金顶铅锌矿、个旧锡矿、东川铜矿、蒙自白牛厂银矿等，展示了云南"有色金属王国"的风采。

6.旅游资源展室

主要从"山、水、石、土"四部分介绍云南的名山大川、著名湖泊和泉瀑、喀斯特地貌及土林等自然旅游资源景观，展示其"雄、美、奇、秀"的风姿；同时也部分展示了云南的动植物、自然保护区、人文等生态资源景观，增强人们对大自然的保护意识和对家乡的热爱，也增强了对创建云南生态、文化旅游大省的信心。

7.昆明展室

以昆明滇池地区的地质地貌立体模型，配合航空照片、本校师生的教学科研成果及大量实物标本，展示昆明地区的地质地理概况。展出的石林旅游地质图为云南省首幅旅游地质图。

怎么样，这样看来，云南地学旅游博物馆像不像一个微型的地球？是不是很想去博物馆一探究竟？

你知道昆明制药博物馆位于昆明制药厂内吗

昆明制药的前身"昆明制药厂"，始建于1951年，是云南省最早成立的制药企业。在近60年的发展历程中，昆明制药经历了云南医药行业的种种变迁发展，60年代至70年代期间合并、分离出云南白药、云南植物药业等医药企业；80年代期间成为中国第一批改革试点企业；90年代期间成立云南省第一家中美合资医药企业，2000年12月在上交所上市……在自身发展壮大的同时，昆明制药还为云南省的医药行业培养了大批管理、技术人才，被誉为"云南医药的黄埔军校"。

昆明制药博物馆

在经济发展的同时，昆明制药特别注重企业文化建设，保留、收藏了大量弥足珍贵的医药行业发展的历史文化资料。为使这些宝贵资料得以长期妥善珍藏，并向公众展示、宣传，2008年2月，昆明制药在位于昆明高新区的昆明制药管理中心二楼，建成了"昆明制药历史文化展示厅"。展示厅内的藏品及文字图片再现了云南省医药行业的发展历程，成为云南医药行业的发展缩影。2009年11月，经昆明市文化局、省市文物和博物馆业领域的领导及专家学者考评后认为，该展示厅符合云南医药行业博物馆的成立条件，被认定为"昆明制药博物馆"，将按照昆明市博物馆行业管理。

昆明制药博物馆展馆面积约600平方米，装修设计简洁大方，拥有图片、产品、设备、文字资料等200多件藏品，有多名专职及兼职人员进行管理及讲解，长期对外开放，公司每年投入固定资金进行定期维护。

云南气象博物馆与一得先生的关系

昆明城中，只要你抬头向西边眺望，就可以欣赏到著名的西山睡美人自然景观，这就是昆明西山国家级风景名胜区所在，而云南气象博物馆就伫立在"睡美人"的腹部位置——太华山美人峰之巅。

云南气象博物馆始建于1927年，于1937年迁至现址，海拔2360米，由云南气象、天文、地震科学事业的先驱者、中国自然科学家陈秉仁（号一得）先生创办，前身为"私立一得测候所"、省立"昆明气象测候所"，其气象探测业务工作延续至今。

在早期的云南建设、昆明城区授时、测定昆明经纬度、保护滇池、抵抗日寇、天文观测及云南天文台选址、地方志编纂、地震初步研究与城市防灾建设规划、日食观测等多方面，一得先生、一得测候所都做出了不可磨灭的贡献。

1993年云南省人民政府将"一得测候所"列为云南省文物保护单位，后相继被授予"云南省爱国主义教育基地""云南省科学普及教育基地""全国科普教育基地""全国气象科普教育基地"等称号，2008年挂牌成立了云南气象博物馆。

云南气象博物馆

馆内详细展示了一得先生在云南气象、天文、地震、地方志编纂、保护滇池等领域所作出的杰出贡献，陈设有早期气象仪器设备及办公生活器具、历史气象资料图册、龙云主席签发的土地文书、楚图南等的题词、一得诗选、关于陈一得的书法作品等展品，并专门介绍了一得先生面对法国人、日本人、美国人或高价购买、或威逼利诱，然先生却"三拒洋人"的爱国壮举；同时配合运行中的现代气象大气探测设备、探测业务，为公众提供了解云南气象、天文、地震自然科学发展历史、普及气象科普知识、学习气象知识、熟悉气象工作的好平台。

既然一得先生与云南气象博物馆有这么深的渊源，那么你知道一得先生是谁吗？

一得先生大名叫陈秉仁，1910年毕业后参加辛亥革命，革命"成功"后，考入云南优级师范数理化专科学习，并以优异成绩毕业后进入云南教育界。其间，秉仁认识到气象、天文等自然科学"事关国计民生"、非常重要，于是他努力钻研，并学有所成。

1926年，陈秉仁赴南京参加全国教育工作会议，"往返行程不下二万五千里"。其间，他几次跨长江渡黄河，详细考察了江、浙、直、鄂四省教育、文化、商业、交通、城市建设、农业、气候、名胜古迹等，并受到时任中央观象台台长高鲁先生的"勉励"，遂自费从上海购买部分气象、天文观测仪器运回昆明。

1927年春，秉仁在昆明市钱局街53号自家院内自费创办了"私立一得测候所"，秉仁遂号一得，取《史记》中"愚者千虑，必有一得"之意，至此，在中国的西南边陲——昆明，诞生了云南第一个、中国第二个国人自办的"气象站"。于是，陈一得一家人就开始白天观气象、夜间观天文，坚持长达十年之久，"从未间断"。所获取的气象实测资料免费送给政府、学校等机关使用。同期，测候所开始负责施放午炮、校对街钟等工作。一得测候所的影响与日俱增，因此引起洋人的注意，并在后来相继发生了"三拒洋人彰显爱国"之壮举。

一得先生是一位渴望真理、追求光明的战士，他从少年学子时代，就已经表现出强烈的爱国情怀，满怀教育救国之情，转而科学救国、科学强国，最终全身心地投入新中国的建设大潮中，他用一生践行了"人生，当积极努力，用有限的生命，努力为人类社会谋幸福"之箴言。

他用自己的一生所学，为云南建设出谋献策。

所以当我们登上太华山之巅，走进云南气象博物馆时，相信我们可以想象到当时一得先生"白天观夜象，晚上观天文"的场景。

你知道云南人家民俗博物馆吗

位于官渡区宝海路146号的云南人家民俗博物馆是昆明市首批挂牌民办博物馆，首家民间民俗旅游示范点，国家3A级景区。

云南人家面积5000平方米。分

云南人家民俗博物馆

为一楼原生态民俗展厅和二楼民间民俗博物馆。整体建筑及装饰风格使人仿佛置身于原始、神秘的远古山寨。

经过多年的收集，云南人家收藏了丰富的民间民俗文物，包括古玩玉器、艺术作品、民族服饰、民间家具、民俗用品、民族图腾等，充分展示了云南民俗文化的深厚底蕴和丰富多彩。博物馆展示各民族刺绣、茶马古道传留物品、民族特色历史、代表石刻、历史青铜器具等藏品二万多件，成为向全国及世界展示云南民俗文化的窗口及保护传承文化的基地。

昆明香水博物馆是中国第一家私人香水博物馆吗

成立于2012年的昆明德馨香水博物馆是中国第一家香料香水主题博物馆，同时也是中国的第一家香水博物馆。

那么你知道吗？它其实是一家私人博物馆，由致力于将"云香"发扬光大的调香师尹开云发起创建。在馆内收藏有各种国内外主要香水，馆内研究人员会持续进行香水原料和其他相关技术的研究开发，博物馆也承接香水定制、芳香礼品等服务以及有官方淘宝卖自家的产品。

昆明香水博物馆内香水

博物馆坐落于金鼎山北路一幢黄墙红窗砖木结构的两层小楼里，外表非常不起眼，不留意很可能会走过，但内部却"大有乾坤"。200多平方米的博物馆里放置着数以千计的瓶瓶罐罐，里面装有各类香料、香水和植物精油，俨然一个浪漫的花香世界；此外，博物馆还有天然香料蒸馏和提炼演示区，并收藏有与香料和调香有关的各类书籍资料。除提供参观外，博物馆也会不定期地举办芳香产品制作等体验活动。

因为香水在中国乃至整个亚洲真正的历史太短，没什么文化上的沉淀，所以，要这样一家中国的香水博物馆做得有多高的调性则很难，不过德馨香水博物馆仍然在坚持每年做名为"芳香之旅"的户外活动，以及一些培训和学术交流，希望影响更多人来关注香水事业。另外，它对所有观众免费开放，作为普通大众的我们去看看也挺好的。

你知道云子博物馆是收藏什么的吗

2008年在中国举行的奥运会得到空前的成功，获得了世界的赞扬，美国总统奥巴马送给胡锦涛主席的礼物是一副夏威夷产的围棋，这是对中国历史和文化的一种尊重，也是对围棋界的一种鞭策和激励。

"云子"是"云南围棋子"的简称。云南围棋厂是中国传统民族工业的一面旗帜，是中国围棋制造业的排头兵。它集国内国际围棋荣誉于一身，受到棋界及围棋爱好者好评。"云子"制造工艺申报云南省非物质文化遗产得到批准并申报国家级非物质文化遗产，2009年特经昆明市政府挂牌云子博物馆，对外开放供人民群众参观游览。

云子

云子作为云南省一种传统的特色工艺品，制作始于唐代、盛于明清，因清朝雍正、乾隆年间作为民间进献皇室的上乘贡品而誉满天下，曾一度失传。

云子博物馆位于云子棋院一楼，展示有明清时代的围棋、云南围棋厂的发展历史、建厂以来获得的奖牌，以及云南围棋厂生产的棋桌、棋盘等产品。

由此可知，云子博物馆是收藏围棋的博物馆，在云子棋院，还可以实地参观云子的生产过程，与围棋爱好者对弈切磋。手起手落间，局势风云变幻，最文雅又最激烈，这或许就是围棋的魅力所在吧。

滇戏博物馆里可以看到滇戏演出吗

牛街庄是远近闻名的滇戏窝子，滇戏博物馆馆长张勇是土生土长的牛街庄人，从小痴迷滇戏。1984年，张勇自掏腰包从各地收集滇戏剧照、剧本、资料、戏服、道具等。2010年，牛街庄滇戏博物馆正式成立。现在的馆中珍藏着清末、民国年间剧照500余张，民国年间剧本16本和百余件滇戏艺术藏品。

那么滇戏博物馆里可以看到滇戏演出吗？答案是可以的。

滇戏博物馆

因为博物馆同时也是戏院，除了平时排练，周末还会进行演出，十里八乡的滇戏爱好者都会赶来听戏。古色古香的戏台、精致的雕花龙头、"咿咿呀呀"的唱腔，不经意间，仿佛置身古代梨园。

昆明碑林博物馆里收藏的都是石碑吗

昆明碑林博物馆收藏着1888年前的"东汉延光四年碑"、北宋开宝四年"段氏与三十七部会盟碑"以及"筇竹寺圣旨碑"等72方碑刻、83幅拓片，碑林上的书法艺术令人倾慕，还因其涉及大量古代政治、经济、科技等多方面信息，给研究及欣赏者提供了实体证据。

昆明碑林博物馆自2012年第一期陈列布展完成以来，年接待游客10万余人次，深受广大市民的喜爱。官渡区博物馆对昆明碑林博物馆开展了二期提升扩建，在原有的

昆明碑林博物馆

基础上增加了更多见证昆明重大历史事件的碑刻、拓片及互动区、交流区。昆明碑林博物馆二期提升扩建后展出了从汉代至新中国时期碑刻拓片104幅、碑刻72方，涉及政治、经济、文化、民族、宗教、民俗等多方面内容。值得一提的是，在新展出的拓片中，还有独树一帜的"遗臭碑"拓片。"路南县贪官许良安遗臭碑"立于1944年，是中国历史上第一块"遗臭碑"，碑文还记下了抗战时期时任路南县长的许良安贪污事实纪要，对后世有警示作用。

由此可见，碑林博物馆里收藏的都是石碑、拓片，步入碑林博物馆，你可以边读边看，在碑刻、拓片中徜徉，从一方方碑刻、一幅幅拓片里了解历史、走进历史、感悟人生。

云南茶文化博物馆里都有什么茶

云南省茶文化博物馆是云南省级茶文化专项博物馆，是云南茶文化对外宣传的公益窗口。主要展览馆藏的云南普洱茶、茶具，并为参观博物馆的游客提供云南普洱茶茶艺、茶文化知识和互动体验，公益性地展览云南老茶、茶具、茶历史等。

云南茶文化博物馆

文化博物馆自建馆以来，收藏的各类珍稀种类普洱茶样本、普洱茶老茶、古乔木茶达三百余种。最老的馆藏茶可以追溯到20世纪20年代，横跨一个世纪的岁月，极具历史价值。

那么馆内具体都有哪些种类的茶呢？

一是稀有种类普洱茶样本以及各类古茶树衍生物；

二是从民国中后期一直到近现代的普洱陈茶、老茶；

三是代表云南省参展2008北京奥运会、2010上海世博会、2015米兰世博会等重大国际活动的展品和国礼；

四是云南普洱茶传统加工技艺非物质文化遗产保护单位出品的，代表云南顶级古树茶的非遗系列国礼茶；

五是云南地区历代普洱茶用具和茶具。

如果你喜欢茶文化，千万不要错过云南茶文化博物馆。

宜良本熊博物馆是靠"捡破烂"建起的博物馆吗

宜良县本熊民间博物馆位于宜良县匡远镇五百户营村，老安石公路旁，占地面积1300平方米，使用面积1300平方米。藏品收藏起于20世纪80年代，历经30余年。

宜良本熊博物馆

2009年12月15日，经昆明市文化局通知，正式挂牌"宜良县本熊博物馆"。

建这个博物馆的人叫肖本熊，以前，肖本熊在城边的大街旁租了一间硕大的厂房，给他的3万多件藏品遮风避雨，说是个博物馆，其实就是一个堆放杂物的大仓库。后来，肖本熊看中了"滇中花木城"这块"风水宝地"，每年出租金16万余元，租下了1300平方米土地使用权，并斥资300多万元，建成一座四合院式的简易博物馆，花了3个月时间，重新布展，陈列了上万件珍品，圆了自己的"博物馆梦"。

那么肖本熊到底是谁呢？能建起私人博物馆的一定是个有钱人吧？然而并不是，许多人都说这个博物馆是靠"捡破烂"建起的。

肖本熊的故乡在宜良县城边的黄堡村，因为家里贫穷，16岁读初中时就开始到市场卖菜，以解决学习和生活费用，属于地道的"勤工俭学"，但初中没毕业就回乡务农挖地去了。1978年，肖本熊成为一名光荣的人民解放军战士。退役后，肖本熊花了300元钱买了一辆破旧的小型货车，拉着蔬菜四处去卖，卖完菜就顺便收些废铜烂铁。1年后，积攒了一点钱的肖本熊又搞起了车辆修理。为了能赚更多钱，1985年，肖本熊开了一家"顺德钢窗厂"，同时做起收废品的生意，人生迎来了新的起点：到20世纪80年代末万元户还是稀罕物的时候，肖本熊已有30多万元存款。

但是，2003年以前，宜良县城的人只知道肖本熊是一个"收破烂的人"，衣着邋遢，其貌不扬，走村串寨，专收破铜烂铁、废旧报刊。很少有人知道，老肖做这个行当近30年，长期奔波于城乡之间，整个滇中地区都留下他的足迹。哪里有个"好东西"，老肖很快就知道，痴迷于收藏的肖本熊，甚至不惜数百公里长途跋涉，去看消息灵通人士提供的"好货"，真东西见过不少，假东西也欺骗过他无数次，而且花了不少的冤枉钱。但老肖凭执着与真诚，获得了得大于失的结果。

一个文化程度不高的农民，为什么要搞收藏？老肖讲了一个他亲身经历的故事。20多年前，老肖在乡间收购到一个铜盆，论斤卖给一个买主，所得两元多。可是后来他才知道，这个铜盆其实是一件文物，那人一转手就卖了200多元，是他出手时的数十倍。老肖被"击醒"了：没有文化知识，不但发不了财，还经常吃亏上当。他觉得光收些破铜烂铁变卖远远不能使人生变得更有价值，必须在收破烂中更注重文物的判断和收购，这一行业说不定就能成就一段精彩的人生。于是，他费力地找来一些有关文物收藏、保护的书籍，认真地钻研起来，认知了一个其乐无穷的精神世界。

从认知到痴迷，老肖走着一条常人难以想象的艰难收藏之路。

2003年，昆明铁路局举办了一次拍卖会，他花了140万元拍得了两列昆明开往上海的旧列车车厢，这一"壮举"引起了轰动，人未回到宜良，已有十几家媒体记者在他的门前等待采访，老肖一时成为新闻人物。有一次他在收废铁时偶然遇到一个铜杯，雕刻精细，一说是酒杯，又说是下围棋时计时间的插香樽，他花了50元购买了下来，有人出了3000元把这东西买走了。1990年，他两百多元钱收了11本陆军讲武堂的书，其中有4本教材，8年后，有人出两车废铁换书，那两车废铁当时他卖了两万多元。

渐渐地，老肖觉得文物不能一卖了之，卖到死那天，他还是一无所有。于是，他想把藏品集中起来，搞一个博物馆，为家乡添一处文化景观，比收购变卖更有意义。

　　仔细参观老肖的藏品，可谓五花八门，甚至有些另类：有一台铣床是日本人在1941年制造后运到中国大连，后来又从大连运到云南用于滇越铁路建设的机床，后因精度不高被丢弃，20世纪90年代初，被昆明铁路局拍卖，当时肖本熊正在经营一个废品收购加工厂和钢窗厂，加工钢窗也用得到铣床，他毫不犹豫地把铣床买了下来，老肖说这台铣床是他的"镇馆之宝"。

　　为了收藏，老肖吃尽了苦头。作为私营博物馆，肖本熊面临许多困难：资金不足，缺乏专门的管理人才，那些历史、艺术价值极高的藏品亟待整理研究，今后的出路在哪里？一系列的问题，尚无较好的解决办法。但肖本熊没有在困难面前低头，凭废品收购站的收入，苦苦支撑着博物馆的运行。他说，不到山穷水尽、走投无路的境地，他绝对不会卖掉一件藏品，这些历尽千辛万苦收到的藏品，是一个地方不可复得的精神财富，他要坚守到最后时刻。

　　有人说博物馆是肖本熊靠"捡破烂"建起的，确实没错，但比起靠"捡破烂"维持着这个博物馆，真正支撑着这个博物馆的，是肖本熊几十年如一日的对文物收藏的热爱与情怀。

翠湖公园里藏着一个自来水博物馆

　　或许你去过翠湖公园，但你不一定知道里面"藏着"个小小的博物馆吧！该博物馆建在昆明自来水厂泵房旧址。建于1917年的泵房，是当时民间资本创办的昆明最早的自来水厂的组成部分，泵房抽取九龙池水送至五华山滤水池，精滤后再分压至东、西、南、北4路总水管，供应城市用水。博物馆内除文献资料外，还收藏有当时的一台水泵，直观地展示着昆明早期自来水厂的历史。

　　昆明自来水历史博物馆位于翠湖九龙池内，是一座见证昆明自来水发展历史和昆明饮用水历史的专题博物馆。该馆距今已有94年历史，全部工程由泵房、水池和五华山上的水厂组成。

昆明自来水博物馆

资料显示，20世纪初，昆明市民的生活饮用水多以井水为主、河水为辅，除私家院坝有井外，市面上还出现了以担水卖水为生的"清泉业"。直到1917年8月，昆明建成第一个自来水厂，才翻开了市民饮水的新篇章。

据博物馆工作人员介绍，1912年，中国历史上的第一座水电站——石龙坝水电站投产并陆续向昆明送电，昆明进入"大发展"时期。1915年，黄毓成等一批开明绅士提出"谋都市人民之健康及社会之消防安全"和"注重饮料、裨益卫生、便利人民"，倡议创办自来水厂。这一建议很快得到唐继尧的赞同，他专门派员前往越南海防、河内自来水厂考察学习，最后，由法商海防机械建设公司工程师戴阿尔负责承建整个水厂工程，采用西门子公司的设备。

1917年8月，水厂泵房和水池竣工。自来水厂则位于五华山西麓，1918年5月2日正式送水，日供水量1034立方米。由于水价昂贵，所以当时供水对象多为公共机构，直到1922年，市民才陆续饮用自来水。

当我们流连于翠湖的美景时，不要忘了这里还有一座不起眼的自来水博物馆，毕竟它记载着养育了一代又一代昆明人的自来水历史。

你知道昆明吉鑫园餐饮文化博物馆的"云南第十九怪"吗

吉鑫园餐饮文化博物馆位于昆明市白龙路世博吉鑫园内，是由昆明本土企业——云南吉鑫园餐饮有限公司创办的，专门展示云南饮食文化的民办专题类博物馆。

吉鑫园综合经济实力在云南省民营企业中名列前茅，作为私企曾参与政府举办的国宴制作，使滇味菜系名扬天下。吉鑫园餐饮文化博物馆将本土的饮食、歌舞、艺术、建筑、绘画、服务等元素融入其中。

馆内集中展示了"吉鑫宴舞"的发展脉络，据说，"吉鑫宴舞"集餐饮文化与歌舞艺术于一体，荟萃了云南26个民族的原生态民族舞蹈，公元802年，以南诏国进京献艺的《南诏奉圣乐》为艺术舞蹈蓝本加以提炼和升华，以现代艺术的演绎手段和现代化的舞台声、光、电技术，展示出精湛的舞蹈艺术效果。

昆明吉鑫园餐饮文化博物馆

"吉鑫宴舞"为中国多个民族的舞蹈，有伞舞、罐舞、甩发舞、泼水舞等12场大型舞蹈，主题主要沿袭康熙大帝接见各国使节一幕。接见一国，便舞一场，演出阵容宏大，气势壮观，舞姿高雅，令人目不暇接。

而今，在吉鑫园就餐，平均每演两场，便给大家上一道具有云南地方特色的珍馐佳肴，过桥米线自然必不可少。餐饮宴席中还举行文物竞拍，使边吃米线边拍卖成为"云南第十九怪"。与法国红磨坊"艳舞"和泰国巴提娅"燕舞"有所不同，"吉鑫宴舞"高雅而不媚俗，处处展示着云南民族文化的艺术魅力。

边吃米线边拍卖？这样的"云南第十九怪"还真让人想去体验一下。

你参观过昆明军事医学博物馆吗

经云南省文物局、文化局相关领导和专家的考评，昆明市文化局将解放军昆明总医院院史馆评为"昆明军事医学博物馆"，成为云南省首家军事医学博物馆。

解放军昆明总医院院史馆建设从2008年3月正式启动，经过一年多的建设，于2009年7月顺利建成。该馆占地面积800多平方米，投资近300万元。建设期间，该院专门组织人员参观了全军和云南省各大博物馆，进行全面系统的了解，借鉴其经验，收集资料，为院史馆的顺利完成打下了坚实基础。

昆明军事医学博物馆内一角

院史馆特色鲜明、管理科学，从14个方面，用60个版面、596幅图片、200多件实物全面见证了解放军昆明总医院60年来的历史足迹。其中，两个场景再现塑造了27个人物和1匹战马，展现了该院战争年代冒着枪林弹雨抢救伤员和执行抗击"非典"、汶川特大地震抗震救灾等应急卫勤保障任务的情景，是对官兵进行使命教育、对驻地群众进行国防教育的一个红色基地。

为此，昆明市文化局将其确定为"昆明军事医学博物馆"，以充分发挥其教育功能。该院史馆建成以来，已接待军地参观者近2000人次，受到了高度评价。

"一二·一"纪念馆与"一二·一运动"有什么关系

一二·一运动是解放战争时期一次大规模的反内战、争民主的学生爱国民主运动。抗日战争结束后，全国人民希望实现和平民主，但国民党政府却一意孤行，坚持一党专政，并在美国支持下奉行内战政策。一二·一运动，是在中国共产党领导下，由昆明青年学生发起并得到全国各地响应的反内战、争民主的爱国民主运动。运动揭露了国民党反动派发动内战的阴谋，是国民党统治区当时正在发展的民主运动的标志，在中国青年运动史和中国新民主主义革命史上写下了光辉一页。

而一二·一运动纪念馆就是为了纪念一二·一运动而建的。

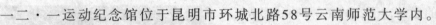
一二·一运动纪念馆位于昆明市环城北路58号云南师范大学内。一二·一运动纪念馆正式成立于1982年11月27日。至1985年11月时名称为一二·一运动陈列室。隶属云南师范大学，业务受省市文管部门指导。

联合大学在昆建校暨云南师范大学建校70周年纪念日即将到来之际，由中宣部资助的一二·一运动纪念馆改陈布展项目室外大型标志性纪念景观和语音导览系统顺利建成。在云南师范大学一二·一纪念馆的广场前，举行了隆重而简朴的一二·一运动纪念馆室外标志性纪念景观建筑落成典礼。

室外标志性纪念景观占地面积1120平方米，设计采用传统建筑学的审美理念——天圆地方的形式布置。"12·1"造型的青铜雕塑，浓缩了一二·一运动和西南联大的伟大精神内涵，造型悲壮、肃穆，反映了先辈们争取自由、反抗黑暗、向往和平的美好愿望，彰显了革命先烈长存于天地之间的浩然正气。

作为全国首批爱国主义教育师范基地的云南师范大学一二·一运动纪念馆，蕴含着一二·一爱国民主运动及西南联大丰富的历史资源，是开展爱国主义教育工作的重要资源载体。

"一二·一"纪念馆

在过去的二十多年里，纪念馆一直免费对社会开放，把弘扬和培育民族精神作为首要任务，取得了良好的社会效益。每年接待4万余大、中、小学生来馆开展各种教育活动。目前，纪念馆已成为大、中、小学生主要的德育和爱国主义教育场所，成为开展缅怀革命先烈纪念活动和社会主义核心价值体系教育的基地。

曾经参加了一二·一运动的张世富老教授也参加了落成典礼。如今已经87岁的老人回忆起当年的场景，仍然十分激动："我有幸参加了一二·一运动游行，当时既激愤、感动，也为牺牲的烈士感到难过。市民们都自发到联大图书馆前祭拜烈士，人山人海。"老人说，"西南联大精神和一二·一精神其实都是一致的：爱国、民主、科学。希望让一二·一精神永远传承下去。"

有一二·一纪念馆的存在，相信人们都不会忘记一二·一运动，也会让一二·一精神永远传承下去。

嵩明兰茂纪念馆是为了纪念谁而建的

兰茂纪念馆，也叫兰公祠，地处嵩明县杨林镇南街141号。迭经修葺的兰公祠，是一幢古朴典雅、具有较高文化品位的砖混结构四合院建筑。青砖砌成的门楼坊，颇有西方教堂式建筑的风格。大门上方嵌砌着一块石额，镌刻着"兰公祠"三个字，显得古朴庄重。

嵩明兰茂纪念馆

该馆是纪念明代云南医药学家、音韵学家、文学家兰茂的纪念馆，馆址在原兰公祠内。兰公祠始建于1476年。清康熙年间，翰林院侍读李澄中和布政使李华之捐金修葺，留下了《兰先生祠堂记》《兰先生祠堂后记》两篇碑记。民国初年，云南督军唐继尧和陆军少将李文汉又捐款再修兰公祠。解放后，为杨林小学校舍。"文革"中祠堂遭到破坏。1983年，云南省人民政府公布兰公祠为省级重点文物保护单位。1987年，省、市、县三级政府投资重建兰公祠。该祠占地面积1433平方米，建筑面积560平方米，竣工后就在祠堂成立了兰茂纪念馆。该馆门面用大青砖构成，法国教堂式建筑，气宇轩昂；庭院采用中国传统的四合院建筑，古朴典雅。

那么兰茂是谁呢？兰茂是云南省嵩明县杨林人，中国明代著名医药学家、音韵学家，其《滇南本草》成书比李时珍的《本草纲目》早

142年。

　　馆内展示的《声律发蒙》，是兰茂所著的一部供童生学习音韵对仗的专用读本，早于清初戏曲家李渔的《笠翁对韵》约200年。

　　1442年，兰茂又完成了《韵略易通》，他大胆创新，把原来100多个旧韵部缩编为20个新韵部，成为现在以北京语音为标准普通话的21个声母的前身，为中国《现代汉语拼音方案》的建立奠定了重要基础。

　　或许有许多人没听说过兰茂，但听了介绍，对兰茂从此刮目相看的同时，是不是也想去兰茂纪念馆看一看呢？

红军长征柯渡纪念馆是为了纪念红军长征而建的吗

　　红军长征柯渡纪念馆位于昆明市北面的寻甸回族彝族自治县柯渡镇丹桂村，离县城72公里，距昆明市85公里。该馆是为纪念红军长征而修建的。

　　红军长征柯渡纪念馆主要包括中央红军总部长征驻地旧址、总参谋部作战室，毛泽东、周恩来、刘伯承、朱德等同志长征路居丹桂村的休息室及烈士遗物。

　　1935年4月28日，中央红军长征进入寻甸县，4月29日发布《关于我军速渡金沙江在川西建立苏区的指示》。30日，毛泽东、周恩来、朱德、张闻天、王稼祥等中央领导进驻柯渡镇丹桂村，并对强渡金沙江作具体部署。1936年4月4日，贺龙、任弼时、关向应、萧克等同志率领红二、六军团再次长征进入寻甸县，并于4月9日进行了著名的"六甲之战"打退了敌人的追击，连克十座县城，从丽江的石鼓渡口胜利渡过金沙江。

　　1977年10月，省政府在丹桂村建立了柯渡红军长征纪念馆，1983年纪念馆被省政府公布为第一批全国重点文物保护单位，1992年被确定为省近、现代史及国情教育基地，1997年被省委、省政府命名为云南省爱国主义教育基地。

　　红军长征已经过去许多年了，可正因为有这些红军长征纪念馆的存在，才一直提醒着人们，"长征"还没有结束，红军长征精神也应该一直在人们心中。

朱德旧居纪念馆为什么叫"洁园"

朱德原名朱代珍，1886年生于四川，中华人民共和国开国元勋。怀救国之志，1909年，朱德告别亲人，从四川长途跋涉70余天来到昆明，报考云南陆军讲武堂，开启其军事生涯和参加革命的征程。

朱德在云南这段时间，对他自己意义重大，于云南更是一种骄傲，在云南期间，他改名为朱德，参加护国战争、护法战争和滇南剿匪，官至云南陆军宪兵司令官，被誉为"护国名将"。

朱德旧居纪念馆

1921年，为安顿抵昆的亲人，朱德买下五华山下的一个宅院和附近的空地，建造住宅——"洁园"。1922年，朱德离开这座小院，远赴德国，在德国加入了中国共产党，从而走上全新的革命旅程。

因在云南从事学习和革命工作长达13年之久，朱德对云南这片土地多了一份眷恋之情。其曾回忆称，"云南是我的第二故乡，有光荣的革命传统，我永远不会忘记云南。"

正是如此，新中国成立后，朱德先后3次到云南考察，并将这所他一生中唯一自建的住宅捐给了云南省政府，用作学校和居委会办公楼。1983年，朱德旧居被昆明市五华区列为重点文物保护单位。

"洁园"是一座中国传统的四合院，位于昆明市中心五华区红花巷四号和小梅园巷三号。1921，朱德入住这里，取名"洁园"。它见证了朱德寻找真理，救国救民，走向共产主义起点的历史。2016年12月1日，隆重的开馆仪式在这里举行。

所以朱德纪念馆就是曾经的"洁园"，如果我们亲自去朱德纪念馆瞧一瞧，一定能找到朱德曾经在这里生活过的痕迹。

冰心默庐纪念馆是冰心旧居吗

　　冰心默庐位于昆明呈贡三台山上，原来是呈贡斗南华氏家族于民国初年修建用于守坟和追祭先辈的地方，为一所三间六耳的土木结构中式庭院。坐西向东，占地300多平方米。文学大师冰心在此居住时，用

冰心默庐纪念馆

"墓"之谐音，取名"默庐"。2005年修葺后全面开放。为纪念冰心在昆明的日子和对呈贡人民的深情厚谊，人们将此地誉为"冰心默庐"，并建成了冰心纪念馆，供人们对那段历史岁月的缅怀和回忆。

　　1938年秋，时任燕京大学社会学系教授的吴文藻先生，应云南大学校长熊庆来先生的邀请，受聘于云南大学，创办社会学系并兼系主任。他和妻子冰心带着不谙世事的一对儿女离开了硝烟迷漫的北平来到了昆明任教。初到昆明时，寄居在邻近螺峰街的一处住所。但由于日寇飞机轰炸昆明，1938年晚秋，吴文藻、冰心举家搬到呈贡。

　　冰心出于对这里自然风光的喜爱以及她那一颗忧国忧民的心，写下了《默庐试笔》一文，并于1940年2月在香港《大公报》上发表。这篇文章在赞美呈贡美丽的湖光山色的同时，还以此来怀念她"至爱苦恋的北平"，对日本帝国主义表达了切齿痛恨。《默庐试笔》让一所平平凡凡的民居有了丰富的精神内涵和文化内涵。文中"呈贡山居的环境，实在比我北平西郊的住处，还静，还美。我的寓楼，前廊朝东，正对着城墙，雉堞蜿蜒，松影深青，霁天空阔"，赞美了呈贡的风光及景物。

　　到1940年底，冰心一家在"默庐"居住了三年。1940年底，吴文藻和冰心分别接受燕大四川分校和宋美龄的邀请，举家迁往重庆。

　　进入默庐大门，费孝通题写的"冰心默庐"四个大字就挂在小楼正

中间，院子里栽种了几棵象征玉洁冰清的白玉兰，以及有岁寒三友之称的白梅、紫竹等。当时默庐一楼是冰心一家的会客厅，二楼两间房子分别是冰心夫妻卧室和儿子吴平、女儿吴冰卧室，耳房作厨房和书房。现分为冰心生平、冰心专题、吴文藻生平、谈笑有鸿儒、卧室、书房等几个展厅，除了展示当年冰心一家的生活用品及陈设以外，还展示冰心及当时文化名人的著作及研究成果，以及当时的图文资料。虽然是近年重新修复过的院子，但是在修旧如旧的原则下，我们依然可以想象出当时冰心一家的生活环境和时代气息。

现在，"冰心默庐"已经成为一个文化符号，是抗战时期昆明文化名人生活的一个缩影。

你知道徐霞客纪念馆内有毛泽东主席的题词吗

徐霞客自1638年五月初十踏进云南的山水间，此后的一年零九个月，以昆明为基地，三进三出畅游云南。云南是徐霞客一生中除江苏家乡外生活时间最长的省份，也是《徐霞客游记》记录内容最多的省份。所以，"昆明徐霞客纪念馆"有必须前去一看。

徐霞客纪念馆坐落在西山风景区。到了西山风景区"碧鸡秋色"大门前，只见一边是高山，一边是悬崖，徐霞客纪念馆就在"碧鸡秋色"大门的下面。

走进大门，迎面石墙上镶嵌着一块巨幅石刻"烛耀南天"。顺着右侧的台阶拾级而上，眼前

徐霞客纪念馆大门

有一块四四方方的平地，正面是"荷花肴"小楼。左面是一排五开间楼房，楼上是管理人员办公室，楼下正中一间为过道，两侧是教室。

穿过过道，是一个开阔的天井，天井左侧是一排五间二层小楼，楼下是幼儿园食堂。楼下廊柱上挂有一幅用徐霞客诗句作的对联"春随香

草千年艳，人与梅花一样清"。正面是一排五间歇山式大殿，门前大柱上挂有一幅长联"孤筇双履踏遍穷山恶水探迹滇云，访胜寻幽鸡足点苍玉龙阅尽千年古雪；九夏三冬饱经酷暑严寒操觚草墅，呕心沥血天文地理民俗凝成一卷奇书"。

进入殿内，正面是徐霞客半身坐像，两侧分隔成徐霞客滇游事迹陈列室，陈列有徐霞客的简介、画像、游历云南的线路图、沿路少数民族的生活习俗，并记录了徐霞客走过高山大川时历经的艰难险阻。房间正中间一组雕塑特别吸引人，是徐霞客双脚瘫痪不能行走，丽江土司木增派人用滑竿将徐霞客抬回江苏送别时的场景群雕。

陈列室内还挂有历代名人为徐霞客所题的词。其中，明代名士钱谦益为徐霞客写的墓志铭中有"徐霞客千古奇人，游记乃千古奇书。《徐霞客游记》此世间真文字，大文字，奇文字也！"明代云南名士唐泰赠徐霞客的诗，一首是："朝履霜岑暮雪湖，阳春寡和影犹孤；知君足下无知己，除却青山只有吾。"另一首是："山惟天际好，千古几人游；不用生双翅，偏能纵一身；裹粮煮白石，照路点青磷；此去无同调，相逢莫问津。"

最有意思的是毛泽东主席的题词："我很想学徐霞客"。想不到伟大的政治家也有浪迹天涯的兴趣。

李先念的题词是："热爱祖国，献身科学，尊重实践。"曾写过《中国科学史》的英国著名作家李·约瑟看了《徐霞客游记》后说："看了他的游记，不像是十七世纪的人所写，倒像是二十世纪的野外考察家所写的考察报告。""昆明徐霞客纪念馆"落成时，温家宝总理在百忙中也发来了一封贺信。

陈列室大殿正门上高悬着"山海供养"的横匾。这幅匾额，徐霞客当之无愧，也只有他才配得上这样的待遇吧！

你去过杨升庵纪念馆吗

杨升庵纪念馆，也就是升庵祠，始建于1610年，因杨慎对云南文化贡献巨大，万历三十八年二月，云南右布政使刘之龙把"碧峣精舍"改建为"太史祠"，供奉杨慎塑像，专门用作纪念。

在建太史祠之后大约28年，徐霞客于1638年夏，路经高峣，拜谒杨升庵，并写下滇游日记开篇《游太华山记》，《徐霞客游记》中的记载使"千百年莫之一睹"的边疆胜景第一次全面地公诸于世。因此，1986年重修升庵祠时，在升庵祠一墙之隔的普贤寺旧址上建立了昆明徐霞客纪念馆。所以上文提到的徐霞客纪念馆其实与杨升庵纪念馆只有一墙之隔。

杨升庵纪念馆

1987年12月21日升庵祠被公布为云南省重点文物保护单位。1990年杨升庵纪念馆正式挂牌，升庵祠作为云南省重点文物保护单位及爱国主义教育基地，在对广大群众尤其是青少年朋友们讲解徐霞客、杨升庵，传播中国优秀传统文化，弘扬徐霞客精神等方面都收到了良好成效。

属于老昆明人的北门书屋去哪了

北门书屋旧址位于昆明市区北门街68—70号。原北门书屋为中式两层砖木结构，面积有180平方米，一度曾是滇省商界翘楚、大理人士李琢庵私宅。

20世纪50年代初，北门街城楼还未拆除，城楼上有明末清初书法家阚祯兆先生所书"望京楼"匾额，望京楼三个大字飘逸洒脱而有气势，为阚书的代表作。

1942年李公朴先生迁居于此，搬来后把楼上两间作为卧室和书房，楼下两间临街铺面开设书店，取名"北门书屋"。北门书屋经销三联书店、华侨书店、上海图书杂志公司等出版的进步文化书刊。

1943年，李公朴、张光年等又在此建"北门出版社"，同时成为民主同盟组织和进步学生、知识界人士的聚会场所。北门出版社是李公朴先生继北门书屋之后，又创办的一项进步文化事业。楚图南、闻一多、吴晗、潘光旦等著名人士常来此商讨工作。这里一度成为许多著名文人的聚集地。

1946年李公朴、闻一多先生相继被国民党反动派杀害，书屋被迫停业、出版社也被迫停业。李公朴先生的夫人张曼筠女士即带子女离昆，书屋房舍由原主李琢庵卖给国民党六十军的军官钟光汉，后由其妻姚仲光租赁给他人居住，1958年原书屋店铺改作粮店，并取名"北门粮店"，1983年昆明市人民政府公布决定，将这栋楼设为市级文物保护单位。

原北门出版社

但是90年代后这栋老楼变成了一间餐馆，从外到内都整体翻新过，门上面挂起了一排红红的大灯笼，虽然还依稀有点过去的模样，但却早已失去了以往的神韵。80年代末曾在文化巷附近出现了一家小书店，也叫做"北门书屋"，说是老"北门书屋"迁至于此，许多怀念老"北门书屋"的人都会过去看一看，可惜这家书店经营了几年后也不知所终。

老北门书屋的消失可能是许多老昆明人心中的遗憾，但也正因为有遗憾，人们才会将老北门书屋与它的历史一起永远铭记于心。

昆明的旅游景观

大观楼为什么是中国名楼

大观楼，位于昆明市近华浦南面，三重檐琉璃戗角木结构建筑，据史料记载，大观楼建于清康熙二十九年。

大观楼建成后，许多达官贵人在这里临湖宴饮，更有许多文人墨客在此吟诗作对。王文治在《秋日泛舟近华浦》一诗中写到："忆皆诗太守，高宴集朋辈。丝竹贯珠玑，篇章出瑰怪。"

大观楼长联

吟咏近华浦的诗词，有的描绘山光水色，有的歌颂太平盛世，更有的歌功颂德。那么大观楼到底是因为什么而成为中国名楼的呢？

这都要归功于一个叫孙髯的人，在大家都歌功颂德、描绘山水之时，孙髯对此十分鄙薄，他慨然挥笔，一扫俗唱，写下题大观楼长联一副，长达180字，旷古未有，一声震动儒林。上联写登大观楼骋怀，所见到"五百里滇池"周围风光，似一篇滇池游记。下联写对云南"数千年往事"的无限感慨，似一篇随笔。情景交融，气魄宏伟，一气呵成。被誉为"天下第一长联""古今第一长联""海内第一长联第一佳者"。

陈毅在看完了这副长联之后，赋《题大观楼诗一首》，赞道："滇池眼中五百里，联想人类数千年……诗人穷死非不幸，迄今长联是预言。"郭沫若也曾赞道："长联犹在壁，巨信笔如椽。"香港作家梁羽生评此联："情景交融，古今会合，浑然一体。气魄之大，无与伦比。"

也正是因为孙髯的长联，才让大观楼跻身于"中国名楼"。

下面让我们一起来欣赏一下这幅被世人赞美的长联：

上联：五百里滇池，奔来眼底，披襟岸帻（zé），喜茫茫空阔无边。看东骧神骏，西翥（zhù）灵仪，北走蜿蜒，南翔缟素。高人韵士，何妨选胜登临。趁蟹屿螺洲，梳裹就风鬟（huán）雾鬓（bìn）；更苹天苇地，点缀些翠羽丹霞，莫辜负四围香稻，万顷晴沙，九夏芙蓉，三春杨柳。

下联：数千年往事，注到心头，把酒凌虚，叹滚滚英雄谁在。想汉习楼船，唐标铁柱，宋挥玉斧，元跨革囊。伟烈丰功，费尽移山心力。尽珠帘画栋，卷不及暮雨朝云；便断碣残碑，都付与苍烟落照。只赢得几杵疏钟，半江渔火，两行秋雁，一枕清霜。

九乡风景区都有哪些景色

九乡风景区是国际洞穴协会会员，国家级重点风景名胜区。它位于昆明市宜良县九乡彝族回族乡境内，距省城昆明90公里，距离著名的石林风景区30公里，地理位置还是不错的。它是以溶洞景观为主体，洞外自然风光、人文景观、民族风情融为一体的综合性风景名胜区。

九乡溶洞

九乡风景区地处山区、气候温凉，区内峰峦连绵，山峰谷底相对高差200米左右，地表海拔在1750~1900米之间，地势起伏不大。九乡境内森林茂密，覆盖率达62.3%，珍贵动、植物资源丰富。张口洞古人类居住遗址，代表了我国南方一种独特的旧石器文化，被称为"九乡一绝"。

九乡溶洞发育于6亿年前的震旦纪，拥有上百座大小溶洞，是国内规模最大、数量最多、溶洞景观最奇特的洞穴群落体系，被专家们誉为"溶洞博物馆"。有被称为"史前奇观"的古海洋微生物化石——叠层石、倒石牙以及地下广场大厅、暗峡谷、鱼背石、卷曲石、涡穴等多种水文地质奇观及立体层型洞体和多层洞穴景观等典型剖面和景点。有的是国内罕见的绝景，有的是世界地质学教科书上从未有过的实例，所以备受国内外名家的赞誉。

那么九乡风景区里都有哪些景色呢?

九乡风景区现已开发的九大景域是:

（1）荫翠峡，峡长600米，可划船游览，两岸古崖苍苍，一泓碧水，清幽迷人，如诗如画的景观使人流连忘返。许多诗人作家在荫翠峡留下了许多美丽动人的诗篇，荫翠峡又名"情人谷"。

（2）惊魂峡，峡长700米，是目前国内所发现的最为壮观的地下大峡谷，两岸刀劈斧削一般，峡底到洞顶将近百米，峡中最窄处仅三、四米宽，游人走过无不感到惊心动魄。

（3）雄狮厅，雄狮大厅总面积15000平方米，是世界上最大的地下广场大厅，可容纳上万人在这里联欢，更为神奇的是，整个大厅顶部有一个完整的板块构成，板块上嵌有几个窝形的漩涡，整个顶部板块可谓天衣无缝。

（4）神女宫，为典型的喀斯特地下风光代表，其中的钟乳石玲珑剔透，或依或偎，或坐或卧，宛如一群仙女在此轻歌曼舞，云集宫中，争奇斗艳，给人一种如临仙境的感觉。

（5）雌雄飞瀑，为地下双飞瀑，两条瀑布由三十多米高的悬崖上訇然而下，潭深10余米，飞瀑直下，震耳欲聋，瀑布最大流量每秒320立方米。那雄浑壮丽的气势惊天动地，犹如两位浪漫的情侣难舍难分，为国内洞穴中仅有的一大奇观。

（6）神田，神田是大型边石湖群，面积100多平方米，深达10余米，错落有致，景观奇伟壮丽，为世界上罕见的一大奇观，被国际洞穴专家誉为世界之最。

（7）林荫寨，在深达100米的地下世界中，蕴藏着独特的彝家风情的景观密枝林、土司城堡等，反映了古彝先民们淳厚的民族风情特征。

（8）蝙蝠洞，蝙蝠洞的特点是钟乳石倒悬垂挂，就像倒着长的石林，这些钟乳石还有一个与众不同的特点，就是石林倾斜幅度大，不规则，原因是空气流向不同而造成的，于是在九乡又添了一个风吹石弯的神奇景致。

（9）九乡旅游索，索道跨度近1000米，如一条飞虹，横跨于青山翠岭之间，游人可以领略到四季不同的九乡地表风光，还可以参观古人类遗址张口洞，跨越数万年的时空。

这就是九乡风景区的主要景色，每一个景色都足以抓住你的眼球，是去昆明旅游必去的地方。

你知道关于"七彩云南"的传说吗

每当人们说起云南时，都会加个形容词——七彩，但其实，"七彩云南"并不只是指云南这个地方，它还是另一处集旅游、休闲、观光、餐饮和购物为一体的大型综合性旅游地，是云南唯一一家零售商场示范单位。来自全国各地的旅行团，几乎都会被导游带到"七彩云南"，那里有百年老店"庆沣祥"茶庄，还有

七彩云南风景区

各类购物馆：银饰、玉器、土特产、中药材等。它位于昆明至石林公路旁，距昆明12公里。

这里浓缩着云南壮美的神奇风光和绚丽多姿的民俗文化，有碧波粼粼的七彩渔缘、许愿池，还有充满神秘色彩的高大雄伟的彝族太阳神柱、太阳广场等旅游景点，有独具云南特色的旅游商品千多种，

还有精彩纷呈风情万种的民族歌舞演出。掩映在绿树林中独具民族特色的少数民族建筑，就像一幅山水画一样，七彩云南是一道美丽的风景。

那么你知道人们提起云南时为什么都说"七彩云南"吗？

传说一

古滇大地，神奇迷离，自古就是令人神往而又却步的秘境。西汉武帝时，传说西南有一古道通往印度，但古道掩蔽于崇山峻岭，很难寻觅，除非能看见七彩之云。于是，武帝常在宫中遥望西南，希望能有奇迹。一日，武帝终于看见西南天边有一片七彩之云，神奇美丽，急派使臣追寻。使臣追啊追啊，翻山越岭，一直追到了西南夷，也就是如今的昆明，发现七彩之云驻留在这里，这里山清水秀，彩云南现。七彩之云，吉祥之云也。云南云南，彩云之南，云南由此而得名。

传说二

七彩云南是三国时诸葛亮带蜀军安营扎寨的地方。传说诸葛亮第一次擒拿孟获时天边突然出现七彩祥云，诸葛亮看见后以为这是老天暗示：须得七次拿得孟获，才能真正收服此地人心。于是有了这"七擒孟获"的典故，也有了七彩云南的由来。如今武侯扎营处也成了七彩云南一景。

传说三

云南，意为"云岭之南"，又称"滇"。战国时期，这里是滇族部落的生息之地。相传在远古时候，上苍在中国的西南方向撒下一把热土，形成绵绵群山；倾倒一碗琼浆形成了星罗棋布的湖泊和纵横交错的河流；呵了口仙气形成七彩云朵。这就是"七彩云南"的由来。

这是关于"七彩云南"的传说，这些传说，不仅为云南增添了色彩，也为旅游景点"七彩云南"增添了故事性，只能说旅游景点"七彩云南"这个名字起得很巧妙，毕竟来到了云南，怎么能不去瞧一瞧"七彩云南"呢？

石林是阿诗玛的故乡吗

石林风景区又称为云南石林，位于昆明市石林彝族自治县境内，面积350平方千米，景奇物丰，风情浓郁，是世界自然遗产。自1931年创建以来，现已发展为国家5A级旅游景区，最佳资源保护的中国十大风景名胜区。

石林形成于2.7亿年前，是世界喀斯特地貌的精华，拥有世界上喀斯特地貌演化历史最久远、分布面积最广、类型齐全、形态独特的古生代岩溶地貌群落，被誉为"天下第一奇观"。石林风景区范围广袤，山光水色各具特色，石牙、峰丛、溶丘、溶洞、溶蚀湖、瀑布、地下河等景观错

石林

落有致，是极适宜人居的生态环境，是旅游者的天堂。

昆明市石林风景区原本是一片汪洋泽国，经过漫长的地质演变，终于形成了极为珍贵的地质遗迹，涵盖了地球上众多喀斯特地貌类型。早在1614年，路南知州汪良就将石林芝云洞辟为览胜景点并立了芝云洞碑。石林不仅风景优美，它还是阿诗玛的故乡。石林里还专门设有阿诗玛景区，阿诗玛景区也叫小石林，景区里宽厚敦实的石壁像屏风一样，将小石林分割成若干园林。小石林里最有名气的景点当数"阿诗玛"，当夜幕降临，彩灯映照，更是五彩斑斓，妩媚动人。

那么除了阿诗玛景区，石林里还有什么风景呢？

大石林

有小石林那一定就有大石林，大石林由密集的石峰组成，有如一片石盆地。这里的石林直立突兀，线条顺畅，并呈淡淡的青灰色，最高大的独立岩柱高度超过40米。其中有"莲花峰""剑峰池""千钧一发""极狭通人"等典型景点，最著名的当数龙云题词"石林"之处的"石林胜境"，而"望峰亭"为欣赏"林海"的最佳处。

石林长湖

长湖是溶岩湖，湖水由地下水供给，水质清澈，无污染。四面青山环抱，植物覆盖率达95%以上。空气清新洁净，透明度好。湖中有小岛，湖岸是以云南松为主的森林，分有众多小湖，环境清净幽美。它坐落在海拔1907米的群山环抱之中。湖平面形状如身材修长的少女，是民间传说中阿诗玛的故乡，因湖体掩藏在青山翠岗之中，以往游人足迹罕至，故又被人们称为"藏湖"。

步哨山

步哨山位于大石林之东，小石林之南，以景区环林东路为界，呈南北向带状展布。因清末石林彝民义军首领赵发曾在此山驻防，设步哨巡山而得名。山顶海拔1796.7米，高出大石林望峰亭近50米，为石林景区海拔最高处。区内多柱状石林，有"步哨五石门""步哨松涛"等独特景观。景点中有巨型腹足类化石、珊瑚化石等海洋生物化石，记录着2.7亿年前石林地区生机勃发的海底世界。

李子园箐

李子园箐在环林路以外，方圆数十里的荒山野丘上，布满了奇柱异石，有聚有散，有起有伏，而且没有过多的高树与石林争高，保持着自然的风貌。在环林路东南约300米处的丛林石壁上，有一片古崖画，画着奔放粗犷的人、兽、物、星月等图像，据说，这是原始宗教内容，与广西左江崖画的人物极为相似。

奇风洞

奇风洞是一个会"呼吸"的山洞。在石林县诸多溶洞中，数它最奇特。洞虽不大，直径约1米，但每到雨季，洞内便会发出像老牛喘气一般的声音。有人故意用泥巴封住洞口，它也能毫不费力地把泥巴吹开，若在洞口燃起干柴，洞中的风便把火苗浓烟吹腾飞扬，停歇10多分钟之后，又开始吸气，烟火又被"吞入"洞内，一呼一吸，循环往复不绝。奇风洞的呼吸现象并非四季常有，通常发生在6—10月间。

石林芝云洞

石林芝云洞在大小石林西北6公里，安石公路东侧的一座石灰岩大石山中。洞长400米，宽3～15米，高5～30米，呈"丫"形，两段洞由一低矮狭窄的洞门连为一体。洞内多石钟乳、石笋、石柱等溶洞景观。形态多样，异彩纷呈。明代以后称"仙迹胜景"，以"石硐仙踪"的名号独居石林八景之首。芝云洞的景点很多，从洞口到洞尾，共二十多个主要景点。

来到昆明，一定要去石林看一看。

你知道斗南花市是亚洲最大的花市吗

昆明斗南濒临滇池东岸，享有"金斗南"之称。斗南花卉市场，现已发展成为"中国乃至亚洲最大的鲜切花交易市场"，是著名的花都。

云南鲜花在全国80多个大中城市中占据70%的市场份额，有"全国10枝鲜切花7枝产自云南"之说。多年来借助"斗南花卉"这一品牌效应和市场优势，斗南已成为中国花卉市场的"风向标"和花卉价格的"晴雨表"。

斗南花卉市场连续十几年交易量、交易额、现金量、人流量和出口额居全国第一。每天上万人次入场交易，日现金流量1000万元左右，旺季达2000万元。2010年2月引进投资

斗南花市

38.87亿元，将斗南花卉市场升级成占地1020亩、总建筑面积81万平方米的斗南国际花卉产业园区。

斗南国际花卉产业园区建成后，可创造6万个就业岗位，实现年交易额100亿元，承担国家赋予的"带动全国、影响世界"的重要使命。

以前只听说云南的鲜花多，毕竟昆明是春城，一年四季都有百花齐放，但不看不知道，一看吓一跳啊，原来云南的鲜花市场竟有这么大的影响力，如果有机会去昆明，就算不买花，也一定要去斗南花卉市场看一看，看一下这个承载着国家使命的地方。

你去过福保文化城吗

福保文化城位于中国十佳小康村、中国十大名村——福保村，是云南省著名的旅游景区、景点，它位于春城昆明的高原明珠滇池畔，这里风景优美，地理位置得天独厚，从昆明国际机场和火车客运站驱车只需十多分钟。

福保文化城

福保文化城配套的各种旅游娱乐设施非常齐全，这里有着至今为止国内独一无二并荣获"大世界基尼斯之最"的室内温泉水上世界，还有室内水上大剧场"福天宝地"，更以其磅礴大气和高科技含量成为国内首屈一指的精品文化旅游项目，是西南地区极具特色的旅游度假胜地和景区景点。

你知道福保文化城里都有哪些值得一去的项目吗

福保大戏院

福保大戏院是由福保文化城投资3800多万元建成的水上景观艺术表演剧场，集原生态的古滇文化歌舞艺术和最具云南民族特色的餐饮文化为一体的特大型歌舞餐饮文化盛宴。

福天宝地

随着新世纪晨曦的升起，世界发现了昆明。地图上仍旧是一个小圆圈，如今走近再看，竟像万花筒般旋转出一派美丽神奇。

水上世界

大世界基尼斯之最——室内温泉水上世界：投资1.2亿元，占地50000平方米，采用来自地下1800多米、富含几十种对身体有益的微量元素的地下温泉水，建成水上漂流、温泉游泳、药浴桑拿和康体理疗温泉SPA等上百个温泉水上娱乐和健康项目，在这里你可以在轻松愉快的娱乐嬉戏中不知不觉地达到地下温泉水强身健体的功效。

湿地公园

这里设有天天长街宴、天天开海节、天天泼水节、天天火把狂欢节、游船观光、民族小吃街、滇文化实景艺术演出等，让您领略"门临滇池观鱼跃，户对西山睡美人"的风采，饱览"三春杨柳，九夏芙蓉"的优雅景致的风采，亲临"五百里滇池奔来眼底"的壮观场面，再现"古渡渔灯"的繁荣景象。

如果你厌烦了每天奔波于各个景点之间，却又想了解昆明，那么来福保文化城准没错，在这里你可以浓缩地体验到昆明的许多文化和民俗特色。

你知道昆明老街有近900年的历史吗

在成都有宽窄巷子，在上海有新天地，在昆明有昆明老街。昆明老街是国内唯一以整个街区作为一个统一地名命名的街区项目，昆明城中最后遗留的历史街区。

旧时的昆明老街

昆明老街的建筑群落中，最古老的有近900年历史，这些建筑承载着这座城市太多的记忆与故事，同时又承载了当代人太多的童年欢乐和当下的生活趣味。

昆明老街光华街，东起正义路，西至五一路，全长435米，是昆明城中仅存的具有昆明古朴风貌的老街。在今天的光华街上，可以吃到口味正宗的小锅米线，可以淘到光怪陆离的云南古玩，可以找到历经百年的药铺。光华街用他斑驳古朴的胸襟包容着昆明的古今。

昆明老街甬道街早在1983年，就有了昆明最早的花鸟市场。随着时间的推移，当年在甬道街上搭建铁皮棚、售卖花鸟鱼虫的商家在赚得盆满钵满之后，纷纷外扩，形成了景星珠宝花鸟市场。此外，这些代表城市市井特色的小买卖甚至延伸到光华街、文明街。如今，甬道街的改造升级完成，那些曾一度外迁的商家又带着自己升级后的商品回归这里。

昆明老街景星街，每日总是人潮人涌，纷至沓来的本地人或外地游客，或购物，或闲散。各种稀奇古怪的东西都可以在这里淘到，景星街承载了太多昆明人美好的童年记忆，也为外地游客带来无尽的惊喜。

昆明老街钱王街，将潮流与历史在此对撞，这里有老宅子中的星巴克，有英国专业的电音酒吧，还有很多手工艺人的精品商店，在这里街拍的美女帅哥络绎不绝。

昆明老街是昆明这座历史文化名城唯一保留下来的一片原汁原味的老街区，是昆明市面积最大、保存清代和民国时期特色民居建筑、商铺建筑最多的片区，具有较高的历史价值、文化价值和老昆明情感价值。

昆明十大名片中，作为昆明古城千载文明的象征，"昆明老街"成为最具有代表性的昆明城市名片之一。昆明老街拂去了千年尘埃。

昆明老街的历史可追溯到大理国时代，经元、明、清、民国、新中国建立到今。现今尚存的昆明老街格局，就是从清代康熙年间云贵总督在此建署而逐步形成的，现存昆明老街的建筑，主要反映了民国时期的历史风貌。一批近代建筑的插入和私人豪宅的新建，为昆明老街留下了深深的烙印，并保留至今。然而，无情的时光却让美丽变得斑驳，昆明的"城市之心"也在岁月的侵蚀下变得破败不堪。在建设云南民族旅游文化大省的强劲东风下，昆明老街又迎来了生命的第二个春天，昆明老街将重现老昆明风情。

昆明老街一直以来都是昆明商业街区中最有活力的部分。昆明老街经历了900多年世事沧桑，900多年文化积淀，蕴涵了过去岁月的丰富信息，所以是值得我们去保护的地方。

你知道官渡古镇的金刚塔吗

历史悠久的官渡镇位于昆明东南郊，是昆明地区著名的历史文化古镇之一。官渡原名"窝洞"，是滇池岸边一个螺丝壳堆积如山的渔村。这里风光如画，早在唐代，"窝洞"便是南诏王公游览滇池时理想的驻足之地。宋代，驻守"鄯阐"的演习高生世，常乘舟至窝洞游览。高生世的船绳于岸边，于是便把窝洞命名为"官渡"。高氏似乎对官渡情有独钟，干脆于窝洞置官渡县治，并修建了城池。

官渡古镇因其历史文化深厚而远近闻名，历史文化古迹虽有损毁，但重要的历史文化遗存却得以

金刚塔

保留下来。古镇中那些用螺蛳壳和着黏土春夯而成的院墙，依然在风雨中兀立。百年的土屋民居尚存，实属难得。作为一个历史悠久的古镇，官渡曾是一个誉满滇中的古渡口，是昆明历史文化名城古镇之一，唐宋时已是滇池东岸的一大集镇，元代与昆明同时设县，明清已成为商业、手工业很发达的乡镇。昔日官渡，商贾云集，有五山、六寺、七阁、八庙和众多人文景观，至今仍保留着许多文化建筑遗址。

那么你知道官渡古镇的"金刚宝座塔"吗？

官渡"六寺之首"妙湛寺始建于1290年，1295年落成，后因被水淹而倒塌，1325年迁建于现址古镇的中央。寺内建有东、西两座13层密檐实心方形砖塔。后来西塔毁于地震，而东塔保留至今。当然，在官渡古镇宗教建筑中名气最大，最引人瞩目的还是金刚宝座塔。

金刚塔又名"穿心塔"，是我国唯一的一座全部用砂石砌成的宝塔。该建筑群共有五塔，建于一座方形高台基座上。东、西、南、北四道券门十字贯通，故又称"穿心塔"。据说，以前人们往返经过此地都要穿行此塔，甚至连新娘的花轿也不例外。人们认为这样可以与神相通，带来好运。主塔高大雄伟居中，高16.05米，周围的四座小塔仅高5

米。是中国现存年代最久的一处砂石构筑的典型喇嘛式佛塔。

1457年重修妙湛寺时，"乃即寺之前辟地复造浮图一规"，这"浮图一规"就是金刚宝座塔。新建石塔的目的是为了"顺习俗稳民心"。这里说的"顺习俗稳民心"，指的是民间有螺蛳怪兴风作浪的传说，故建塔以镇之。

在我国现存的十余座金刚塔中，妙湛寺金刚塔是建造时间最早、历史最为悠久的一座。这座金刚塔，与妙湛寺的两座密檐砖塔相辉映，高低错落，十分壮观，构成了官渡镇古建筑群的核心。

云南民族村里展示了多少个民族的文化

云南民族村位于云南省昆明市西南郊的滇池之畔，是反映和展示云南民族社会文化风情的窗口，是国家4A级旅游景区。

那么云南民族村里展示了多少个少数民族的文化呢？

云南民族村，占地面积89公顷，其中水域面积463.96亩。集云南主要的傣族、白族、彝族、纳

云南民族村里的傣族寨

西族、佤族、布朗族、基诺族、拉祜族、藏族、景颇族、哈尼族、德昂族、壮族、苗族、水族、怒族、蒙古族、布依族、独龙族、傈僳族、普米族、满族、回族、瑶族、阿昌族等25个少数民族的村寨于一体，还有民族歌舞厅、民族广场、云南民族博物馆等旅游设施。

走进村里，只见不同风格的民族村寨分布其间，错落有致，各少数民族丰富多彩的村舍建筑、生产、生活、宗教习俗均如实地展示出来，是云南民族文化的缩影。

游客在村寨里，除可了解云南各民族的建筑风格、民族服饰、民族风俗外，还可以观赏激光喷泉、水幕电影、民族歌舞、大象表演。身着

民族服饰的导游小姐为游客讲解各少数民族的习俗。结合各少数民族节日，在村里还举行白族的"三月街"、傣族的"泼水节"、彝族的"火把节"、傈僳族的"刀杆节"、景颇族的"目脑纵歌"、纳西族的"三朵节"等独具民族特色的民族节日活动，是云南的重要旅游景区。

云南民族村荟萃了云南各民族优秀的人文景点和自然景观，是反映和展示各民族社会生活的窗口，为美丽的春城增添了又一处令人难忘的旅游景点。

东川红土地比巴西红土地更美吗

云南地处温暖湿润的环境，土壤里的铁质经过氧化慢慢沉积下来，逐渐形成了炫目的色彩。东川红土地指的是位于昆明市东川区西南40多千米的红土地镇有一个叫"花石头"的地方，从昆明到达景点中心行程约250千米车程，主要景点在海拔1800至2600米之间。

因云南东川高温多雨下发育而成的红色土壤，这种土壤酸性强，土质黏重。这里方圆近百里的区域是云南红土高原上最集中、最典型也是最具特色的红土地。每年9至12月，一部分红土地翻耕待种，另一部分红土地已经种上绿绿的青稞、小麦和其他农作物，远远看去，就像上天涂抹的色块，色彩绚丽斑斓，衬着蓝天白云和那变幻莫测的光线，构成了红土地壮观的景色。在景区生长着一棵沙松树，据说已有上千

东川红土地

年树龄，曾枯死三年又吐新芽，被当地村民称为"老龙树"，保佑着这一方乡民。

放眼望去，山川和原野呈现出一片片暗红、紫红、砖红等不同的红色，方圆数百里大大小小的山头、山坡上，油菜花与洋芋花热烈地绽放着，金色的麦浪在清凉的山风下如碧浪般翻滚，一层绿，一层白，又一

层红，一层金。

东川红土地被专家认为是全世界除巴西里约热内卢外最有气势的红土地，而其景象甚至比巴西红土地更为壮美。

我没见过巴西里约的红土地，但我相信，东川的红土地一定不比巴西的差，还有一点，巴西离我们太远了，如果想看红土地，去一趟昆明就足够了，不用出国就可以看到堪比巴西红土地的美景，我们何乐而不为呢！

你知道"昆明八景"是哪八景吗

昆明风景名胜的开发建设，可上溯到唐代南诏时期。南诏建设拓东城，先后在螺峰山麓"即岩而寺，曰补陀罗"，在五华山上营建五华楼，在城南建东寺、西寺及寺中双塔。

按"金马碧鸡"的传说，称城市东郊的山峦为金马山，称滇池西岸的山为碧鸡山，在两山之麓皆建起神祠。在北郊商山也建起神庙。宋代大理时期，在金汁河东岸建地藏寺及寺内经幢，在安宁龙山建曹溪寺，在西山华亭峰竖楼台。到元代，在西山建华亭寺、太华寺、梁王避暑台，在玉案山建筇竹寺，在螺峰山补陀罗寺旧址建成圆通寺，在五华山建五华寺，在盘龙江云津堤上架起大德桥。今金碧路、三市街一带，形成市井繁华、人烟辐辏的街区。经过几代的经营，昆明出现了许多风景名胜。

那么昆明的这么多风景名胜中，"昆明八景"到底是哪八景呢？

元代白族诗人王升，游华亭，登太华，览胜概，在诸多名胜中，赞美了其中的八景，歌颂了昆明的繁荣。王升的《滇池赋》是系统描写昆明风景名胜较早的作品，人们把王升颂扬的景观：碧鸡、金马、玉案、商山、五华、三市、双塔、一桥，称之为"元代昆明八景"。

这是元代的"昆明八景"，然而每个朝代定位的"昆明八景"其实都不一样。

明代清代的"昆明八景"又分别是：滇池夜月、云津夜市、螺峰叠翠、商山樵唱、龙泉古梅、官渡渔灯、灞桥烟柳、蚩山倒影。

每个朝代定位的"昆明八景"不一样，是因为每个时代的社会风气不同，其实我认为，"昆明八景"本就不应该是固定的八个景色，对于每个人来说，自己心中的"昆明八景"都应该是不一样的，于你而言，这昆明八景到底是什么，你只有亲自来昆明寻找答案。

你知道关于龙门的传说吗

登临西山，总是要到龙门一游，过了三清阁，便到了龙门，龙门位于西山顶部，罗汉峰的悬崖峭壁上，从龙门可沿栈道到达山顶，但那狭窄的栈道，却仅容两人来回擦肩侧身而过。

龙门迂回栈道的开凿，不仅增加了龙门出口，使游人如流水般畅通无阻，增加了安全感，而且增加了新的风景游览点。饱览了龙门精湛的石刻艺术，可穿过龙门隧道，沿石阶而上，到达龙门新平台。

龙门

1781年至1795年，生于下渔村的贫穷道士吴来清，一锤一钻，先开凿由"别有洞天"至旧石室的通道，这条石道"径折路旋"，到旧石室豁然开朗。吴来清在石室檐上做浮雕彩凤衔印图，云腾凤舞，所以这个石室称"凤凰岩"。

凤凰岩石室偏南上方，有一小石洞，贴洞建有小阁，称老君殿。接着吴来清又由凤凰岩继续向南开凿石道。入口处，在岩洞口建"普陀胜景"坊，石道仅容一人通行，两人相遇需侧身相让。沿石道凿有临绝壁石窗。石道长40余米，直达新石室慈云洞。慈云洞里，吴来清雕凿的慈航真人、神像、神台、香炉、门槛等全部都是就原生石镂空雕凿。

吴来清十四年呕心沥血。打开顽石，工程艰巨。

1840年，杨汝兰继吴来清之后，为"俯瞰滇池，极山水之胜"，又从慈云洞向南开凿"云华洞"，用了九年时间，终于大功告成。杨汝兰打通云华洞以后，他的儿子杨际泰，在险峻的悬崖石洞里，完成"达天阁"工程，直到1853年竣工。

龙门、达天阁上接云霄，下临绝壁。石阁两侧，清末民初书法家赵鹤清撰刻对联："举步艰危，要把脚跟立稳；置身霄汉，更宜心境放平。"整个龙门石雕、石室、崖壁上，历代文人留下不少题咏，是书法和摩崖石刻艺术珍品。

关于龙门，还有一个传说：

相传，有一位参加雕凿石室工程的师傅，婚姻不幸，后来参加凿龙门，与伙伴们辛苦了十余年，在最后刻魁星手中的朱笔时，不慎将笔尖凿断，使本来很完美的一件艺术品留下了缺憾。他伤心至极，纵身跳下龙门。他献身艺术的动人故事，与石窟一道流芳千古，为后代所传颂。

虽不知这个传说到底是真是假，但是如果你来到龙门，只要仔细观察就会发现，魁星手上的笔尖是另外安上去的。

我们先暂且不去想这位工匠师傅是否真的从龙门跳了下去，我们能想到的是吴来清、杨汝兰花了这么多年来建造龙门，乃至他们的后人接着建造下去，这多像是现实版的"愚公移山"啊，可区别就在于，他们不愚，他们那种坚持的精神为我们留下了一笔宝贵的财富。

昆明的祠堂和寺庙

　　去昆明旅游，你会发现昆明的旅游景点很多，拜佛的祠堂和寺庙也多，许个心愿，没准就会实现，真是不容错过。甚至有些人直接把拜访寺庙当成一个行程，那是因为昆明是出了名的多祠堂多寺庙，然而昆明建城两千多年，有多少祠堂和寺庙随历史而消逝，留下来的又有多少呢？

昆明的祠堂

黑龙潭为何被称为"滇中第一古祠"

黑龙潭位于昆明市北郊龙泉山五老峰脚下，云南农业大学旁。

黑龙潭内有龙泉山，山脚下有两潭池水，一清一浊，面积共600平方米，十分奇特的是，池水相互连通但浊不变清，清不变浊，为一奇观。

黑龙潭有"滇中第一古祠"之称。同时，它还以唐梅、宋柏、元杉、明茶四绝（栽种于唐朝、宋朝、元朝和明朝的古树）而闻名，更有梅树林数亩，冬季赏梅的市民络绎不绝。那么黑龙潭为何被称为"滇中第一古祠"呢？

黑龙潭

黑龙潭由汉代的黑水祠演变而来。上观始建于唐宋时期，始称龙泉观，下观始建于明代，俗称黑水宫。据《汉书·地理志》记载，益州郡滇池县西北有黑水祠。清代云贵总督阮元考证云："滇池县有黑水祠，盖此地也，或者唐梅宋柏之间为故址，龙神庙乃下迁者。"

也就是说汉代的黑水祠就是现在的黑龙潭道观，它是云南第一处名胜古迹。因为传说云南龙王黑龙的龙宫就在此，这里的潭水又终年不会枯竭，故后称"黑龙潭"。唐宋以来，昆明地区的老百姓就到黑龙潭祭祀求雨。明初，黔国公沐氏在此大兴土木，将龙神祠改名为"黑龙宫"，整个龙泉观初具规模。此后，明、清两代，云南督抚多次对龙泉观进行修葺，规制不断完善。民国年间，这里称"龙泉公园"。

清代满族诗人硕庆曾写过这样一副对联："两树梅花一潭水，四时烟雨半山云。"短短的十四个字就准确地概括了黑龙潭的主要景观及自然景色。

由此可见，黑龙潭被称为"滇中第一古祠"是名副其实的。

你知道升庵祠原称"碧峣精舍"吗

升庵祠坐落在昆明西山山麓、滇池之滨的高峣村。这是一座三院三殿的中式庭园，背靠西山，面临滇池，旁有清泉，花木繁盛，幽雅秀丽。祠内古木参天，楼台亭阁巍然肃立，祠堂静谧。1987年公布为云南省文物保护单位。

升庵祠

那么你知道升庵祠原称"碧峣精舍"吗？又是为什么会原称为"碧峣精舍"呢？

原来是，升庵祠是明万历年间人们为纪念杨升庵，将其旧居"碧峣精舍"改建为祠，供奉其塑像。也就是说"碧峣精舍"是杨升庵的旧居。

其实，升庵祠原为乡绅毛玉的庭园，当时毛玉任吏部给事中，与杨慎友情笃深，在"议大礼"的政治斗争中，被逮下狱，廷杖创发至死；"碧峣精舍"是毛玉之子毛沂专为杨升庵准备的。

该祠在1986年重修，占地2000平方米，辟为杨升庵纪念馆。祠东原有明初修建的普贤寺，因明末徐霞客游滇登太华山时曾在此驻足，便将普贤寺维修后辟为徐霞客纪念馆。

这样看来，升庵祠还是一个有故事和历史感的地方呢。如果有机会去升庵祠看一看，还能找到"碧峣精舍"的痕迹也说不定哦。

昆明的祠堂和寺庙

神龙祠内有神龙吗

神龙祠位于呈贡区大渔乡小海晏村南滇池旁。

神龙祠始建于清代，民国及近年扩建，因建于一常年淌水的清泉之上而得名。神龙祠计有殿堂七座，占地1500平方米，建筑依地形高低起伏安排。神龙祠主殿为单檐歇山顶，通面阔11.6米，

神龙祠

通进深3米，建于清泉之上，下砌石基，中部有一泉孔，雕有石龙首，为神龙祠重要标志。后有观音殿、映华楼，重檐歇山顶，石栏雕八仙过海图案。神龙祠1986年公布为呈贡县文物保护单位。

由此可见，神龙祠内并没有神龙，它之所以叫神龙祠，只是因为那一汪常年淌水的清泉。

赵公祠是赵又新的私人祠堂吗

赵公祠坐落在翠湖南路19号，是1911年云南辛亥"重九"起义和护国运动、护法战争的重要将领赵又新的私人祠堂。

说起赵又新，或许有些人不太熟悉。赵又新（1881—1920年）原名复祥，字凤楷，别号又新，云南凤庆县人，1904年东渡日本留学，1908年毕业回国，后任云南陆军讲武堂教官。护国战争时任护国军第一军第二梯团长。护法战争中任第二军军长。1920年10月8日被叛徒反戈突击，在四川泸州殉职，归葬于北郊玉案山。

赵公祠

祠堂建于1922年。利用明清时

的皇华馆改建而成。皇华馆始建年代不详，相传为明弘治十二年（1499年）云南府城创建贡院时所建，屡次被毁重建。1966年"文化大革命"开始，祠堂内文物毁荡殆尽。1986年区教育局将中堂、大殿及两厢拆除，改建为五华三中，后改称"又新中学"，现仅存牌楼式大门。1983年公布为区级文物保护单位。

赵公祠虽然是赵又新的私人祠堂，但却没能在历史的大潮中长存，不过还好，如今至少还保存着牌楼式大门，能让缅怀赵又新的老昆明人还有迹可循。

你知道黄武毅公祠是为了纪念谁而建吗

1911年，"武昌起义"后，云南同盟会成员黄毓英积极响应，参加了昆明"重九起义"，于1911年10月30日夜，组织起义军在北教场打响了"重九起义"的第一枪，为云南辛亥起义立下了汗马功劳。1912年，黄毓英率部从贵州返滇，在途中遭土匪偷袭身亡，年仅28岁。后人为了纪念黄毓英，在昆明的市中心为他建了一座"黄武毅公祠"（以下简称"黄公祠"）。

黄武毅公祠

黄公祠修建的具体时间如今很少有人能够说得清楚，如同辛亥革命在滇的其他遗址一样，现在已基本找不到历史的痕迹，只有一座毓英亭，还能让人想起黄毓英这位重九起义的重要人物当年就在这里生活、成长。

亭内悬挂的"乾坤正气"四个字笔锋刚劲，是孙中山先生亲笔所题，亭子旁边的一块题为"黄武毅公祠"的石匾上，记录着黄毓英的生平事迹，历经多年风雨的洗礼，字迹已经有些模糊。多次的改建之后，黄公祠早已不再有当年的风采，曾经面朝翠湖的大门，也被重新改了方向，时过境迁，这里现在已经变成了武成小学的分校——毓英校区。

所以说，黄武毅公祠是为了纪念黄毓英而建的祠堂，虽然如今只剩下一座毓英亭，但至少能让昆明人知道曾经有这样一位英雄人物存在过。

金马碧鸡神祠与金马碧鸡坊有何关系

　　云南是神话的王国，自古以来，金马碧鸡就被人们赋予了许多优美的神话传说，一直流传至今。

　　有关金马碧鸡的神话传说，最早见诸史籍记载的是汉代班固的《汉书》。据《汉书》"王褒传"记载：汉宣帝五凤三年，有方士盛言：益州有金马碧鸡之神，可祭祀而致。于是汉宣帝封当时四川的著名文人王褒为谏议大夫，持节前往求之。由于诸蛮叛乱，道路闭塞不通，王褒并没有到达云南而只到了川西一带，写了一篇《碧鸡颂》进行遥祭，王褒企图凭借"汉德无疆"，写一篇祭文，就将金马碧鸡召唤到内地去，当然只能是一无所获了，而王褒自己不久也病死在返回的路途中。

　　由于金马碧鸡象征吉祥如意，反映了人们对美好生活的向往和追求，因而千百年来，它的传说一直在三迤大地广为流传。昆明人更是把金马碧鸡作为自己城市的象征，颂扬它、赞美它，留下了许多优美的诗篇……其中，不乏孙髯翁大观楼长联中"东骧神骏，西翥灵仪"这样的千古名句。

　　人们为了纪念金马碧鸡，在金马碧鸡二山山麓修建了金马神祠和碧鸡神祠，又在昆明城内建造了金马、碧鸡二坊，并把二坊所在的道路命名为"金碧路"。

　　所以金马碧鸡神祠与金马碧鸡坊之间，说有关系其实也没多大关系，但是说没关系其实还有点关系，因为它们都是为了纪念金马碧鸡而出现的产物。

盐隆祠与盐有关吗

　　昆明市中心，有一座规模不大，却有着一百多年历史的道观——盐隆祠。

　　它是昆明城内为数不多的几个道观之一。它东临古幢小学，整日书声琅琅；西近喧闹的白塔路，离人声鼎沸的南屏步行街也就几百米，整天车水马龙；北边金格百货，人来人往，此起彼伏；南面拓东路是古昆明的中心街道。然而，就这样一座被喧嚣淹没的道观，在昆明，在市中心，却有人在做着公益的传统文化传播，这也是昆明唯一一处做道教文化、传统文化传播的地方。

　　那么这里为什么叫盐隆祠呢？是一个与盐有关的地方吗？

　　原来，这里是三皇祖师的道场，建于光绪七年，由云南盐商集资兴建，清末和民国初年盐行即此处。盐隆祠分戏台、前殿、两边厢房和大殿，大殿为土木结构，进深两间，面阔三间，楼上有走廊花厅，刻有二十四孝图等传统道德画，石栏浮雕，栩栩如生。

　　由此可见，盐隆祠与盐有关，它是由盐商集资建的，曾经的盐行也在这里。不过如今更能让人们记住它的是——这里是昆明唯一一处做道教文化和传统文化传播的地方。

昆明的寺庙

圆通寺为什么被誉为"最古怪寺庙"

圆通寺是昆明现存佛寺之中，历史最为悠久的一座。也是中国最古怪的一座寺庙，为什么古怪？古怪在哪里？首先，他的建筑地势与中国传统建筑的"风水"要求刚好颠倒；中国的建筑，尤其是宫室庙宇，要求前低后高，称之为"步步高升"，我认为这是有道理的，前低后高有利于排水，要是前高后低，那下雨天街道上的积水不就灌进家里了？偏偏圆通寺就是前高后低。

圆通寺

"圆通"这个词，正是观音菩萨的德号，圆通寺就是以观音菩萨为主尊的寺院，寺里的大殿称为"圆通宝殿"，也就是供奉观音菩萨的大殿，但是圆通寺的圆通宝殿里供奉的却是释迦牟尼；而且释迦牟尼座前还站着观音菩萨的侍从"龙女"与"善财童子"。

更有趣的是，圆通寺里显教、密教、上座部佛教兼容并蓄，这也是极为少见的状况。为什么这座中国最早的观音道场会出现这种奇特、不合常理的配置？

话说唐永泰元年，南诏国在滇池北岸修筑拓东城，同时也兴建了一批具有南诏佛教特色的寺院，建于拓东城东北郊螺峰山下的卜陀罗寺就是其中之一。这座卜陀罗寺就是圆通寺的前身。这座寺庙是观音道场；"圆通"是观音三十二名号之一，观音菩萨又称"圆通大士"。

圆通寺的布局、装饰与中国的一般宫殿式寺院有些差异，它不像一般寺院前低后高。由于它建在山谷中，所以进入山门后是一路向下的缓坡，华丽的圆通胜境坊屹立于缓坡中段，坡底就是天王殿。天王殿后面是宽阔的放生池，池中心有一座轻盈秀丽的八角亭，周围有水榭回廊环绕，放生池中间有两座三孔石桥，把天王殿、八角亭、圆通宝殿沿中轴线连成一体，形成罕见的"水苑式"寺院建筑群。

虽然圆通寺是一座"古怪"的寺庙，但却丝毫不影响它的香火，或许正是因为它的"古怪"，让人们更想去看一看，说不定这样一个古怪的寺庙香火会更灵验呢。

你知道关于盘龙寺的传说吗

盘龙寺是昆明香火最旺的寺院之一，它位于滇池东岸晋宁区盘龙山，距离昆明市区约40公里，与昆明西山、宾川鸡足山共同被称为云南三大佛教圣地，1983年公布为昆明市重点文物保护单位。

关于盘龙寺，还有一个传说，不知道你听没听说过？

传说建寺的时候，这里是山谷间的龙潭，有蛟龙藏身在这里，盘龙祖师莲峰和尚念起法咒驱赶蛟龙，而后潭水干枯，莲峰和尚就在这里建寺，称为"盘龙寺"。另一

盘龙寺

种说法是潭中原有六条龙，其中五条被赶走，而有一条龙不甘心被赶，于是就兴风作浪，莲峰祖师做法将它降服，并且令其为坐骑。建寺后信徒越来越多，香火也越来越旺，不久莲蜂和尚坐化，被尊为"盘龙祖

师"。明朝初祖源和尚又继续扩建盘龙寺，建盖藏经楼、观音殿，使盘龙寺初具规模。据《徐霞客游记》记载："盘龙山莲峰祖师，名崇照，元至正间以八月十八日涅槃……至今日以此为盘龙会。"

这就是关于盘龙寺的传说，也正是这个传说，为盘龙寺增添了许多奇幻色彩。

弥勒寺如今只是一个地名吗

明朝时，滇池水域宽广，沿岸有很多渡口，人来船往便因渡口而成村，昆明西南有一个"摆渡村"。摆渡村中建了一座寺庙，庙子里有一座两丈多高的铜铸弥勒佛像，因为这个弥勒佛像，从此寺被称为"弥勒寺"，村子名字也改为"弥勒寺村"。

在目前云南历史上保留下来的铜像中，石羊孔庙清朝时铸造的孔子铜像，高2米多，目前已经是世界上最大的孔子铜像。而弥勒寺的弥勒佛铜像，还有高约9米

弥勒寺公园

的殿堂建筑在其上以保护，其整体气势就是现在来看，在以布袋和尚形象塑造的弥勒佛铜像中，也堪称世界之最。

遗憾的是，这个铜像和寺庙在清咸丰七年（1857年）毁于战火之中。虽然后来寺庙被重建，但佛像没有恢复。弥勒寺的地名一直保存下来了。这一片地方后来渐渐划入市区，1980年统称"弥勒寺新村"，弥勒佛被毁坏得太早，见过的人都不可能还在人世。近几年曾有人向政府呼吁重建，但目前还未实现。

现在弥勒寺就只是一个地名。除了村民自发形成的一个小庙堂外，寺庙已经了无踪影。

地台寺曾被定为秘密刑场吗

地台寺建于清光绪年间，供奉地藏菩萨。

旧时，从昆明大西门出城，便是一条青石块路面的小街——凤翥街。从凤翥街北口出去，有一条崎岖的驿道，依商山余脉，渐行渐高。此路往北可至苏家塘，向西折往羊仙坡；往西南可至虹山，又可绕到黄土坡，通往沙朗、富民、武定等地。古驿道两侧，遍布野坟荒冢，十分荒凉僻静。地台寺就湮没于这一带荒野之中。由于年代久远，沧桑巨变，至今已不知地台寺确切位置，难觅其踪影。

虽然地台寺经历如此的沧桑巨变，但在清代的昆明老城，地台寺却享有不寻常的特殊地位。从史料得知，每年清明节、七月半中元节、七月三十地藏王诞辰，都要举行城隍出府的盛大仪式，百姓将城隍的木雕神像，放置在十六人抬的五岳朝天大轿里，全副仪仗在前鸣锣开道，还有人扮成牛头马面、判官、鬼王及数十狰狞鬼卒，前呼后拥着城隍老爷的大绿轿，数以千计的民众，每人手执一炷香，紧紧尾随其后。

城隍巡游完城内主要街道后，就从大西门出城，到地台寺"述职"。述完职后，又从大东门入城，回到城隍庙。城隍出府沿街巡游的仪式，殊为壮观。辛亥革命后，这一古老的民间祀典被当局取缔，地台寺也随之冷清不少。

民国中后期，政治黑暗，地台寺因其僻静荒凉，且又离钱局街模范监狱不远，这一带竟被定为秘密刑场。云南许多优秀共产党员，如赵琴仙、杜涛、王德三、吴澄、李国柱、张经辰等，就是在地台寺围墙外的山野被杀害的。

据《云南省昆明市五华区地名志》记载："（建设路）原是崎岖小路，无名。清光绪年间在此建地台寺，这片地区便俗称地台寺。"时至今日，地台寺除了留下一个地名外，几乎无迹可寻。据前辈老人回忆，此寺大概位置，应在今云南师范大学东南及建设路南口一带。

地台寺虽已无迹可寻，但我认为我们，特别是昆明人应该记住历史上的昆明曾经有过这样一个地方，一个许多优秀共产党员牺牲的地方。

你听说过筇竹寺的奇幻传说吗

筇竹寺，位于昆明西郊玉案山上，距城区12公里，是中国佛教禅宗传入云南的第一寺。筇竹寺始建于唐宋年间。清乾隆、光绪年间两次重修。

筇竹寺

竹寺建立之初，并不为人所重。到元初有高僧雄辩法师在此讲经，声誉渐高。明永乐十七年（1419年），筇竹寺毁于火灾。永乐二十年（1422年），沐晟、沐昂主持重修筇竹寺，至明宣德三年（1428年）竣工，历时六年，形成比元代规模更大的寺庙建筑群。

这样一个历尽沧桑的古寺，自然有着关于它的传说，不知道大家听说过没有？

明宣德九年（1434年），郭文的《重建玉案山筇竹禅寺》记称："玉案山筇竹禅寺，滇之古刹也。爰自唐贞观中，鄯阐人高光之所创也"。碑文还叙述了"筇竹传奇，犀牛表异"的神话。在唐代贞观年间，南诏的鄯阐侯高光、高智兄弟二人，到西山打猎，忽见一头犀牛跃出，于是紧追不舍，追到玉案山北面，犀牛突然不见了，四处寻找，仰望山巅，只见山上云雾缭绕，有一群鹤貌童颜、形象怪异的僧人立于云上，他们急忙上山看云，到那里，僧人早已无影无踪，只有几支异僧挂的筇竹杖插在地上，高氏兄弟想拔起来看个究竟，但竭尽全力也拔不动。高光、高智兄弟觉得奇怪，第二天又到玉案山去看，插在地上的筇竹杖已长成青翠的竹林，他们十分惊奇，认为是"山灵显示"，这是块珍贵的"佛地"，于是便在此建寺居僧，取名"筇竹寺"。因此，天王宝殿门前两侧柱上有副对联作了这样的概括：地产灵山，白象呈祥，青狮献瑞；天开胜境，犀牛表异，筇竹传奇。

就是这段"筇竹传奇，犀牛表异"的神话传说，让筇竹寺又多了一层神秘色彩。

为什么昆明也有白龙寺

很多人应该都知道，泰国有一个"世界上最不可思议"的白龙寺，它的不可思议之处在于，全寺都是白色，并雕有无数条龙，还有各种华丽造型；湖北有个"引水解救一方生灵"白龙寺；杭州也有个白龙寺，而关于杭州的白龙寺名字的由来还有个传说，传说龙光法师云游此山，见岭上有白龙，遂结茅庐其上。南宋绍兴三年募创寺宇，供观音、白龙像，故名"白龙寺"。

白龙寺

介绍了这么多白龙寺，那么你知道昆明也有个白龙寺吗？昆明的白龙寺名字又是如何由来的呢？

昆明北郊有一眼泉水叫白龙潭，在《中国民间故事全书云南昆明·西山卷》中，对于白龙潭的由来有记载，而白龙寺也因靠近白龙潭而得名。

可是，知道白龙寺在哪里的人却寥寥无几。它就隐藏在昆明市儿童福利院旁边。白龙寺三间房子"一"字排开，里面分别供奉着南海观音菩萨、韦陀菩萨、文殊菩萨等。最里面的一间房子是香客请香的地方。

这就是昆明的白龙寺，相比之下，是一个很低调的寺庙了。

为什么西岳庙没有庙

西岳庙位于西昌路和环城南路交汇处。东起双龙桥，西至西昌路（原环城西路），南临环城南路，北接土桥村。

西岳庙以明清时的一座道教寺观而得名，曾是昆明老城的"五岳庙"之一，善男信女穿梭如织。20世纪50年代初逐步发展为居民住宅区，此后就以"庙"名为片区名。

所以说西岳庙就像上文中的弥勒寺一样，如今都只是个地名。弥勒寺没有寺，西岳庙没有庙，但或许是因为它们曾经存在过，老昆明人不舍得将它们遗忘，便将它们的名字用做地名延续至今。

西岳庙旧址

文庙是云南第一座孔庙吗

昆明文庙始建于元代。公元1276年，我国元代杰出的政治家赛典赤·赡思丁在昆明五华山右，建成了云南第一座孔庙——昆明文庙。

该殿53间，孔子塑像为面南而坐，两边是孟子等"四公"与子贡等"十哲"，开云南庙学的风气。开始学生数量较少，连学长、官员都还得亲自去"劝士人子弟以学"，后来发展到每期招收150名学生，当地少数民族，"虽爨僰亦遣子入学"，体现了孔子"有教无类"的办学思想。

辛亥革命以后，文庙被辟为昆明老百姓的大众乐园，设有大众茶馆、棋艺室、报刊阅览室、戏曲花灯室和灯光露天球场。中华人民共和国成立后，有关部门曾多次修葺，一度易名"大众游艺园"和"昆明市群众艺术馆"。

昆明文庙

近年来，通过整治，这里既保持了环境清幽、林木葱茏的特色，又设立了许多高雅的文化活动项目，充满了浓郁的生活味、市井味和文化味。

现在的文庙建于康熙二十九年（1690年），至今已有300多年历史。文庙作为云南第一座孔庙，可想而知是昆明人的骄傲。

你知道华亭寺曾叫圆觉寺吗

华亭寺位于昆明市西山华亭山腰。由碧峣精舍向南斜登上径，上华亭山，修竹蔽天，松荫夹道，在茫茫林海当中，一座饰以丹青的楼亭掩映在松柏林间，可以看到著名的华亭寺门户——钟楼。清澈的钟声在山间回荡，使人有"披寻得古寺，小坐收众清"之感。

华亭寺

华亭寺始建于元朝，是昆明著名的佛教寺院，此时称"圆觉寺"。元至元五年（1339年），玄峰和尚亲往江南，请回《大藏经》一部，计有1465函，在圆觉寺建多宝殿贮藏。玄峰苦心经营二十余年，将圆觉寺建成一所初具规模的禅宗寺院。

从前的圆觉寺，曾几度荒芜，又几度重修。明景泰四年（1453年），朝廷派驻云南的太监黎义曾修圆觉寺，陈宜《敕赐华亭寺碑记》载："拓其址而弘其规则。"经过重修，"中为大光明五光佛殿。后为佛华宝阁，殿之左右为清隐殿、僧堂、齐堂、方丈、僧寮，设像崇严，彩绘鲜丽"。至"天顺间，钦赐名曰华亭寺"。

这就是从圆觉寺到华亭寺的演变，如今许多人都知道华亭寺，却不知它曾经的名字——圆觉寺。

国内首创的伊斯兰教刊物是在南城清真寺内创办的吗

昆明南城清真寺，回族民间俗称礼拜寺。它是伊斯兰教最核心的一个建筑体和标志物，是穆斯林举行礼拜、宗教功课、宗教教育、宣教活动、重大节日庆典等的中心场所。

昆明南城清真寺，由赛典赤·赡思丁始建，清真寺的外貌明显受佛教文化影响，展现出中国寺庙的建筑风格。昆明南城清真寺在寺里的庭院中有附设的印书社，保存着大批伊斯兰教经典及著作。

南城清真寺

近百年来，南城清真寺已成为云南伊斯兰教的活动中心，1950年起的回族联合会、回族文化协进会及民国初年的振学社等都设于寺内。

你知道吗？国内首创的伊斯兰教刊物是在南城清真寺内创办的。1915年创办的《清真月报》是国内首创的伊斯兰教刊物，影响很大。1929年，续编《清真铎报》，一直办到1949年。两刊编辑部均设于寺内。

这样看来，南城清真寺真是一个有文化气息的寺庙。

顺城清真寺曾是清代回民反清起义时的据点吗

昆明顺城街清真寺位于昆明市顺城街，该寺因沿昆明旧城垣而建，故名"顺城寺"，是昆明地区最大的一座清真寺。

顺城街清真寺的礼拜殿为横列围廊式歇山顶建筑，面阔五楹，纵深三进。寺内有教长室、教室、沐浴室和殡仪馆等建筑。

据传顺城清真寺始建于明洪熙元年，清代道光初年又由当地回民捐资扩建。据《重建顺城清真寺碑》记载，扩建后的清真寺"高其口口，广其垣墉，正殿五楹，皆重檐复构"，两厢盖有楼房，设

顺城清真寺

有"经书堂"及"掌教屋"，院中还有"园亭"一座，亭中立有经文石碑，规模颇为壮观。

虽然是一座寺庙，但是你知道吗？顺城清真寺竟然是清代回民反清起义时的据点。

原来，清代后期云南回民反清起义时，顺城清真寺成为回民首领马凌汉的据点。起义失败后，顺城街民房和该寺"皆焰于兵火"。清光绪六年（1880年），当地回民又集资重建该寺，1927年再一次扩建。1981年后，云南省人民政府几次拨款修葺。

由此可见，顺城清真寺是一个经历过战火的寺庙，同时这场战火也为顺城清真寺增添了许多历史感。

你知道土主庙俗称"大灵庙"吗

土主庙位于昆明市晋宁区肖鲁段。建于唐南诏时期，世奉大黑天神。全庙布局呈八卦形，为四合大院附四小院，据称共有八八六十四间。山门殿内为牵白马的千里眼与牵深棕马的顺风耳。山门进去数步即为宽阔高台，大殿即在高台之上。

土主庙

大殿内主奉佛教密宗的护法神大黑天神，俗称"土主"。据官渡民间说法，官渡土主由昆明武成路土主庙移来，虽不可信，但却可以追溯土主的根源。武成路土主即为大黑天神。

那么你知道土主庙的另一个名字吗？

土主庙俗称"大灵庙"，据《云南通志》记载，"大灵庙蒙氏城滇时建，滇人奉为土神，各村邑奉之，独在官渡者灵异"。由此可知，土主庙始建于南诏创建拓东城时期，已有1200多年历史，是昆明地区最古老的寺庙之一，后经历代多次重建、重修。现存的土主庙大殿、厢房及大门等建筑是1888年重建，为清代典型建筑式样。

我猜想，之所以俗称"大灵庙"，或许就是因为这里的香火十分灵验。

太华寺门外的银杏树是明朝建文帝亲手种的吗

太华寺又称"佛严寺"，位于太华山上，居西山群蜂之中，森林茂盛，为西山最高峰，海拔2500米。它始建于元大德十年（1306年），为梁王甘麻剌创建。云南禅宗的"开山第一祖"玄鉴常在此讲经说法。后改称为"太华寺"，被明黔国公沐英奉

太华寺

为家庙。明末被毁，清康熙二十六年，总督范承勋重建。大悲阁在咸丰年间遭战火烧毁，光绪九年（1883年）又重建。

雄峻庄严的太华寺，坐落在昆明西山森林公园的太华山腹。太华山东临滇池，北接华亭山、碧鸡山，南连太平山、罗汉山，是西山的最高峰。这一带峰峦起伏，溪水潺潺，林木苍翠，秀竹牵衣。太华寺依山傍水，掩映在绿树翠竹之中，巍然耸立，颇为壮观。古朴典雅的建筑风格，烟波浩渺的五百里滇池，蜿蜒陡峭的太华峰，交相辉映，构成一幅扑朔迷离、宁静和谐的迷人景致。

山门外，一棵银杏树挺拔粗大，相传为建文帝手植。建文帝为明朝开国皇帝朱元璋长孙，继位后，因诸王叔拥兵自重，便着手削"藩"，可惜没有后来康熙干练，激起燕王朱棣发兵而攻破南京。城破，"宫中火起，帝不知所终。"从此，建文帝的下落便成千古之谜。

建文帝不知所踪，但是传说中他亲手种植的银杏树却一直屹立在太华寺山门外。

石龙寺上的望海楼真的可以媲美"蓬莱仙境"吗

石龙寺位于昆明市呈贡区大渔乡海晏村西南滇池东岸的悬崖上，始建于明初，清朝乾隆、嘉庆、道光年间重修和扩建，占地约4200平方米。原为四进式建筑群落，后存第三、第四进及望海亭等建筑。西有望海楼，置于整个建筑群最高处，与西山遥望，系悬山顶抬梁式木构建筑。

抗日战争期间石龙寺曾作昆华女子中学校舍，1986年公布为呈贡县文物保护单位。

相传，呈贡海晏村石龙寺殿堂林立，亭台幽雅，其境之美可媲美古书中的"蓬莱仙境"，每年都有四海慕名而来的上万香客造访。在这里，登上崖顶高阁便可一眼看尽

石龙寺

碧波连天、渔帆点点的滇池。这座登高观景楼也由此拥有了一个美丽的名字——望海楼。明崇祯皇帝亲笔在望海楼悬匾额题下"松风水月"四字，给予了这座古寺时代性的最高殊荣。

如今，望海楼已不复存在，明朝崇祯皇帝亲笔所题匾额"松风水月"也不知去向，只有正殿和自然风景犹在。

由此可见望海楼是否真的可以媲美"蓬莱仙境"已经无从考证了，但是如果我们亲自去石龙寺走上一走，说不定心里便有了自己的答案。

昙华寺内的伏昙树来自印度吗

昙华寺位于昆明市东门约3千米的金马山麓，金汁河畔，原为明代光禄大夫施石桥的别墅，崇祯年间其曾孙施泰维捐赠建寺，清道光年间地震后重修。

昙华寺内有一棵伏昙树，相传来自印度，昙华寺因之得名，古树依然耸立在昙华寺内藏经楼偏院内，墙上有石刻题咏"优昙献瑞"四个大字，昙华寺历来以花木繁艳著称，民国初住持和尚映空"以善艺花名于滇中"，使昙华寺内"花木亭亭，四时不谢"，当年培植的牡丹、春兰、雪兰、虎头兰、缅桂花、垂丝海棠等花，曾名噪一时，现绚丽多姿的名花佳木，吸引着国内外的游客。

昙华寺

1981年，昆明昙华寺被扩建成一座仿江南古典园林的公园，分为前园、中园、后园三部分。前园基本以原寺庙的三进院宇为主，亭台楼阁，假山水榭，花木竹林，回廊曲桥，错落有致。前园中供有财神殿可求财，可以挂许愿灯笼，左园中可求姻缘。

由此可见，昙华寺是一个以草木而闻名的寺庙，这样一个寺庙应该可以吸引更多世界各地的游客吧，如果有机会我们应该亲自去昙华寺走一走，顺便欣赏一下那棵来自印度的伏昙树。

周恩来总理曾游览过海源寺吗

海源寺在昆明西郊，距城约10千米。顾名思义，"海源"即大海之源，亦即滇池之源，人们称滇池为海，故称"海源"，出水处在通海寺

海源寺

右侧的玉案山脚，水质清纯，人工修建为龙潭。潭水进入海源河，流经团山、梁家河，蜿蜒数十里而汇集滇池。灌溉万亩良田，养育一方百姓。1957年，周恩来总理出访印尼等四国前途经昆明，曾轻车简从游览过海源寺。

海源寺始建于元代，据《云南通志》记载，已有七百多年的历史。海源寺远离闹市，环境清幽，因该寺建在滇池的源头——大龙洞旁边，昔日海源寺香火鼎盛，辉煌一时，寺庙有大山门、罗汉廊、大雄宝殿、左右厢房、大悲阁等系列建筑。明末徐霞客考察海源寺，说"海源寺侧穴涌出之水，遂为省西之第一流也"。

1935年10月10日，蒋介石到昆明，翌日曾偕其夫人宋美龄及高级将领何应钦等人，在龙云、卢汉陪同下游览海源寺。

远眺海源寺，绿树红花，宏伟的庙宇，清清的池水，池边的杨树和婆娑的柳树，充满了诗情画意。人们说昆明的春天脚步勤，这满园春色的海源寺，会使您感到春深似海。

这样的美景，或许正是吸引蒋介石和周总理到此一游的原因。

你知道曹溪寺的三大奇观吗

曹溪寺是具有宋代建筑风格的古寺，这是20世纪40年代初，建筑学家梁思成游寺的观感。曹溪寺是唐代广东曹溪宝林寺六氏禅祖慧能大师弟子所建，至今已有800多年的历史，是一座千年古寺。

曹溪寺

曹溪寺地址位于安宁温泉西侧1千米，地处龙山东麓。寺南有珍珠泉，北接"三潮圣水"，坐西向东，俯瞰螳螂川，与"天下第一汤"遥遥相望。寺内建筑现存大雄宝殿、后殿、钟鼓楼等。

该寺大殿正面"西方三圣"，壁后"华严三圣"木雕像，1956年经全国佛协副会长周叔伽鉴定，乃宋代遗物。据此可以认定，寺始建于宋代大理国时期。

中华人民共和国成立后，人民政府对全寺进行维修。1956年宣布曹溪寺为省级重点文物保护单位，成立管理处加强管理。改革开放以来，寺内彩画一新。并绘有《九龙图》《西游记》组画，装饰门头壁间。现存的一些碑刻，陈列于碑廊，供人鉴赏。其中崇祯御笔"松风水月"，乃民国年间由省外拓片来滇翻刻。

现存的后殿"南海三圣"中坐的铜观音，线条柔美，造型端庄慈蔼，极具观赏价值。传闻唐继尧执政时，华亭寺僧虚云认识此像乃艺术精品，拟将之移往华亭寺，后经地方抵制，始保留下来。

其实，真正让曹溪寺闻名的是寺内的三大奇观，那么你知道曹溪寺的三大奇观吗？

该寺以"天涵宝月""珍珠泉""三潮圣水"奇观而闻名。

三大奇观中，有关"天涵宝月"的奇观众说纷纭，传说每隔60年的中秋时分，月光从大殿前檐的窗上直射入殿内释迦牟尼的前额，并随着时间流逝，一直从前额照到肚脐，然后消失，这便是传说中的"天涵宝月"，又称"漕溪映月"。其实这"日照佛胸"的奇景并非得等上60年，每到春秋时分，都会在早上日出后半小时左右出现，届时大佛金光映得满堂生辉，人人称奇。

这便是曹溪寺的三大奇观，听起来就让人十分向往。

法华寺石窟被称为昆明版的"龙门石窟"吗

法华寺位于昆明安宁市城东五公里洛阳山麓，原名"睡佛寺"，以石窟艺术著称。

岩壁之上，古窟棋布，窟内雕凿石佛多尊，形态各异，栩栩如生，是我国古代少数民族地区为数不多的石窟艺术之一，1965年被列为省级重点文物保护单位。

有人称法华寺石窟为昆明版的"龙门石窟"。然而在2016年

法华寺石窟

却有人发微博称法华寺石窟濒临毁灭，爆料信息显示，法华寺石窟内，佛头被敲碎，又被人恶作剧画上了狰狞图案，书法精湛的"晚照"摩崖石刻，完全被拙劣的涂鸦所遮盖。

我认为，法华寺石窟也好，龙门石窟也好，都是需要我们保护和爱护的文物，毕竟这些都是古代劳动人民智慧和艺术的结晶，更是历史的痕迹。

昆明的美食及特产

　　来到昆明，怎么可能少了品尝昆明美食？无论是过桥米线，还是菌火锅，或者是不知名的少数民族特色佳肴，各种滋味跃然于舌尖。昆明在不同宗族文化的熏陶下诞生出万变的食物风格。滇菜是民族菜的集大成者，也是最为包容的菜系，或许正是因为包容的饮食文化给这座包容的城市增添了多彩的"滋味"。

昆明的美食

关于云南过桥米线的四个传说

"过桥米线"是云南滇南地区特有的食品，已经有百年历史，五十多年前传至昆明。

过桥米线由四部分组成：一是汤料覆盖有一层滚油；二是佐料，有油辣子、味精、胡椒、盐；三是主料，有生的猪里脊肉片、鸡脯肉片、乌鱼片，以及用水过五成熟的猪腰片、肚头片、水发鱿鱼片；辅料有豌豆尖、韭

云南过桥米线

菜，以及芫荽、葱丝、草芽丝、姜丝、玉兰片、氽过的豆腐皮；四是主食，即用水略烫过的米线。鹅油封面，汤汁滚烫，但不冒热气。

米线是大米经过发酵后磨粉制成的，俗称"酸浆米线"，工艺复杂，生产周期长。特点是米线筋骨好，有大米的清香味。另一类是大米磨粉后直接放到机器中挤压成型，靠摩擦的热度使大米糊化成型，称为"干浆米线"。干浆米线晒干后即为"干米线"，方便携带和贮藏。食用时，再蒸煮涨发。

了解了过桥米线复杂的制作方法以后，你想知道关于过桥米线的传说吗？

传说一

过桥米线已有一百多年的历史。相传，清朝时滇南蒙自市城外有一湖心小岛，一个秀才到岛上读书，秀才贤惠勤劳的娘子常常弄了他爱吃的米线送去给他当饭，但等出门到了岛上时，米线已经不热了。后来一次偶然送鸡汤的时候，秀才娘子发现鸡汤上覆盖着厚厚的那层鸡油有如锅盖一样，可以让汤保持温度，如果佐料和米线等吃时再放，还能更加爽口。于是她先把肥鸡、筒子骨等熟好清汤，上面覆上厚厚的鸡油；米线在家烫好，而不少配料切得薄薄的，到岛上后用滚油烫熟，之后加入米线，鲜香滑爽。此法一经传开，人们纷纷仿效，因为到岛上要过一座桥，也为纪念这位贤妻，后世就把它叫做"过桥米线"。

传说二

传说蒙自城的南湖旧时风景优美，常有文人墨客攻书读诗于此。有位杨秀才，经常去湖心亭内攻读，他的妻子每天都把饭菜送往该处。秀才读书刻苦，往往学而忘食，以致常食冷饭凉菜，身体日渐不支。其妻焦虑心疼，思忖之余把家中母鸡杀了，用砂锅炖熟，给他送去。待她再去收碗筷时，看见送去的食物原封未动，丈夫仍如痴如呆在一旁看书。只好将饭菜取回重热，当她拿砂锅时却发现还烫乎乎的，揭开盖子，原来汤表面覆盖着一层鸡油，加之陶土器皿传热不佳，把热量封存在汤内。以后其妻就用此法保温，另将一些米线、蔬菜、肉片放在热鸡汤中烫熟，趁热给丈夫食用。后来不少人都效仿她的这种创新烹制法，烹调出来的米线确实鲜美可口，由于杨秀才从家到湖心亭要经过一座小桥，大家就把这种吃法称为"过桥米线"。经过历代滇味厨师改进创新，"过桥米线"成为滇南的一道著名小吃。

传说三

当年秀才攻读，其妻子为避免丈夫食用米线时过凉，就将汤内倒入热油以保温。丈夫食用时汤面仍然很热，需用小碗冷食，就将砂锅内的米线用筷子重置于碗中，米线将两碗架作一桥，有妻子送米线过桥之意，故称"过桥米线"。

传说四

传说有一书生，喜欢游玩，不愿下功夫读书。他有一个美丽的妻子和一个年幼的儿子。夫妇之间感情很深，但妻子对书生喜游乐、厌读书深感忧虑，对书生说："你终日游乐，不思上进，不想为妻儿争气吗？"听了妻子的话，书生感到很羞愧，就在南湖筑一个书斋，独居苦读，妻子也与书生分忧，所以一日三餐都送到书斋。书生学业大进，但也日渐瘦弱。妻子看在眼里，很心疼，于是就宰鸡煨汤，切肉片，备米线，准备给书生送早餐。儿子年幼，戏将肉片放在汤中，妻子怒斥儿子的恶作剧，速将肉片捞起，一看已经熟了，一尝还挺好吃。于是携罐提篮，送往书斋。但妻子因操劳过度，晕倒在南湖桥上，书生闻讯赶来，见妻子已醒，汤和米线均完好，汤面为浮油所罩，无一丝热气，以为已经凉了，就用手掌捂汤罐，却发现罐子灼热烫手，书生感到很奇怪，于是就详细地询问妻子的制作过程，妻子详细地跟他说了。然后书生说道，我们就叫它过桥米线吧。书生在妻子的精心照料下，考取了举人，这事被当地群众传为佳话。从此，过桥米线名声不胫而走。

这就是关于过桥米线的几个传说，为过桥米线增添了许多传奇色彩。

你知道什么是"皇帝食品大救驾"吗

大救驾是云南腾冲县最出名的传统小吃之一，也是云南十八怪之一的小吃。

久负盛名的皇封名吃"大救驾"其实就是——腾冲炒饵块，但这饵块不是普通的饵块，它以其色、香、味、形四美并具的独有品质倾倒了有此口福的天下吃客。腾冲人将大米精加工为饵丝、饵块，已至少有三五百年历史。

烧饵块

炒饵块的制作方法是将饵块切成菱形片，加鲜猪肉片、火腿片、酸菜、葱、菠菜、西红柿、糟辣子、鸡蛋等炒香，加入少量肉汤焖软，再用精盐、酱油、味精调味。最后用酸菜和肉汤再煮成一碗汤，和装在盘中的饵块一同上桌。

饵块在昆明民俗中是过年必吃的，平时也或炒或煮或烧无不宜，边陲百姓如此热衷于"饵食"，执传统而不堕，已数千年。从前的昆明又是"子间"人的饵块最受欢迎，年节时往往被抢购一空。"子间"人是彝族的支系，看来这古老的食品，是少数民族最得其真传了！

好好的饵块为什么要叫"大救驾"呢？你知道"大救驾"名字的由来吗？

其实，叫"大救驾"，是把饵块和皇帝扯上了关系。清军入关，崇祯皇上在煤山上吊自杀。但明朝还没有彻底灭亡，在南方的明宗室再立新帝，成立南明小政权，但位置都不稳。最后一任南明皇帝叫朱由榔，在广东肇庆称帝，不久就被清军打得往西跑，跑到云南。清军又占领云南，这朱由榔没办法，跑到缅甸躲了起来。结果顺治皇帝发令说，你缅甸不把朱由榔送回来，我就打进缅甸。那时的云南王是吴三桂，帮着顺治吆喝。为这事，缅甸还出现了两派，打了起来，最后缅甸国王的弟弟来了个政变，把哥哥杀了，将朱由榔献给吴三桂。吴三桂绞死朱由榔，明朝彻底灭亡。话说朱由榔往缅甸跑的时候，因为后有追兵，一路连饭都吃不上。在腾冲休息，向老百姓要饭。饿得紧，让人快点做。老百姓就做了一盘炒饵块，朱由榔已经几天没有吃饱了，狼吞虎咽就下了肚。吃完了，仰天长叹，这可救了我的驾了！由此，腾冲出了一个以狼狈皇帝命名的饭食：大救驾，其实就是炒饵块。朱由榔死在1662年，到现在，已经过去350多年了。

这就是"大救驾"名字的由来，是不是还挺有趣的？

老奶鲜芋是老奶奶吃的鲜芋吗

老奶鲜芋是云南的美食之一，在云南，人们说这是老奶奶吃的洋芋，故得此名，那么老奶鲜芋真的是老奶奶吃的鲜芋吗？

老奶鲜芋制作简单方便，将土豆洗净切块，上锅蒸，将熟透的土豆块去皮，用锅铲碾碎。待油七八分熟，将葱花、花椒粒放入炒香，捞起花椒粒，放洋葱粒、青椒丁、火腿丁、玉米粒翻炒3分钟左右，加入土豆泥稍加翻炒，即可关火，后搅拌均匀即可出锅。

老奶鲜芋

老奶鲜芋口感绵软，无需费牙力。家中有老人孩子的，可以时常做此菜，可添加丰富的配料。土豆富含维生素K，常吃可以增加血管壁的韧性，对老年人的健康非常好。洋葱也是非常好的保健食品，但很多人不喜欢吃，放在土豆泥里面做配料，味道好，可以让平时挑食的孩子借此机会进补洋葱。另外，对上班族我们也推荐此菜，蒸米饭的时候可以顺便蒸土豆，省了时间做其他菜，等米饭好了，土豆也可以加工了。

由此看来，老奶鲜芋并不是只有老奶奶才能吃哦，只是因为它的口感比较适合老年人，所以才称作"老奶鲜芋"。

冰稀饭里真的有冰吗

冰稀饭是云南玉溪的名小吃，云南大部分地区基本都能品尝到，最出名的要数胡九小吃的了，当我第一次听到"冰稀饭"这个名字的时候，我脑海里首先想的是，冰稀饭里真的有冰吗，冰和稀饭会是怎样的结合啊？那么冰稀饭里到底有没有冰，一起来看一下它的做法你就知道了。

冰稀饭

冰稀饭就是用糯米煮成的稀饭，加入冰块、红糖稀、芝麻、红绿丝，搅拌后吃，糯米软而香甜，冰凉的感觉让人忘记了先前的辣，十分适合夏天吃。

这样看来，冰稀饭里还真的有冰啊！这是怎样一个奇妙的结合啊，感兴趣的朋友们如果不能亲自到昆明去品尝，可以按照食谱自己做着尝一尝。

你知道破酥包子的名称由来吗

破酥包子是云南昆明的传统风味小吃，由低筋精白面粉、熟猪油、熟云腿、蜂肉丁、冬菇末等制成。

破酥包子

破酥包子营养丰富，老少皆宜。由于这种包子负有盛名，现在已经从民间小饭馆或大排档，走进了昆明市的各大宾馆饭店，几乎在各种高档筵席、宴会、自助餐、风味餐中都能够品尝到破酥包子。在中国诸地方小吃品种中堪称一绝。

那么你知道破酥包子的名称由来吗？

据说这种包子起源于1903年，当年玉溪有个叫赖八的人，在昆明翠湖附近开了间铺面不大的名叫少白楼的包子铺。赖八这个人办事喜欢独立思考，标新立异，不断地改进和提高包子的质量。包子以烂面（大酵面）作皮，甜中带咸，酥软化渣。有一次，一位老者带着小孙子去买包子，店小二将包子包好递给老者。这位老者闻着包子很香，就拿了一个给小孙子吃，不料小孙子没有接住，包子掉在地上，立刻就被摔得粉碎，特别是包子皮更是摔成了七八瓣。小孙子一见包子被摔得粉碎，就心痛得大哭起来。这时许多人围过来观看，都很惊奇这包子破酥得这么厉害呀！这时老板赖八走上前来，也觉得惊奇，就又拿了一个包子给了小孩。从此，他就抓住了这个商机，打出招牌专卖"破酥包子"，破酥包子的名声便传遍全城。

这就是破酥包子的名称由来，喜欢吃包子的人来到昆明可千万不要错过！

鲜花饼是乾隆钦点的糕点吗

　　鲜花饼是一款以云南特有的食用玫瑰花入料的酥饼，是具有云南特色的云南经典点心代表。鲜花饼在云南当地烘焙品牌大都有销售。每年4月，等待鲜花饼的上市早已成为当地人民的共同期待，排着长队等待购买新鲜上市的鲜花饼早已成为司空见惯的景象。

云南鲜花饼

　　其实，鲜花饼有着十分悠久的历史，甚至在乾隆皇帝时期就已经是皇帝的贡品了。

　　据史料记载，鲜花饼早在300多年的清代由一位制饼师傅创造，由于鲜花饼具有花香沁心、甜而不腻、养颜美容的特点，故广为流传，从西南的昆明到北方的天津均有所见。晚清时的《燕京岁时录》记载："四月以玫瑰花为之者，谓之玫瑰饼。以藤萝花为之者，谓之藤萝饼。皆应时之食物也。"食用玫瑰花的花期有限，而这种饼只用食用玫瑰花的花瓣，这也是鲜花饼颇显珍贵的一个原因。随着鲜花饼名声的日益升华，经朝内官员的进贡，使之一跃成为宫廷御点，并深得乾隆皇帝的喜爱，获得其钦点："以后祭神点心用玫瑰花饼不必再奏请即可。"

　　而生产鲜花饼，云南拥有其他区域无法比拟的优势——四季如春的气候，优质充沛的日照，得天独厚的地理位置，这些因素为食用玫瑰花的生长提供了优异条件，是其他城市不能比的。所以，就算是乾隆皇帝吃过的鲜花饼中，也一定是云南的最正宗。

你知道尼克松喜欢吃汽锅鸡吗

　　汽锅鸡是云南的名菜之一，早在2000多年前就在滇南民间流传。

"汽锅"是建水出产的一种别致的土陶蒸锅，专门用来蒸食物。

汽锅鸡

汽锅鸡的做法将是钭仔鸡洗净后再砍成小块，和姜、盐、葱、草果一道放入汽锅内盖好，汽锅置于一放满水的汤锅之上，用纱布将隙缝堵上，以免漏汽，再放到火上煮。汤锅的水开后，蒸汽就通过汽锅中间的汽嘴将鸡逐渐蒸熟，一般需3～4小时。由于汤汁是蒸汽凝成的，鸡肉的鲜味在蒸的过程中丧失较少，所以基本上保持了鸡的原汁原味。

关于汽锅鸡，还有一个历史典故：

早在清代乾隆年间，汽锅鸡就流行在滇南一带。相传是临安府福德居厨师杨沥发明的吃法。那年皇帝巡视临安，知府为取悦天子，发出布告征求佳肴，选中的赏银50两。杨沥家贫，老母病重，为得重赏，他综合了当地吃火锅和蒸馒头的方法，创造了汽锅，又不顾生命危险，爬上燕子洞顶采来燕窝，想做一道燕窝汽锅鸡应征。不料汽锅被盗，杨沥被问欺君之罪，要杀头。幸而皇帝问明真相，免杨沥一死，并把福德居改名为"杨沥汽锅鸡"。从此汽锅鸡名声大振，成滇中名菜。那时汽锅鸡的做法很简单，但味道很醇正。

其实，汽锅的前身是陶制火锅，汽锅鸡的前身是杨林鸡。早年，云南杨林、建水等地用名贵药材冬虫夏草偎仔鸡，叫"杨林鸡"，偎鸡的陶制火锅叫"杨林锅"。杨林锅产于建水，建水陶器已有千年以上历史。在清代，陶工师傅潘金怀用红、黄、紫、青、白五色陶土烧结成彩色陶器。1921年，有一个叫向逢春的陶工，继承了他家祖传的手艺，创制了烹任用汽锅。就这样，"汽锅鸡"取代了"杨林鸡"。汽锅现由云南省建水工艺美术陶厂大量生产。人们形容建水陶"明如水，亮如镜"，"体如铁石，音如磬鸣"。60年代周总理出国访问，曾携带建水紫陶汽锅、花瓶作为礼物赠送外国朋友。

解放初，时任国防委员会副主席的龙云用滇味佳肴"建水汽锅鸡"宴请中央领导，受到毛主席夸奖；1972年尼克松访华，周总理安排的国宴中就亲点了滇味名肴"汽锅鸡"。开宴时，揭开盖子，热汽扑面，香溢四座，鸡肉滑嫩，汤鲜味美。据说尼氏品尝之后，赞不绝口，对其美味佩服得五体投地，赞道："味道太鲜美了，真想连整个汽锅一起吃进去！"国内外媒体竞相报道，为我中华增光添彩，传为一段佳话。

被毛主席和尼克松称赞过的汽锅鸡，可以说是"国际鸡"了，应该被列入去昆明必须品尝的美食清单第一位吧！

云南"可以嚼着吃的果汁"

酸角糕，是云南特产。酸角糕精选云南热带雨林珍果——酸角为主要原料，采用特殊的保香护色技术加工，酸甜爽口、回味无穷，无任何添加剂、防腐剂和色素，真正的绿色健康。酸角糕果味纯正、口感津润，满足了现代人追求食品健康化、营养化的特点，老幼四季皆宜，保留了原果原有的风味而又不破坏原果的营养价值，被人们称为"可以嚼着吃

酸角糕

的果汁"。酸甜味道符合大众口味，能促进肠胃消化，去除口气，可也清暑热，化积滞，治暑热食欲不振，治酒化为痰，解酒护肝，补钙等。在云南比较常见的有酸角果派。

有这么多功能的"果汁"还是第一次听说吧？

你知道云腿月饼以前叫云腿包子吗

云腿月饼采用昆明呈贡的子麦面粉、水油等混合制成酥皮，外观层起白色透出淡淡的金黄，内馅采用宣威火腿，与金华火腿的制作有很大差别的宣威火腿，除了选用上等腿肉外，工艺独特，蜜制腌法更注重熏腌蜜制的用功，造就甜咸适中的口感，让人回味无穷。

云腿月饼

云腿月饼是中国美食大师在糕饼行业中创造的一个美食传奇。

云腿月饼历史悠久，相传，明末清初，退据昆明的南明小朝廷永历皇帝，终日忧愁，不思茶饭。一位御膳厨师急中生智，别出心裁地选用云南的火腿精肉切成碎丁，混以蜂蜜、精糖包馅，蒸制点心奉上，称之为"云腿包子"。因其香浓味醇，甜咸适宜，皇上吃了龙颜大悦，连声赞美。从此，被列为御膳厨中的应时点心。

后来，这种包子的做法传入民间，并逐渐由蒸制改为烘烤，由包子形状改为圆饼形状。

光绪年间，昆明三转弯有个胡姓开办的"合香楼"点心铺，首创酥皮"四两坨"，即每个重4市两，4个重16两，恰合当时老秤1市斤，故名。馅分火腿、白糖、洗沙、麻仁等四个品种。从这以后，每逢中秋来到之时，昆明市民争相购买"四两坨"。

民国初年，"吉庆祥"糕点铺主人陈惠泉在"四两坨"火腿红饼的基础上，首次烤制出硬壳火腿月饼，大受欢迎，生意兴隆，铺子也由小而大。从此就有了云腿月饼。

无论是云腿月饼还是云腿包子，都是先人用智慧和经验制作出来的，这样的非物质文化遗产应该得到传承和发扬。

玫瑰米凉虾里有虾吗

玫瑰米凉虾是云南风味小吃。用大米制浆煮熟，用漏勺漏入凉水盆中而成。

既然叫米凉虾，那一定有虾了？其实不是，制作米凉虾的大米因头大尾细形似虾，故此得名。用它配入糖水，加入玫瑰糖，是夏季解渴佳品，成品香甜软嫩，入口冰凉。

传说米凉虾的由来有个来历：齐白石四十岁的时候正式学画，之前，做木活。木匠干得好，也十分了得，鲁国的公输班先生，好事都往他身上靠，是个神人。只是木匠后来一直是劳力者，上不去劳心的台阶。白石老大器晚成，玩写意，工具简单，一张生宣，一支长锋羊毫，一砚池墨，一盂清水，也就成了。画出来的画也简单，几条墨线，几个墨疙瘩，味道已经很足了：蛙声十里出山泉。画的是顺山泉而下的几条蝌蚪，

玫瑰米凉虾

蝌蚪的母亲蛙们并不在场，但看客们却有了生生不息拓疆辟地的感受。后来一个无名氏的妇人，四十岁以后，没有学中国画，玩后现代雕塑以及行为艺术，也学齐白石写意。妇人拿热米粉用漏勺漏，稍稍一抖，勺下清凉的水盆中，一群半透明的白虾似游非游，妇人便叫它们米凉虾。

这就是米凉虾的由来，米凉虾里并没有虾，所以喜欢吃虾的人可不要被它的名字骗了哦，但是米凉虾绝对是来到昆明值得一尝的美食，米凉虾一般街坊间就有卖，就着红糖水，撒玫瑰糖，点红绿蜜饯，趁凉吃吃喝喝，润喉有声。

你知道路南乳饼的由来吗

路南乳饼是盛产在昆明路南县的驰名中外的云南美食。

乳饼是选用新鲜羊奶，煮沸加入食用酸，凝固后加压制成块状，一般5千克奶可制1千克乳饼。优质乳饼色白略带黄色，表面有油质，无酸味。民间将乳饼放入罐内密封，可存放半年不变质。乳饼的吃法很多，可煎、蒸、煮、烤，切丝炒肉，还可生吃，切成片与火腿片相间，即可制成闻名的云腿乳饼罐头。

由于乳饼营养丰富，味道鲜美，食用方便，可烹制成各种美味菜

肴，加之制作简单，容易保存，深受人们喜爱。

那么你知道路南乳饼的由来吗？

路南乳饼

路南乳饼是云南彝族的传统食品。其中以路南彝族自治县的乳饼最为正宗。乳饼长约25～30厘米，宽10～12厘米，呈斜长扇形，两扇叠套在一起，称为"一对"。相传彝族牧人长期赶着羊群到水草丰盛的地方去放牧，由于远离村镇，每天都要把吃不完的雪白羊奶倒掉。一位年轻聪明的牧人，眼看琼浆玉液般的羊奶倾倒于地，心中十分惋惜，后来，他从邻居制作豆腐中得到启示，经过反复实践，创制出用酸浆点羊奶制作乳饼。

这就是路南乳饼的来历，这位年轻人还真是智慧无限啊，要不是他，我们去哪儿才能品尝到这样的美味呢。

你知道石屏豆腐皮是慈禧的贡品吗

石屏豆腐皮是云南久负盛名的一种豆制品。石屏豆腐皮选用优质黄豆为原料，经筛洗、脱皮、浸泡、制浆、煮浆、过滤、蒸浆、揭皮晾晒至干而成。其色泽金黄，油光发亮，质地细密均匀，味道鲜美，柔嫩爽口，是当地人招待宾客的上乘之品。

石屏豆腐皮营养丰富，蛋白质达40%以上，为牛肉的2倍，大米的6倍，是男女老幼皆宜的高蛋白保健食品。豆腐皮食法多样，可根据食者所好，或蒸煮，或炒炸，或凉拌。

石屏豆腐皮

你知道吗？营养价值这么高的石屏豆腐皮，还曾是慈禧的贡品呢！

《石屏县志》记载，豆腐皮生产始于明代初期，盛于清代后期，光绪年间该县有个姓罗的壮士进京会试，得中武状元，留作慈禧宫中佩剑侍卫，官达四品。有一次，罗回乡省亲，返京时捎去豆腐皮献于慈禧，慈禧食后连声称好，遂为贡品。

作为太后，尝惯了人间美食却依然对石屏豆腐皮连声称好，这让我们十分好奇石屏豆腐皮到底是怎样的人间美味，那不如一起去昆明尝一尝吧！

关于虎掌金丝面的传说

虎掌金丝面是一道由虎掌菌和面条为主要材料做成的菜品，属于面食。

关于虎掌金丝面，还有一个传说：

一天，建文帝到南华传经，被刺客认出并住进寺院。刺客买通厨子，在虎掌鸡丝名肴中下了毒药。上天庇佑，建文帝吃后却安然无恙。原来是天上黄虎星下凡，有意变成虎掌菌以抵销毒药之性。从此，

虎掌金丝面

凡是黄虎星走过留下的脚印，都会长出虎掌菌。此菌极似老虎手掌，独产于楚雄部分山区。

这就是关于虎掌金丝面的传说，人们总是喜欢在美食背后加一个传说，但无论真假，这样的传说都为虎掌金丝面增添了许多传奇色彩和趣味性。

你知道奶油回饼的来历吗

奶油回饼是云南的传统美食之一，已有近百年的历史；奶油回饼含葡萄糖、麦芽糖、淀粉、蛋白质等成分，营养丰富，易于消化。

做法是将段质面娄用鲜酵母发好后，把白糖粉、奶粉、奶油、泡打粉、花椒等合入面中拌匀，再擀成片，用椭圆形冲模压成型后烘焙而成。

那么你知道奶油回饼的历史来源吗？

奶油回饼不仅风味殊异，而且来由也奇特。50多年前，"合香楼"糕点铺的一位砚师傅把面团搓好后，发现忘了加鸡蛋，这时面团已酸，继续发酵，面要变质，不发酵又做不成面包。正在发难之时，一位名叫李清祥的师傅说："加些小苏打做成烤饼吧！"于是他们就把面团擀成一厘米厚的面片，切成二厘米见方的小块，为了和其他糕点有所

奶油回饼

区别，又在生胚中心加了一个红花，上炉烘烤。万没想到，出炉一看，色如白雪，形如玉块中间一点红，好似雪里红梅分外妖娆，试尝之后，清香爽口，松软味美，分外好吃。师傅们都很高兴。一位师傅说："这饼是发面返回来做成的，就叫回饼吧！"回饼送到店内，由于新奇而味好，很快被顾客抢购一空。后来，他们在配料中加上适量的椒油、精盐等，味道更佳，成为"合香楼"独家经营的名牌产品。

这就是奶油回饼的来历，可以说是弄巧成拙，很多美食都是这样弄巧成拙来的呀！

呈贡臭豆腐曾是御膳房的小菜

呈贡臭豆腐闻着臭，吃着香，千丝万缕，毛茸茸的，就像丝绵被。经过5至7日的发酵后，这些如果冻般的方块终于穿上丝绵"外衣"，诞下能给嘴巴以浓稠爽滑快感的果实。

康熙帝曾对呈贡臭豆腐赐名"青方臭豆腐"。随着城市的变迁，得此美名的呈贡七步场臭豆腐制作者却减少了300多户。目前，七步场社区正申报非物质文化遗产保护认证，加强保护臭豆腐制作。

呈贡臭豆腐

相传，呈贡臭豆腐始于清康熙年间，最早由呈贡县七步场村的王忠发

明。康熙帝品尝后，对其美味甚是赞赏，列为"御膳坊"小菜之一，并赐名"青方臭豆腐"。凭借优良的传统工艺及良好的市场需求，七步场居民世世代代都以做豆腐为生。最为鼎盛时是20世纪80年代中期，360余户居民中，近300户都以做臭豆腐为副业。昆明及周边地区的农贸市场几乎都有七步场的臭豆腐出售，给七步场居民带来丰厚收益。

如果有机会，一定要亲自去昆明尝尝这道"御膳房"小菜。

你知道滇八件点心里有哪八件吗

昆明滇八件即"双塔牌"滇八件，是昆明市向阳糕点厂创制推出的优质名牌食品。是昆明风味糕点，系选用具有地方特色的原料，采用传统"两面火"烘烤工艺精心配置而成。

双塔牌滇八件的"双塔"是指分别立于昆明市的书林街和东寺街的东寺塔和西寺塔，是云南历史上建造最早的古塔之一，塔顶雕刻"金马"和"碧鸡"，这是古代昆明的重要标志。

滇八件点心

滇八件每盒装八件，故称"滇八件"。八件分别是硬壳火腿饼、洗沙白酥、水晶酥、麻仁酥、玫瑰酥、伍仁酥、鸡棕酥、火腿大头菜酥。

八件点心，八种风味，一盒当中分为"一硬七酥"或"二白六红"，内含甜、咸、鲜、香、酥、脆、松、软等多种滋味。主要特点是重油、重糖，滇味浓郁，色香味形俱佳，加上精美的包装，堪称云南糕点的代表作。可以说是去昆明必带特产之一。

宜良烧鸭真的是从南京传来的吗

宜良烧鸭，是云南省经典的地方传统名肴。起源于明朝，已有600多年的历史。它肥瘦相宜，皮酥脆，肉香嫩，光亮油润，色泽红艳，清香离骨，地方风味显著。

说起来这宜良烧鸭并不算云南本土风味菜，它是由南方传过来的。相传，在明洪武年间，朱元璋封颍川侯傅友德为征南首领，率领千军万马奔赴云南，同时带上了自己的御厨，南京著名的烧鸭师傅"李烧鸭"李海山。后来等

宜良烧鸭

云南统一，回南应变受封的颍国公只被朱元璋赐白绫而自缢身亡。"李烧鸭"闻讯不敢回南京，便隐姓埋名先后在宜良狗街、宜良蓬莱乡的李毛营，经营起烧鸭生意，开了家"滇宜烧鸭店"，并娶了位毛姓姑娘为妻，如今的"李烧鸭"已是第28代传人。

宜良烧鸭除了现烤现卖外，还建立了软包装食品厂，原料一律选用40天以内的嫩壮仔鸭，以祖传秘方调制生产出味香肉美的"滇宜"牌软包装宜良烧鸭。软包装烧鸭不仅肥而不烂，香味纯正，而且当天携带，又不含防腐剂，即买即食，并且品种已创出烧鸭、烧鸭脚、烧鸭翅等十多个"滇宜"牌系列产品，昆明各大商场有售。爱吃鸭子的朋友们到了昆明可不要错过哦！

你知道官渡粑粑吗

官渡粑粑，云南官渡的地方特产，面食，烘制而成，粑粑内含芝麻、花生、核桃等磨细的果仁与白糖混合为馅，松软香甜，十分可口快意。

云南的官渡粑粑出于官渡古镇，是具有云南特色的风味小吃。有趣的是这家卖"粑粑"的小店挂着一块告示，上书：排队一元一个，插队三元一个，生意十分火爆，买粑粑要排队至少半小时才能到手，刚出炉的粑粑非常烫手，顾客得用店家提供的"筲笢"来盛粑粑，等凉后再装袋拿走。不过今年随着官渡古镇的旅游开发热和

官渡粑粑

房租、水电等费用的上涨，一元一个的官渡粑粑再也不复存在。

作家陶振先生的文章中有这样一段话："我不说爱昆明地处高原，气候像瑞士的日内瓦，夏不热，冬不冷；也不说爱一汪滇池水，养育昆明一城人。我只说我生活的一个地方——官渡，我爱上昆明就从这里开始，因为只是一个粑粑，你就可以看见官渡人的淳朴和善良。""只要是稍微了解昆明的人，都会知道这里有一个官渡古镇，都知道这里有很出名的官渡粑粑。但是如果没有了解官渡，了解这里的民风民俗，那么这个饼对于你来讲，就只是一个面团而已，也许有人还不一定喜欢吃。对于我而言，这个粑粑有特殊的意义，因为我觉得它像极了这里的人，简单、淳朴、有韧性。"陶振说。

在官渡热闹的街道上，似乎每个人手里都拿着那个饼，像古镇里一道独特的风景。而最惬意的就是那些围在花灯前的人们，嘴里嚼着粑粑，眼里看着花灯。陶振说，这就是官渡最惬意的生活，吃饼看戏，坐坐马车，逛逛庙会，闲话家常，为了这种生活，他愿意一辈子都留在这里。

听了陶振先生的描述，为了官渡粑粑，我愿意去官渡的街头走一走。

你知道云南为何被誉为"真菌王国"吗

云南野生食用菌约250种，占了全世界食用菌一半以上，中国食用菌的三分之二。被誉为"真菌王国"。

云南复杂的地形地貌，多种多样的森林类型、土壤种类以及得天独厚的立体气候条件，孕育了丰富的野生食用菌资源，其种类之多，分布之广，产量之大，名扬四海。

云南野生食用菌，生于山林、长于山林，是天然绿色食品，有的食用菌还有治疗癌症和多种疾病的药理作用。

因为食用菌种类多，云南还有了一种美食，叫做野生菌火锅。

野生菌火锅是云南特有的美味，楚雄

云南野生菌火锅

野生菌火锅是云南六大名吃之一，食材生态、味道鲜美，是无数食客的最爱。

鸡枞、松茸、牛肝菌、鸡油菌、老人头、竹荪等近30种野生菌不仅可以煮在火锅里面吃，还可以根据顾客喜好做成炒菜。野生菌火锅采用老菌汤作汤底，将7种以上野生菌干片，加上高钙骨料混合经7小时熬制而成。加上其独家研制的菌碟，配合野生菌火锅来吃，既不会夺走野生菌的香味，也能弥补食客喜香好辣的饮食习惯。

汤汁略显浑浊，但吃起来很香，比闻上去都要香许多，还具有补钙等保健作用。菌类植物集中了大地的精华，富含氨基酸、多种维生素、叶酸、乳酸等物质，能够促进人体新陈代谢，调节人体生理机能，增强免疫系统。

这样独特的火锅，喜欢吃菌类的朋友到了云南可千万不要错过哦。

昆明的特产

你知道云烟曾受到毛主席的称赞吗

云烟，意即"云南之烟"，1958年7月在云南纸烟厂正式投入生产。

云烟

云烟的发展历史，也是云南卷烟工业崛起的历史。当时，云南纸烟厂是省内最大的烟草企业，拥有"大重九"等多个民族品牌，虽然实力不俗却没有一个能在全国叫得响的品牌。1955年12月23日，宋庆龄视察云南纸烟厂。她鼓励说，云南有富足的优质卷烟原料，发展烟草工业的条件得天独厚，应该生产出更多更好的优质卷烟，为国家、为人民创造更多的财富，让云南烟草走遍天下。同时，在那个"超英赶美"的"大跃进"时代，轻工部指令云南纸烟厂：研制一种新的卷烟产品，超过当时世界上声名显赫的英国王牌卷烟"茄力克"。于是，云南纸烟厂把研制新产品提上了议事日程，配备专人加快了新产品的开发试制步伐。1958年，历经5个月夜以继日的刻苦研制，云南纸烟厂终于开发成功了高规格、高质量的卷烟新产品，经过慎重考虑和反复研究，它被定名为"云烟"。这是全国首次完全使用云南烟叶单一配方制造的甲级一品卷烟，它代表了当时云南卷烟最高研发和生产水平。

云烟诞生不久就名声大振，成为向1958年春中共中央"成都会议"

的献礼，受到了毛泽东主席的亲口称赞。云烟品牌的创立，带动了云南卷烟工业的迅速发展，云产烟一度占据了全国大部分卷烟市场，改变了当时中国烟草的格局，中国烟草告别"上青天时代"，进入了"云产烟时代"。

云烟的成功，除了其独特的、天然的原料优势外，还是云南劳动人民团结一致的结果。

你知道杨林肥酒的传说吗

1987年，杨林肥酒厂成功研制出只有38度的低度肥酒，其中含有很高的营养成分，具有健胃、滋脾、润肺、增强心肌功能、促进新陈代谢等功效。

杨林肥酒

明朝初年，嵩明州杨林出了一个大名人，这人姓兰名茂，字廷秀，因他的住所悬挂有"止庵"匾额，人们便尊称他为"止庵先生"。兰茂与许多古代文人一样，十分喜爱喝酒。但他还与一般爱酒文人不同，他不但爱饮酒，还喜爱用酒泡药，用酒炒药，或以酒"为引、为使"。《滇南本草》收编药物485种，其中与酒有关联的多达170种，占总数约35%，与酒相关的药方，兰茂称为"药酒仙方"的达214个。

关于杨林肥酒，还有一个传说：

清朝时期的杨林，东临嘉丽泽，南有五龙山，土地肥沃，又是当时省城昆明通往黔桂、湖广、京沪的必经之地，所以这里人烟稠密、商贾辐辏。周边的五龙山、象山更是风景优美而且流泉飞瀑到处可见。甘冽的泉水，充足的粮食，满街的旅客，使杨林的酿酒业十分兴盛。每当秋收之后，只见"百家立灶，千村飘香"。偌大一个杨林，竟成为一个巨大的酿酒厂。杨林城南有一个城隍庙，庙中的地上原有一块巨大而又平滑的花石头，传说兰茂醉酒时，就爱躺在这块似有40多朵牡丹花镶嵌其间的花石头上睡眠。有一次兰茂醉酒躺在这块花石头上，梦见仙人指点，醒后竟酿出一种酒味特别醇厚又能滋补身体的美酒，这种美酒就是如今驰名国内的"杨林肥酒"。

关于传说，还有另一版本，一妇人想偷偷带块肥肉回娘家，正在取腊肉时，夫家进来了，妇人情急之下随手将肉放进正在酿酒的大缸。过了几天，妇人从娘家回来，急忙去看家酿的米酒，只见酒已变得碧绿如玉，酒味醇厚芳香，一点油腻的肉味都没有。就这样无意间酿出了风味独特的"杨林肥酒"。

这两个版本的传说，第一个有着神话的意味，第二个则更符合常理，但孰真孰假并不重要，传说本来也不是供人们去考证的，它从来都是让某样东西能更让人们印象深刻，杨林肥酒亦然，说不定当你亲自尝上一口杨林肥酒以后，心中自然有了答案。

普洱茶砖是如何产生的

普洱茶是历史以来形成的云南特有的地方名茶。古代为了方便运输，常将普洱茶制成各种形状，其中块状的就被称为"普洱砖茶"。

光绪年间，很多产茶地开始制作砖茶。由于从前茶农交给晋商的散装品，体积大，重量轻，运输不便，且需将茶叶装入竹篓，踩压结实后，再行载运，颇有耗损。为了适应茶商的要求，而出现了砖茶生产。最早出现的茶砖，始自光绪初年，其压制法极为幼稚简单，一般都是人工压制。从1878年以后，晋商们在砖茶的制作中

普洱茶砖

逐渐采用了水力压机和蒸汽机加工砖茶，这种制造方法简单有效便于操作。可以说西方的先进工业技术，最早在我国出现，就是因为茶叶贸易带来的。作为一段历史的记录，茶砖真实地表现了清代我国对外贸易的历史面貌，以及近代科技在我国的发展演变过程。

关于蜡染画的传说

蜡染画是在布匹上涂蜡、绘图、染色、脱蜡、漂洗而成。因为在染制的过程中，蜡白布的表面会产生自然龟裂，从而往白色坯布渗入染料而着色，出现许多或粗或细无规则的色纹也叫"龟纹"，这些龟纹就是区别真、仿蜡染布的标准，因为任何仿蜡染布设计进去的"龟纹"都是有规律可循的。

蜡染画

蜡染一般都是蓝、白两色。制作彩色蜡染有两种方法：一种是先在白布上画出彩色图案，然后把它"蜡封"起来，浸染后便现出彩色图案；另一种方法是按一般蜡染的方法漂净晾干以后，再在白色的地方填上色彩。民间蜡染所用的彩色染料，是用杨梅汁染红色，黄栀子染黄色。

蜡染布画完全手工制作，到目前为止，仍然无法用机械化、自动化来代替。

关于蜡染的起源，还有一个故事。

在苗族和侗族地区的很多地方都流行《蜡染歌》，代代传唱叙述着蜡染起源的故事：有一个聪明美丽的苗族姑娘并不满足于衣服的均一色彩，总希望能在裙子上染出各种各样的花卉图案来，可是一件一件的手工绘制实在太麻烦，但她一时又想不出什么好办法来，终日为此闷闷不乐。一天，姑娘又看着一簇簇一丛丛的鲜花久久发愣，办法没想出来却在沉思中昏昏入睡。朦胧中有一个衣着漂亮的花仙子把她带到了一个百花园中，园里有无数的奇花异草、鸟语花香、蝶舞蜂忙。姑娘在花园中看呀看，看得入了迷，连蜜蜂爬满了她的衣裙也浑然不知。等她醒来一看，才知道刚才是睡着了，可是低头再看：花丛中的蜜蜂真的刚刚飞走，而且在她的衣裙上留下了斑斑点点的蜜汁和蜂蜡，很不好看。她只好把衣裙拿到存放着靛蓝的染桶中去，想重新把衣裙染一次，试图覆盖

昆明的美食及特产

掉蜡迹。染完之后，又拿到沸水中去漂清浮色。当姑娘从沸水中取出衣裙的时候，奇迹出现了：深蓝色的衣裙上被蜂蜡沾过的地方出现了美丽的白花！姑娘心头一动，立即找来蜂蜡，加热熬化后用树枝在白布上画出了蜡花图案，然后放到靛蓝染液中去染色，最后用沸水溶掉蜂蜡，布面上就现出了各种各样的白花，染缸中居然染出了印花布，姑娘高兴地唱起了山歌。人们听到了姑娘的歌声，纷纷来到她家听她讲百花园里的梦境，观看她染出的花裙，学习她描花绘图的技艺，大家回到自己家里之后，照着姑娘教给的方法，也都染出了花样繁多的花布。从此，蜡染技术就在苗族及与之杂居的布依、瑶族等兄弟民族之间流传开来了。

这就是关于蜡染的传说，如果来到云南，给家人朋友们带一幅蜡染画作为纪念是很好的选择，当然了，如果再给他们讲一下蜡染的传说就更好了。

玫瑰卤酒是用玫瑰花酿制的吗

玫瑰卤酒又称"玫瑰升酒"，是清朝、民国时期老昆明人最爱喝的酒之一。粗制白酒加云南特产香玫瑰花瓣发酵蒸馏而成。有"玫瑰升""玫瑰重升""玫瑰老卤"等，40度到60度不等，酒液透明清亮，甘冽醇厚，散发着玫瑰花香。

玫瑰卤酒

所以，就像它的名字一样，玫瑰卤酒就是用玫瑰花酿制的。解放前，昆明许多酒坊都酿制，尤以景星街"毕大蜡烛"家酿制的玫瑰老卤酒驰名省内外。解放后，昆明市瓶酒厂、酿酒厂生产玫瑰升酒。后瓶酒厂解散，酿酒厂也停止生产玫瑰升。目前，只有昆明周边一两个小酒厂还生产散装的玫瑰升酒，但都是勾兑配制而成的，不再是老昆明时代的"玫瑰升"了。

昆明牙雕是用什么牙制作的

昆明牙雕历史悠久，解放前经营象牙制品的店铺林立，主要生产图章、簪花、手镯等一般日用品。解放后象牙雕刻有了较大发展，高档欣赏用牙雕工艺品已成为主要产品。这些工艺品多取材于神话传说、古典文学名著等，如天女散花、嫦娥奔月、牛郎织女等。也有花鸟、山水为题材的作品，如孔雀娉婷、鸽子牡丹等。还有平面雕刻"字组像"在国内象牙微刻中独具特色，老艺人在很小的象牙片上雕刻出肉眼不易辨认的文字，组成各种形象逼真的人物画像，为国内外人士所赞许。

昆明牙雕工艺品

昆明牙雕多是象牙雕，象牙与一般的牙齿不同。其表面没有珐琅质覆盖，非常怕酸。强酸可以将它腐蚀，弱酸亦可使其软化。如将象牙放在醋酸中浸泡，就可使之变软，再用刀或其他工具，旋以雕刻加工，往往就事半功倍了。

中国的象牙雕刻和象牙制品起源非常早，约在7000年前的新石器时代，最初的象牙制品只是一种实用工具，以后随着时间的推移，逐渐出现了装饰用品，并成为牙雕工艺的主流。

象牙雕工艺虽美，但是随我们人类对野生动物保护意识的提高，保护措施的完善，相信用象牙雕刻将会改用其他材料取代，毕竟欣赏艺术的同时，保护野生动物也是我们需要做的。

你知道关于乌铜走银的民间传说吗

乌铜走银是云南特有的中国传统铜制工艺品，始创于云南石屏。它以铜为胎，在胎上雕刻各种花纹图案，然后将熔化的银或金水填入花纹图案中，冷却后打磨光滑处理，时间久了底铜自然变为乌黑，透出银或金纹图案，呈现出黑白或黑黄分明的装饰效果，典雅别致。由于一般多以镶嵌白银为主，故称"乌铜走银"。过去，此工艺品多为文房用具等。现在品类十分广泛。

乌铜走银

乌铜走银的代表佳作是陈设在北京人民大会堂云南厅的风景画：在乌黑铮亮的底色上，昆明西山、滇池、大观楼分别用金、银镶嵌其间，十分精美，堪称艺术珍品。

关于乌铜走银，有一个民间传说：

"乌铜走银"工艺源于清雍正年间云南石屏县一名匠师岳富的偶然灵感。在一次炼铜造器时，岳富手上的一枚金戒指不慎掉入炉锅中，戒指一下子熔化了，惋惜之余，他泄愤地将周围放着的银等金属全扔进炉里。气消之后，他发现炉中出现了一种颜色黑亮的合金铜，黑色中呈现若隐若现的金黄色和银白色的线条，他试着用这种合金铜制作成工艺品，于是在铜器表面刻花纹，嵌入银屑，又经仔细研究琢磨，终于成就了"乌铜走银"手工艺。乌铜走银制作方法先为岳氏兄弟创作，历代为独家经营，在生产制作中，岳家一直奉守着传里不传外、传男不传女的保守观念。

对于这样有趣又精美的工艺，如果来到昆明，乌铜走银绝对是必买的特产之一！

昆明的趣闻与名人故居

　　在了解一个城市文化的过程中，一直探索它的历史未免会有些乏味，那么城中趣事就成了了解一个城市的点睛之笔，在探索城中趣事的过程中，你还会发现昆明原来是很多名人生活过的地方，好好了解一下昆明这座有着动人故事和深厚底蕴的城市，你会惊讶地发现，无意中经过的不起眼的老房子竟然是某位大人物的心爱之所。都说建筑是城市文化最好的载体，那么名人故居一定是承载着最动人历史故事的地方。

昆明城里的民间趣闻

你知道昆明四大龙潭的传说吗

首先，大家知道龙潭是怎么形成的吗？其实很简单，泉水出自地下，积水成深潭，便被称为"龙潭"。

那么你知道昆明四大龙潭的传说吗？

黑龙潭

"两树梅花一潭水，四时烟雨半山云"，清代诗人硕庆曾写过这样一副对联概括黑龙潭的美景。黑龙潭位于昆明市北郊龙泉山五老峰脚下，在唐宋年间就已成为昆明百姓祭祀求雨的地方。

明初，黔国公沐氏在此大兴土木，并将其命名为"黑龙宫"，经过明、清两代云南督抚多次修葺不断完善。民国年间，这里称"龙泉公园"。因为传说云南龙王黑龙的龙宫就在此，这里的潭水又终年不会枯竭，故后称"黑龙潭"。

龙潭由两池水构成：清水潭和浑水潭。两池水相通，中间以石桥为界，但一清一浊，整个潭就像是一幅阴阳各半的"太极图"。针对清浊两潭的来历，民间还流传着这样一个传说：很早以前有两条龙住在潭底的龙宫，非常有正义感的青龙以及做了很多坏事的黑龙，最后就演变成了现在的清水潭和浑水潭。

在民间，黑龙潭是昆明"龙脉"所在地的说法很盛行。传言这里风水极佳，虽处闹市但其内部安静怡人，是块难得的"风水宝地"。

蓝龙潭

龙泉山有个黑龙潭，龙泉路有个蓝龙潭。蓝龙潭曾经也是一个美丽的龙潭，有着很大量的出水，还被引到自来水厂，进入昆明城的千家万户。

"蓝"表示水的颜色，"龙"表示潭水深不可测，仿佛可以容纳一条龙居住。曾住在龙潭边的杜大娘回忆起蓝龙潭时眼里满是幸福："十几年前，蓝龙潭的水还很多，那水清亮亮的，洗菜、淘米、洗衣服，村里的人都靠着这水。"蓝龙潭的泉眼如今已不复存在，泉眼上方被厚实的水泥板封住，出水口早已没有半滴泉水溢出。虽然心里一万分不相信——但是这一个小小香炉还有那一炷香，又让人不能不相信，这里就是蓝龙潭。

它就好像是一个衣衫褴褛的母亲，把自己最后一滴乳汁哺喂给自己的儿女；再把自己的血肉贡献给自己的儿女，最后体无完肤，走投无路，只能静静被遗忘。

青龙潭

清乾隆四十一年，青龙潭始建龙宫于潭区，后经历朝历代的修葺、扩建，青龙潭慢慢成型。

1985年，美丽的青龙潭成为了县级重点文物保护单位，1994年，两条青龙毅然跃立潭中，每当微风吹过，水动龙舞，颇为壮观美丽。

青龙潭

历经岁月的变迁，今日的青龙潭更沉淀了几分醉人的韵味。斑驳的石块，是历史的记录者。参天古木，见证着龙潭的百年沧桑。不停流动的泉水，犹如奏着一曲盛世欢歌。

白邑黑龙潭

在昆明有一座有名的水源地，名叫"松华坝"，始建于元代，是著

昆明的趣闻与名人故居

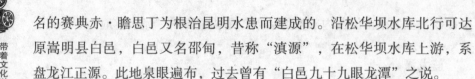

名的赛典赤·瞻思丁为根治昆明水患而建成的。沿松华坝水库北行可达原嵩明县白邑，白邑又名邵甸，昔称"滇源"，在松华坝水库上游，系盘龙江正源。此地泉眼遍布，过去曾有"白邑九十九眼龙潭"之说。

潭位于白邑龙潭营村南，远望是一座不高的小山，山脚修有一座寺庙，名"黑龙潭寺"，始建于明代。

泉眼就在庙中的龙潭，潭底望去，呈青黑色，故名"黑龙潭"。泉水涌流不已，水量很大，当地百姓形容说"有牛身子大的一股水"。水从潭中涌出，形成一条小河，汩汩向南流去，注入松华坝水库。

当地百姓对黑龙潭极为敬重，每年正月都要在这里祭祀龙王，感谢龙王造福人间。千百年来，这里的百姓没有谁敢砍一棵这座山上的树，也没有谁敢捕一条龙潭里的鱼。

这就是昆明四大龙潭的传说，一方水土养一方人，昆明的灵秀与那一汪汪神秘的龙潭密不可分。

白族人喝茶中的人生哲理

说起白族的茶，最值得一提的当属三道茶，三道茶也称"三般茶"，是云南白族招待贵宾时的一种饮茶方式，属于茶文化范畴。驰名中外的白族三道茶，以其独特的"头苦、二甜、三回味"的茶道，早在明代时就已成了白家待客交友的一种礼仪。

白族三道茶，白族人称它为"绍道兆"。这是一种宾主抒发感情，祝愿美好，并富于戏剧色彩的饮茶方式。喝三道茶，当初只是白族人用来作为求学、学艺、经商、婚嫁时，长辈对晚辈的一种祝愿。如今应用范围已日益扩大，成了白族人民喜庆迎宾时的饮茶习俗。

有人说白族人喝茶也能喝出人生哲理？这是真的吗？

"三道茶"第一道为"苦茶"，

白族三道茶

是由主人在火塘上用小陶罐烘烤沱茶到黄而不焦、香气弥漫时再冲入滚烫开水制成。因为此茶是经烘烤、煮沸而成，所以喝下去滋味苦涩，又因白族人讲究"酒满敬人，茶满欺人"，所以这道茶只有小半杯，以小口品饮，在舌尖上回味茶的苦凉清香为趣。寓清苦之意，代表的是人生的苦境。正如孟子所言："天将降大任于斯人也，必先苦其心志，劳其筋骨，饿其体肤，空乏其身，行拂乱其所为"。

第二道茶，称之为"甜茶"。当客人喝完第一道茶后，主人重新用小砂罐烤茶、煮茶，并在茶盅里放入少许红糖、乳扇、桂皮等，这样沏成的茶，香甜可口。寓"苦去甜来"之意，代表的是人生的甘境。经过困苦的煎熬，经过岁月的浸泡，最后终于苦去甜来。

第三道茶，称为"回味茶"。是用蜂蜜加少许花椒、姜、桂皮为作料，冲"苍山雪绿茶"煎制而成。此道茶甜蜜中带有麻辣味，喝后回味无穷。因集中了甜、苦、辣等味，代表的是人生的淡境。一个人的一生，有高低、有曲折、有平坦，要做到"顺境不足喜，逆境不足忧"，需要淡泊的心胸和恢宏的气度。

"三道茶"寓意人生"一苦，二甜，三回味"的哲理，现已成为白族民间婚庆、节日、待客的茶礼。

纵观白族"三道茶"的传承发展，是佛教的兴盛在其中起到了推波助澜的作用，而"一苦二甜三回味"的人生哲理亦暗合了佛家追求人格完善的境界。

不了解不知道，这样一看，喝茶还真能喝出人生哲理，如果有机会一定要亲自去品尝一下这三道茶，就当品一品我们酸甜苦辣的人生了。

基诺族真的是先生孩子再结婚吗

基诺族是一个从原始社会直接步入社会主义社会的民族，他们有试婚的习俗。

基诺族世代居住的竹楼，长约三四十米，里面井然有序地居住着同一父系家族的各代小家庭。在竹林里，村里还建有公用竹楼，成年未婚的青年男女们可以在此幽会。

基诺族青年恋爱自由，但青年男女必须在举行"成年礼"之后，才算成人，才能取得谈恋爱的资格。男青年16岁，女青年14岁方能举行成年礼，并接受父母的祝福。

成人以后，可以在公房里面参加社交活动。其间男子编竹篾活，姑娘刺绣纺织，或相互对歌。女子可把沾有梨木胭脂的铁片递给男方，男方则用手指细心漆齿。

基诺族山寨

男方认为双方的热恋已达到了同居的程度时，便可秘密地直接告诉女方，在征得女方的同意后，就可以进行同居。即使同居后，男子再到女方家，如女方的房门户没有半开也不得任意闯入。同居时，男子天不亮即应离开女方家。

女方如果怀孕，两人便可正式结婚；否则就分手了，这就是基诺族的试婚习俗。

这样看来，基诺族算是一个相对开放的民族了。这样的试婚习俗也是挺有趣的。

你知道彝族男子想娶老婆得先学会烤茶吗

烤茶，是我国高山峡谷地区少数民族的生活必需品。由于气候寒冷、干燥，缺少蔬菜，所以常以喝浓郁热茶的方法来补充营养素的不

彝族烤茶

足，所谓"每日必饮三次茶"。烤茶种类多样，咸甜苦辣，人生百味，既是艰苦劳作的能量之源，也是节庆待客的灵性之物。

在彝族地区，若学不到一手烤茶技术，到姑娘家烤不出好茶，老丈人会认为你没本事，而不愿将姑娘嫁给你。因此，当地小伙十五六岁就要学烤茶，都有一套自己的烤茶绝招。

彝族人还流传着百灵鸟从无量山百丈高崖，衔来茶种为人治百病的故事，为纪念百灵鸟，客人饮茶时，少男少女总会模仿百灵鸟翩翩起舞。

这样看来，彝族男人都是居家的好男人啊！

你知道什么是姑娘房吗

姑娘房是云南楚雄彝族特有的风俗。姑娘年满16岁，父母就为她另盖一间小草楼，让她单独在其中过夜，而年满20岁的男青年，可以在夜晚爬上心爱姑娘的草楼和她谈情说爱。他们在一起吹响篾、对调子、互诉爱恋之情。即使同时有几对青年男女也是如此，大家并无拘束。一旦爱情成熟，男女双方只要征得父母同意就可以结婚，双方父母一般不会干涉儿女们的选择。

姑娘房里的彝族姑娘

年轻人恋爱自由，父母又不干涉，由此可见彝族是一个很幸福又开明的民族啊。

关于金马碧鸡山的传说

昆明市东面有一座山叫金马山，因它的形状像一匹昂首奔腾的骏马而得名，昆明市的西面也有一座山叫碧鸡山，因它山顶上的一块岩石像一只美丽的凤凰，所以叫碧鸡山。这两座山像两个忠诚的卫士，守卫着美丽、宁静、祥和的昆明市。关于金马碧鸡山也有一个美丽的传说。

据说很久很久以前，昆明一带居住着一些未经教化的蛮荒人，他们抢劫、杀人、放火无恶不作，弄得百姓整天提心吊胆，东躲西藏。天帝知道后，非常震怒，于是就在这里降下水灾、瘟疫、战争等灾难，想把这里的人全部灭绝，再造一批新人，一时间，昆明附近天灾人祸连绵不断，人民流离失所，苦不堪言。这时天帝身边一个叫金马的大臣直言上书说："天帝，您不能这样做，这样做百姓生灵涂炭，不是同样很残暴吗？"天帝听了大怒，把金马变成一匹白马贬下凡间，金马下凡以后，被一个善良的老人饲养。这一年昆明遭到百年不遇的大旱，禾苗枯萎，颗粒无收，百姓们食不果腹，生活更加艰难，人们纷纷逃离家园。一天，善良的老人，解开拴马的缰绳，抚摸着白马的头，流着眼泪说："白马啊，白马，日子实在过不下去了，你就自谋生路吧！"这时，白马突然开口说话了，"老人家，千万别离开这里，您等我三天，我一定想办法让这里的人们摆脱灾难。"说完白马扬起四蹄，向着蓝天飞奔而去。到了天庭，白马找到了好朋友碧鸡，向她诉说了人间的疾苦，美丽善良的碧鸡听完后，决定冒着生命危险拯救昆明的百姓，她潜入天帝的寝室，偷偷地拿出了天帝的宝印，和金马一起飞到昆明上空，他们绕着昆明上空飞了九九八十一圈，然后抛出宝印，宝印悬在空中，天空中立刻乌云密布，电闪雷鸣，下起了瓢泼大雨，久旱的昆明在这场大雨的滋润下，重现勃勃生机，田野长出了绿油油的禾苗，河流唱起了欢快的歌，昆

昆明碧鸡坊

明人民终于得救了。为了保佑昆明人民永远幸福安康，金马和碧鸡约定，金马飞到昆明的东面化作金马山，碧鸡飞到昆明的西面化作碧鸡山，就这样千百年来昆明人民在金马和碧鸡的保佑下过着幸福、祥和的生活。

这就是金马碧鸡山的传说，与其说是传说，不如说是昆明人对金马碧鸡的信仰。正是有了这个信仰，金马碧鸡山增添了不少奇幻色彩。

昆明人真的有许多会说不会写的字吗

昆明话很有意思，是在明朝初期，以江淮方言为基础，同时吸收了华北方言，以及其他一些江南省份方言特点的汉语方言。昆明人经常挂在嘴边的常用语，很多人都只会说不会写。下面我们来一起认识一

下吧！

斛

【读音】tiao（一声）

【释义】调换；翻面。

【例句】面煮好了，赶紧拿个碗斛起来装着。

拃

【读音】zha（三声）

【释义】长度单位，约合15公分。

【例句】拿根一拃长的线给我。

㧟

【读音】wa（三声）

【释义】舀：用瓢㧟水；用碗在坛里㧟米。

【例句】再给我㧟勺米来。

潽

【读音】pu（一声）

【释义】液体沸腾溢出。

【例句】赶紧关火，水加太多，汤都潽出来啦！

洦

【读音】mi（一声）

【释义】喝。

【例句】这酒太辣脖子了，只能洦一小口。

敹

【读音】liao（二声）

【释义】缝缀。

【例句】你的衣服开口了，还是敹几针吧。

搊

【读音】cou（一声）

【释义】手扶住或一端用力向上使物体立起或翻倒。

【例句】赶紧搊他坐起来。

滗

【读音】bi（一声）

【释义】挡住渣滓或泡着的东西，将液体轻轻倒出。

【例句】碗里的汤太多了，滗掉点。

挝

【读音】zhua（一声）

【释义】踢的意思。

【例句】老师，他挝了我一脚。

怎么样，看了这些字是不是发现原来中国汉字是这样的博大精深！

昆明的名人故居

昆明的龙云故居在哪里

云南近代史，绕不开的人物是龙云。护国运动、抗日战争、和平解放，龙云见证了云南那段历史风云。被称为"云南王"的龙云与昆明的故事已成为这座城市弥足珍贵的历史记忆，而龙云在昆明的居所，无疑是那段辉煌岁月的见证者。

除修建于家乡的龙氏家祠外，龙云在昆明的居所曾有三处，威远街中段的老公馆今已不存，北京路震庄宾馆的新公馆则掩于高墙后，只有位于昆明近郊海源寺附近的灵源别墅，在政府部门的保护和民间人士的爱心看护下重修并留存下来。

当地一知名学者说，"灵源别墅很有特色，曾是昆明最豪华的私家别墅。"而他的修建者则是昆明近现代史中赫赫有名的龙云，关于龙云的事迹，昆明史料上普遍有记载：龙云（1884—1962年），字志舟，彝族。龙云先后主政云南17年，其间，他努力革新，坚持抗日，使云南的政治、经济和文化等各方面建设都取得了重大进步。而灵源别墅则是龙

龙云故居

云在其主政云南时候所修建的私家公馆。

走进灵源别墅，这座曾经是昆明最豪华的私家别墅依旧以其独特的建筑魅力，向世人讲述那段峥嵘岁月。

从区位上看，灵源别墅就在黑林铺镇的玉案山下，紧邻海源寺，风水布局独具一格。然而这个曾经最豪华的别墅，如今已被民宅所淹没并不断被蚕食，仅剩下一排红砖房围绕下的一栋建筑显出其不凡的气度，建筑前的石桥、清泉、一对石狮则更加凸显建筑主人的品格。

据介绍，目前灵源别墅被我国著名青年书法家、灵源国学馆馆长马晓鸿及其家人所"认养"，而这也是昆明引入民间资本保护名人故居的全新尝试，目前马晓鸿及其家人已投入四百万元人民币，对灵源别墅的水、电、路、墙壁、地面、廊柱、门窗等设施作了修葺。

目前的灵源别墅经过修葺后，在保持建筑原貌的同时，马晓鸿则用作展示其书法作品的场所，不仅马晓鸿经常在这里挥毫泼墨，经常也有书法绘画界的人士在这里交流聚会，交换字画作品，整个院落中充满了书香文化气息。

从建筑上看，这里是四合五天井的建筑格局。整个建筑布局是仿照故宫格局建设的，整体是一个四合院的建筑，而主院和四个附院构成了五天井的格局，每个天井旁都有厢房，供人居住，而过正门穿过主天井就是作为龙云会议室、会客室和居室的燕喜堂。整个宅院虽然采用民居建筑的格局，但与一般民居有着显著的不同。其显著的特点在于其房屋建构采用传统官式建筑，貌似一座宫殿或寺庙。

灵源别墅始建于1928年，龙云登上云南省政府主席的宝座之后，1932年别墅竣工，取"水不在深，有龙则灵"之意，取名"灵源别墅"，昔日占地1.1万余平方米的别墅包括操场、车库、鱼塘等一系列建筑，现在仅存下来的只有主体部分占地1800平方米的一座呈现出完美态势的四合五天井大院，和院旁仅存的一座碉堡。

在马晓鸿"认养"之前的灵源别墅曾办过农家乐、做过化肥仓库、做过工厂，几经波折早已破败不堪，在其领养后经过仿原貌修葺才显出如今的现状，可谓十分难得。

唐继尧的故居曾被拍入电影了吗

唐继尧故居位于北门街51号。始建于民国初年，坐北朝南，主建筑呈"山"字形布局，中有廊楼相连。占地面积2529平方米，中西式四合院二层楼房，大门饰石柱、石雕。1987年因昆明第三十中学建盖教师宿舍而被拆除，现在是翠明园小区，仅存大门。解放之初曾作过军事机关驻地，20世纪60年代是昆明市第三十中学的图书馆、化学实验室和教职工宿舍，有后门直上圆通山。那时，学生和老师都将唐继尧故居称为"唐公馆"，因城市建设的关系，唐继尧故居今已不在，圆通山实际上是唐继尧故居的后花园。

唐公馆

唐继尧为庆祝自己的生日，在北门街原71号建造的戏楼，也就是唐家花园，是当时昆明规模最大、环境最为幽雅的私家花园了。"唐家花园"最为人们称道的是唐继尧于1923年从香港回昆第二次执政时，在唐园成立了"东陆图书馆"，聘先贤袁嘉谷先生任馆长，袁嘉谷经常在午后无课时间，率领东陆大学（云南大学前身）学生进园读书学习，观赏园林和欣赏古物。每逢星期六、日两天，市民可自由出入唐园观赏园林，当时日本领事赠唐的50株樱花植于园内特别引人注目。园内建有中西式两层红砖楼及戏楼，戏楼上、下有20个包厢，书房、卧室人们不能进入，但可隔着玻璃窗向内看，其他的房间可走串去观赏去玩，查阅图书馆藏书。

抗日战争时期，唐园的戏楼包厢全被清华大学办事处租赁为单身教师宿舍，清华文科研究所初恢复时也曾设于此。先后在唐园居住过的有朱自清、陈岱孙、金岳霖、吴宓、浦江清、李继桐、陈省身等著名教授。著名建筑学家梁思成先生的夫人林徽因从四川李庄第二次来昆养病时也居唐园，他们都对唐园优美舒适的环境赞不绝口。建国后唐园为中国人民解放军云南边防公安局驻地，后为昆明第三十中学教师宿舍。

唐公馆和唐家花园实为一个整体的两个部分，公馆在前，面临北门街；花园在后，与圆通公园仅一墙之隔。

其实，唐家花园早在20世纪20年代就已名声在外。一部名为《洪宪之战》的电影登陆国内各大影院，这部电影被称为中国历史政治战争巨片，主要内容关于护国战争，唐继尧亲自饰演自己，该片把昆明主要的园林名胜风光都摄入了镜头，唐家花园的美丽景观也尽收其中。

美丽的唐家花园，广受学者、诗人们的赞赏。沈从文在《怀昆明》中道："路东那座美轮美奂以花木亭园著名西南各省的唐公馆"。而1946年2月，当时中国著名才女林徽因第二次来到昆明作短期休养，住进了好友张奚若为她安排的住处唐家花园。她对中西建筑风格及园林景观荟萃的唐家花园留下了非常好的印象和评价。

如今，有着厚重文化内涵的唐家花园的美景和往事已成为人们心中永久的记忆，而它丰厚的历史文化意义更值得后人记取和深入探究。

飞虎楼真的是飞虎队的办公楼吗

飞虎楼始建于1941年，为欧式风格的五层洋房，该建筑具有重要的历史价值和艺术价值。

1941年，时任中国空军委员会秘书长宋美龄建议，由美国空军飞行教官陈纳德组建"中国空军美国志愿援华航空队"援助中国对日抗战，该航空队选用迪斯尼公司设计的"飞虎"为大队标识，代表着勇猛、成功、胜利，因而命名"飞虎队"，在对日空战中，飞虎队战绩辉煌而享誉世界。

飞虎楼餐厅

而飞虎楼的得名，正是因为当时飞虎队租用该楼用来开办民用航空公司。

2006年，该幢楼房被昆明市人民政府公布为"昆明历史文化遗产保护建筑"。虽然如今的飞虎楼已经变成了餐厅，但是二战飞虎队的元素在餐厅随处可见，墙上一幅幅有些发黄的黑白老照片，陈纳德将军、陈梅香女士、尼克松总统、宋庆龄女士等与飞虎队有密切关联的人物，都一一呈现。而天井吊顶上悬挂的飞机模型，是按照飞虎队主力战斗机P40型，以3:1的比例仿照制作的。

飞虎楼是一个找寻飞虎队历史痕迹的好地方，同时也是一个品尝美食的好去处。如果你想来飞虎楼品尝美食，推荐飞虎战斗鸡这道菜肴，很有意思。

袁嘉谷旧居如今已成了饭馆吗

袁嘉谷（1872—1937年），字树五，号澍圃，晚年自号屏山居士。云南石屏人。袁嘉谷在云大执教十余年，是云南文化名人。袁嘉谷的字，自创一体，世称"袁家书"。从封建王朝的状元，做到现代高校的教授，古今唯一人，天下亦唯一人，这便是袁嘉谷。

袁嘉谷故居位于五华区翠湖北路5号，坐西朝东，占地面积695.8平方米，建筑面积875.9平方米，是一幢清代典型的木结构四合院民居楼房。故居内的陈设、展览是了解石屏文化历史的一个重要窗口。

袁嘉谷旧居

袁嘉谷故居大门雕梁画栋，一块红底金字上书"经济特元"的直匾悬挂门顶。进入二重门，门顶一块黑底金字的"太史第"横匾映入眼帘，进入三重门是一幢四合院楼房。院子中央一棵枝繁叶茂的橙树长年翠绿，每到秋天，金黄的果实挂满枝头。

随着不断的旧城改造和破旧立新，昆明已经很难从它的街区寻找到历史文化名城的踪影了，几年前还能见到的各个历史街区、一些幸存的法式建筑等昆明独特的建筑也已几乎绝迹。唯一还能寻找一些历史文化影子的，是在这个当年的历史名城的一些角落里，还有那么几座幸存的老宅院，还能依稀看见当年昆明古城的地方文化气度和风貌。

而云南历史上有过的唯一状元袁嘉谷的故居，原本可以成为昆明人的自豪所在。但这个云南大名人的故居，现在已经做成了一个餐馆，不免令人叹息。像湖南凤凰城的沈从文、熊希龄等名人故居，已经是当地旅游名城的人文金字招牌，我们走进去真的是一种瞻仰。

袁嘉谷在故乡石屏的故居目前还保护得很好，常有慕名而来参观的人，我觉得这是他的幸运。

你去过王九龄故居吗

王九龄故居

王九龄（1879—1951年）字竹村，又字梦菊。云南云龙之人，中华民国的政治家。1911年10月，参加重九起义（云南辛亥革命）。云南军政府成立后，王九龄负责督署民政。自幼勤奋好学，后被清政府选送日本留学，毕业于东京政法大学，其间任云南留日学生总监，并加入中国同盟会成为同盟会会员。1922年与同乡董泽一起创办云南第一所大学——东陆大学（今云南大学的前身），并当选为名誉校长。后在云南省政府供职，晚年从事佛教研究，将自己珍藏的《大藏经》和其他佛经全部捐献给昆明华亭寺。王九龄是云南近代高等教育的先驱，为云南现代高等教育事业的发展奠定了基础。

一个为云南做过如此大贡献的人，你知道他的故居在哪里吗？

王九龄故居位于昆明市翠湖北路3号，王九龄先生长期与家人居住于此。该故居建于1926年。1937年云大租为教授宿舍，著名历史学家吴晗、刚留法回国的王士魁等初来云大时即下榻于此。1952年为云大所购买。1953年后，学校为著名教授刘文典在此设了杜甫研究室。2002年5月，王九龄故居被昆明市政府命名并公布为第一批"昆明历史文化遗产保护建筑"。

你知道聂耳故居曾是药铺吗

每天清晨，天安门广场上的国旗徐徐升起的时候，伴随着这庄严的画面，更有一曲旋律，震撼着每一个中国人的内心，那就是我们的国歌《义勇军进行曲》。《义勇军进行曲》从谱成的那一刻起，就成为鼓舞中国人奋进的乐章。它的作者聂耳，虽然人生轨迹是短暂的，但他却用音乐，将自己短暂的一生演绎得辉煌豪放。

那么你知道聂耳在昆明的故居在哪里吗？

昆明聂耳故居就坐落在原云贵总督府前的官道、现在的甬道街73、74号。

公元1902年，聂耳的父亲聂鸿仪去昆明行医，在昆明甬道街租用一间铺面开中药铺名"成春堂"。当时，聂、杨（房东）两家合住一院，该房本属于用作商铺的清代官房，坐东朝西，临街有两层楼土木结构房三间。1912年2月15日，聂

聂耳故居

耳出生于此，他的童年也基本在这里度过。18岁时聂耳外出求学离开昆明，从此再也没有回来。

新中国成立后，聂耳的三哥聂叙伦等曾前往甬道街找寻他们曾经的住房，确认了其位置即今甬道街73、74号。聂叙伦认为"这间房子除了扩街心把前厦拆掉以外，基本上还是当年的模样，屋内外都没有大的改动。"1986年7月，盘龙区人民政府将甬道街之73、74号临街铺面命名为"聂耳故居"，并列为区级文物保护单位，后划归五华区管辖，2003年升级为省级文物保护单位。

百年之前，一位伟大的音乐家出生在昆明。而百年之后的昆明，也似乎因为纪念他的诞辰而有了浓郁的音乐气息。2012年聂耳诞辰百年之际，来自世界各地的人们慕名踏访而至，寻找聂耳的"昆明记忆"，2月16日，在昆明市区闹中取静的"聂耳故居"里，平日门可罗雀的小院

昆明
的趣闻与名人故居

热闹了起来。对于这间100年前还是名叫"成春堂"的小药铺，聂耳便出生、成长于此。直到1930年，他远赴重洋并开启了一个中国音乐的"新时代"。

少年时期的聂耳在昆明汲取了大量的音乐养分，也直接影响到他后来的音乐创作。20世纪20年代的昆明，花灯、滇剧、洞经乐班演出十分盛行，当时比较有名的演出场所"群舞台""云仙茶园"、翠湖"三丰庵"，以及"彩排茶室"等，都曾留下了聂耳的足迹。

在聂耳短短23年的生命里，与昆明就有着18年的共同回忆。如今他虽然离开了我们，但他那种服务于社会的精神，却一直影响着后人。

你知道"得意居"是蔡锷将军府吗

得意居是一家滇菜餐厅，在金马坊西南侧，东寺街口的一条小巷中，巷口竖立着一块大招牌，上书"得意居"三个大字，旁边注明"云

得意居酒楼

南公馆蔡"。在招牌的另一边，则书写了醒目的直行字："蔡锷将军百年老宅，免费开放。"

走进小巷二三十米处，左侧处便有一座小巧玲珑、装饰精美的老宅出现在我们面前，这就是得意居小楼了。这个天井式四合院小楼分为三层，用青砖石建造，始建于清末，是坐北朝南的传统建筑，主房和两厢房为三层，南房为两层，构成走马转角楼。该楼于1998年12月20日开工修缮，于1999年9月9日竣工。大门左上方有个小匾额，上题"历史文化遗产保护建筑，昆明市人民政府　2000年"。

老宅面积并不大，天井内只能摆放四张餐桌，四周则是楼房，房内各间又摆放了一些餐桌。

这里就是曾经大名鼎鼎的将军蔡锷的府邸，而如今的命运就像袁嘉

谷故居一样，变成了菜馆，虽说有些可惜，但是乐观地想，至少还存在这样一个地方可以供人们去追忆。

你知道林徽因和梁思成昆明的旧居吗

梁思成、林徽因夫妇是我国著名的建筑学家。两人从20世纪30年代起致力于用现代科学方法研究中国古代建筑，成为这个学术领域的开拓者。

1938年北平沦陷后，他们全家从长沙经过39天的长途跋涉抵达昆明，暂居巡津街。后来，由于日机对昆明城区进行狂轰滥炸，一家人迫于无奈，迁到昆明北郊龙泉镇麦地村的兴国庵古庙内暂居。

过了一段时间，他们为长久计，决定在村里选择一块地皮，建盖自己的房屋。很快，他们发现邻近的棕皮营村，风景优美，环境清幽，是比较理想的居住地。更让他们惊喜的是，村中的农户大都喜爱种花，家家花团锦簇，特别是村中的大户李迎春家，占地约2亩多，大部分地方用来种花，种了很多种云南名花。

林徽因梁思成昆明旧居

当梁、林夫妇有些忐忑地找到李迎春，试探着提出租借土地建盖新房时，这位曾任过高中国文教师的士绅满口应承，双方达成协议：李家出借土地，梁、林出钱建房，五年后房子归李家所有。

为了建造这三间住房，梁、林夫妇拿出了所有的积蓄，并且亲自设计，亲自监造，"不得不为争取每一块木板、每一块砖乃至每根钉子而奋斗"，有时还得亲自当小工，搬石、运瓦甚至临时充当木匠和泥瓦匠，历时半年许，三间小屋终于在1940年春天落成。为此两人还欠了债，幸亏远在美国的挚友费正清、费慰梅夫妇汇来100美元，解了燃眉之急。

这所房屋由两座相对独立的平房组成，正房三间，坐西向东，长12米、宽7米，每间约28平方米，总占地面积121.87平方米。正房的南间是客厅，中间是书房和卧室，北间是林徽因的母亲和女儿梁再冰的卧室。正房南侧，连接着一所低矮一些的10多平方米的住房，有门与客厅相通，这便是他们的好朋友、哲学家金岳霖寄居的房间。与正房相对的是一排三间附属用房，坐东向西，一间是佣人住房，但因雇不起佣人，只能空着，一间是厨房，另一间是柴房。

这所房屋面积虽然不大，但五口之家总算有了自己的安乐窝。面对自己的杰作，梁、林夫妇颇为自得。林徽因特意给费正清、费慰梅夫妇写信，告知这一喜讯："我们正在一个新建的农舍中安下家来，它位于昆明市东北八公里处一个小村边上，风景优美而没有军事目标。邻接一条长堤，堤上长满如古画中的那种高大笔直的柏树。我们的房子有三个大一点的房间，一间原则上归我用的厨房和一间空着的佣人房。"她还不无夸耀地说："有些方面它也有些美观和舒适之处，我们甚至有时候还挺喜欢它呢。"

林徽因还邀约"真诚的朋友来赏识它真正的内在质量"。客人来时，梁、林夫妇总是把他们请到花园中，品茗赏花，谈诗论文。

几年后，林徽因写过一首诗：

别说你寂寞，大树拱立，

草花烂漫，一个园子永远睡着；

没有脚步的走响。

你树梢盘着飞鸟，

每早云天吻你额前，

每晚你留下对话，

正是西山最好的夕阳。

这首诗虽然写的是昆明北门街园子，但从中似乎可以看到棕皮营村李家花园的影子，这也从一个侧面反映了林徽因对那个她亲手建造的"三间屋"老宅子的眷恋。

闻一多和朱自清曾住在一栋楼里吗

司家营是昆明北郊的一个不大的村子。昆明郊区不少村子以"营"为名，如王家营、陈家营之类，这是明代兵营逐渐演变为村落在地名上留下的历史遗痕，北郊的司家营亦然。从1941年秋开始，闻一多在这里住了将近三年时间，这是闻一多在昆明住得最久的一处地方。

1941年夏天，清华大学文科研究所恢复成立，由联大文学院院长冯友兰任所长，闻一多任该所中国文学部

闻一多朱自清旧居

主任。为躲避日机轰炸，文研所租用龙头村附近司家营17号（现61号）民宅为所址。这是村中一村民盖的房子，当时以月租300元出租给了文研所。房子是昆明"一颗印"式的两层土木结构小院，楼下两侧为研究所的厨房、食堂，中间客厅为图书室和公用书房。楼上正厅为办公室，楼上南厢及门楼上住闻一多一家，朱自清、浦江清、何善周、许骏斋四人合住楼上北厢。

当时朱自清的生活十分拮据，日常只能随着大伙儿吃大食堂的糙米饭，因为他有胃病，上课时从城里带点面包或烧饼，不然就喝粥。胃病厉害时，连蔬菜都只能嘴里嚼嚼就吐出来。朱自清除了上课就日夜伏案写作，以求多挣一点稿费养家。闻一多孩子多，负担更重，实在没有办法的时候只能靠篆刻图章补贴家用。有时候闻一多还带孩子在村里抓蝗虫，油炸了蘸盐吃，既解馋又补充蛋白质。当年这些大师，能够安于清贫，固守自己的节操，让后人真是无限崇敬。

其实在这栋有些简陋的房子里，居住过的不止闻一多和朱自清两位大师，还有一位我们耳熟能详的大师也在这里居住过，它就是华罗庚。在任职西南联大教授期间，华罗庚起初居住于黄土坡一间土房里，但其房子受到日军敌机轰炸而破损，无法居住。在闻一多先生的邀请下，华罗庚先生一家搬迁至此处定居。

现在的司家营虽然还有地名，但是村子已经拆平。空荡荡的地块上，就剩下闻一多朱自清故居和紧邻的一处村民的房子，孤零零地耸立在工地上，与热闹的北京路形成了巨大的反差，让人唏嘘不已。虽然门口有文保单位的立碑，但是大门紧锁，经历了70多年岁月的房子已经显得很破旧了。

杨振宁曾去过熊庆来故居吗

熊庆来（1893–1969年）字迪之，云南弥勒县人，1937年8月，被云南省政府主席龙云聘任为云南大学校长。他是国际数学界知名学者，在我国传播西方近代数学，开拓我国近代数学教学、科研领域，培养数学人才方面都取得过突出成就。

熊庆来故居坐落于云南大学校本部会泽院和至公堂东侧，"考棚"前的一座二层楼房，故居占地面积308平方米，现由云南大学文物管理办公室管理。

熊庆来故居是1937年盖的，1957年至1968年，这里还居住过一位名人，他就是我国著名的教育家、诗人、文学家，原云南大学校长李广田。李广田与原党委书记高治国密切合作，使60年代的云南大学进入了一个辉煌时期。也就是说，这里是云南大学历史上两个辉煌时期的两位校长的住所。1968年以后此楼一直作为办公室。1999年7月，学校决定拆除此楼，根据很多教授和专家的意见："熊庆来故居是学校的文物，应予保留，以作纪念。"校文物办遂将这些意见反映给校领导，后经校党委书记批示后，这件十分重要的文物才得以保留下来。

熊庆来故居

2000年4月11日，诺贝尔奖获得者杨振宁教授访问云大，他特意到熊庆来故居参观，并回忆起少年时在此与熊庆来之子熊秉明一起学习、玩耍，看到严济慈、陈省身、朱德祥等老一辈科学家到此切磋学术的情景。他说这里的气氛熏陶着一代科学家。2003年，在云南大学建校80周年之际，熊庆来、李广田故居展览正式完成并对外开放，至今已接待国内外嘉宾4000多人次。

熊庆来故居为抗战时期保留下来重要的近代建筑，它记载着云南大学革命斗争和光辉历史的伟大业绩，是宣传和弘扬云南大学悠久历史和独特办学精神的窗口。

你知道"石房子"是李鸿谟故居吗

李鸿谟（1894—1969年），字希尧，号中南，出生于云南省黎家坝。

李鸿谟胸怀爱国之志赴昆就读省立中学，毕业后考入云南讲武堂，与朱德、龙云、卢汉、杨体元等同窗，开始了他的军旅生涯。从讲武堂毕业后，参加云南护国起义，在滇军中历任尉校衔等军职。后曾任第10路军总指挥部少将副官长。抗日战争中李鸿谟授中将衔，任少将职，兼任云南省防空副司令，还曾和飞虎队一起并肩战斗。李鸿谟是一位抗日爱国将领，也是一位优秀的外交官，更是一位忠厚诚恳、追求民主、关注家乡教育的贤达。

那你知道这位爱国将领的故居在哪里吗？

在北京路427号茶花公园内有一座著名的"石房子"，这座建筑建于1937年，这里就是李鸿谟将军曾经的私人府邸。处于茶花公园腹心位置的石房子，被大树浓荫所环抱，公园里的喷泉也使得它充满了勃勃生机。

因为石房子极好的地理位置和主人李鸿谟的好客，加之府内中西厨师的高超技艺，使得石房子成了以龙云、卢汉为首的云南军政要员集会的重要场所，蒋介石、宋子文等国民党显宦以及来华助战的史迪威、陈纳德将军都曾在这里受到接待。

云南和平起义的前夕，李鸿谟的私宅石房子成为当时政治中心人物的重要

李鸿谟故居"石房子"

聚会场所，有关云南和平起义的一些重要决策就是在这里酝酿形成的。1949年12月9日，卢汉在云南宣布起义，李将军随卢汉主席和平起义，1950年2月解放军进驻昆明，卢汉就在此宴请陈赓和宋任穷将军。

数十年来，石房子见证了昆明的风雨变迁，如今，石房子仍然发挥着餐厅的作用，其深厚的历史文化背景，给每位访客留下了美好的回忆。

周培源故居已经"与世隔绝"了吗

在高海公路与湖滨路交叉的丁字路口，一个陈旧的棕色铁皮路牌突兀地立在路旁，顺着一条绿树成荫、百花丛生的小路走约500米，便到了位于西山区碧鸡街道办事处龙门村112号的周培源故居。

周培源故居周围的景色，可以用"世外桃源"来形容：故居的背后就是西华湿地公园，滇池的水静得出奇，只听到微风摇晃和树叶沙沙的声音。故居旁边有一个小池塘，火红的太阳倒映在里面，池底的石头清晰可见。阳光下，一簇簇喇叭花开得茂盛。

周培源故居

推开周培源故居大院的铁门，从左边望去就能看见一幢两层公寓。这座两层三开间楼房为砖、石、木结构，不仅融入了西方的石柱、走廊、拱形门窗等元素，也具有云南名居"木梁回旋""三间四耳"的建筑风格，设计新颖独特，是昆明近代民居建筑当中颇为精致的代表之一。在中间房门两侧的石柱上，书写着篆书的楹联："中有白鸥闲似我""行尽青溪忽值人"，中间为"阆翠楼"。

然而，这里早在几年前就成了"昆明市滇池渔政监督管理处·渔政检查基地"的办公场所，并且禁止参观。

由于房屋东面临湖，这里俨然成了一个"小港湾"：三五只生锈的小渔船和几艘挂着救生圈的快艇停靠在"岸边"，那是工作人员日常巡逻所用。

作为我国著名的物理学家，周培源在理论物理和流体力学上有着卓越的研究成就，同时，周培源还培养了杨振宁、胡宁等我国著名科学家。除了昆明，国内还有宜兴周培源故居、清华大学新林院9号和北大燕南园56号周培源故居，这些故居现在都被政府和高校完好地保留下来，并用作纪念馆或办公场所，发挥了名人故居作为文物的历史和教育价值。

昆明周培源故居是周培源在1938年4月至1942年12月期间，为了躲避日机轰炸，在西南联合大学任教时家人居住的场所。在昆明的近5年时间里，一家四口度过了极其清苦的岁月，这座老宅也记录了一代科学人的高尚情操。在昆明的几年时间，虽然生活极其艰苦，但经常有客人造访，梁思成、林徽因、陈岱孙、金岳霖等好朋友经常到周培源家做客，带来不少乐趣。

如今，"骑马上课周大将军"的佳话仍然在碧鸡街道流传：因家离城较远，周培源专门买了一匹马，每天骑马到学校上课。教授骑马上课，讲授现代科学，成为抗日战争时期昆明的一道风景。

作为周培源在昆明生活和学习的重要场所，旧居成为寻觅那段艰难岁月的历史遗迹，曾经破旧不堪的周培源旧居在政府的关心支持下得到了修复。

附　录

名胜古迹
TOP 10:

大观楼

大观楼，位于云南昆明市近华浦南面，三重檐琉璃戗角木结构建筑。清康熙三十五年始建二层楼宇。乾隆年间，孙髯翁为其撰写长联，由名士陆树堂书写刊刻，大观楼因长联而成中国名楼。道光八年修葺大观楼，增建为三层。咸丰三年咸丰帝题"拔浪千层"匾，咸丰七年长联与楼毁于兵燹。同治五年重建，复遭大水，光绪九年再修。光绪十四年赵藩重以楷书刊刻长联。大观楼1983年被公布为云南省重点文物保护单位，2013年被公布为全国重点文物保护单位。

金殿

金殿是全国重点文物保护单位。金殿又名铜瓦寺，位于昆明市区东北郊7公里处的鸣凤山麓，坐东向西，是云南著名的道观。因用黄铜铸成，在阳光照耀下，光芒四射，映照得翠谷幽林金光灿烂，故名"金殿"。这座名声显赫的金殿属于太和宫的一部分，总重量达250吨，为重檐飞阁仿木结构方形建筑，殿高6.7米，宽、深各6.2米，包括梁柱斗拱、瓦楞顶檐、神像罗幔、桌案瓶器、匾楹旌旗等都用铜铸成。

金刚塔

金刚塔又名"穿心塔"，位于昆明市官渡古镇。该塔建于1458年，

1666年地震时塔上部毁坏，1696年重修。1982年又加修葺，并在四周建铁栏保护。1996年国务院公布该塔为全国重点文物保护单位。金刚塔是我国唯一的一座全部用砂石砌成的宝塔。该建筑群共有五塔，建于一座方形高台基座上。台基高4.7米，边长10.4米，东、西、南、北四道券门十字贯通，故又称"穿心塔"。据说，以前人们往返经过此地都要穿行此塔，甚至连新娘的花轿也不例外。人们认为这样可以与神相通，带来好运。主塔高大雄伟居中，高16.05米，周围的四座小塔仅高5米。是中国现存年代最久的一处砂石构筑的典型喇嘛式佛塔。

圆通寺

圆通寺位于昆明市区内的圆通街，是昆明最古老的佛教寺院之一，已有1200多年的建寺历史。同时它也是昆明市内最大的寺院。它始建于唐朝南诏时代，初名"补陀罗寺"。公元1301年建圆通寺，元朝皇帝"赐玺书嘉"。扩建工程历时18年，公元1319年己未年才告完成。明朝时，圆通寺得到扩建，山顶又新建接引殿。清朝时也得到多次重修。

金马碧鸡坊

金马碧鸡坊位于昆明市中心三市街与金碧路交会处，高12米，宽18米，雕梁画栋精美绝伦，东坊临金马山而名为"金马坊"，西坊靠碧鸡山而名为"碧鸡坊"，是昆明的象征。金马碧鸡坊始建于明朝宣德年间，至今已有近四百年的历史。当太阳将落，余晖从西边照射碧鸡坊，它的倒影投到东面街上；同时，月亮则刚从东方升起，银色的光芒照射金马坊，将它的倒影投到西边街面上；两个牌坊的影子，渐移渐近，最后互相交接。这就是"金碧交辉"的奇观。相传，清道光年间，这个奇观曾经出现过一次。由于地球、月亮、太阳运转的角度关系，这样的景，要60年才能出现一次。"金马碧鸡坊"的设计体现了古代云南人对数学、天文学和建筑学方面的造诣。原"金马碧鸡坊"于10年动乱中被拆毁，现有的"金马碧鸡坊"是1998年在原址按原风格重建的。

东西寺塔

东寺塔位于昆明市书林街，西寺塔位于东寺街，与东寺塔遥相对望，它们都是南诏国时期的古塔。东寺塔全高40.57米，西寺塔高36米，两塔均为十三级密檐方形砖塔。东寺塔是昆明最早古塔之一，塔顶四角立有4只铜皮做成的鸟，俗称"金鸡"，所以也有"金鸡塔"之称，4只金鸡口角处噙有一个两头有孔的铜管，管内有金属簧片，鸡头、脖子、腹部全是空心的。据说以前每当风吹过，簧片受到振动，便会发出悦耳的鸣叫声，但是后来由于日久天长的灰尘积塞，金鸡才缄口不鸣了。

唐继尧墓

唐继尧墓位于昆明圆通公园西后门的上方。修建于1932年，墓为石砌圆丘形，高6米，直径为16米，占地面积1500平方米，在国内为较大的陵墓。唐继尧在辛亥革命和护国战争中都建树奇功，然而其后期卷入了军阀混战，后人为其题写的挽联是："治滇无善政，护国有奇功"。

聂耳墓

在昆明西山太华寺与三清阁之间，有一片缓坡，松柏森森，绿树丛中，长眠着人民音乐家聂耳。他的墓地呈琴状，主体为琴盘，墓穴为琴颈，道上七个花台，呈琴品状，象征着七个音阶；道上的24级石阶，示意着他仅活了24岁。聂耳原葬在高跷山腰至华亭寺之间公路西侧上方，墓系青石镶砌，简单朴素，有徐嘉瑞撰写的碑文。1954年，人民政府进行培修时，由郭沫若重撰碑文。1980年，根据广大人民群众的要求，重建新墓，同年5月13日，迁葬于此。

三清阁

昆明西山三清阁位于西山罗汉山腹，西山名胜区公路尽头。三清阁是一组别具特色的道教建筑群，初为元代梁王避暑行宫，现存建筑多数为清道光、光绪遗物。包括灵宫殿、三丰殿、吕祖殿、元帝殿等十三座建筑，由下而上，沿山壁层檐叠屋，栉比鳞次共九层，远望如燕巢蜂房，累累欲坠。

太华寺

太华寺又称"佛严寺"，位于太华山上，居西山群蜂之中，森林茂盛，为西山最高峰，海拔2500米。它始建于公元1306年，为梁王甘麻剌创建。云南禅宗的"开山第一祖"玄鉴常在此讲经说法。后改称为"太华寺"，被明黔国公沐英奉为家庙。明末被毁，公元1687年，总督范承勋重建。大悲阁在咸丰年间遭战火烧毁，公元1883年又重建。

名山胜水
TOP 10：

西山

　　云南昆明西山风景区，是一个峰峦起伏、白鸟争鸣、景色秀丽的森林公园。森林植被茂密，常年郁郁葱葱，华亭寺、太华寺、三清阁等古刹殿宇楼阁掩映于茂林修竹深处。西山位于昆明市西郊15公里，它峰峦连绵40多公里，海拔1900米至2350米。相传古时有凤凰停歇，见者不识，呼为碧鸡，故也称"碧鸡山"。又因形状像卧佛，也叫"卧佛山"。西山森林茂密，花草繁盛，清幽秀美，景致极佳，在古代就有"滇中第一佳境"之誉。

五华山

　　五华山，在昆明市区北部，为昆明市区最高峰，占地1.73平方公里，海拔1926米，其北接螺峰山，东连祖遍山，并称昆明城中三山，西与翠湖山水相连。五华山现为云南省人民政府驻地，昆明市五华区也因五华山得名。五华山为昆明主山蛇山余脉。蛇山从昆明东北方向南下，九起九伏，至螺峰山顿开玉屏，再前则脉分五支，吐出五华秀气，因称"五华"，自古为一方之胜。

轿子雪山

　　轿子雪山位于禄劝县与东川市交界处，距禄劝县城150余公里，海拔

4247米，因其山型似一个放置在万山丛中的花轿而得名。当地亦称之老雪山，历史上曾称之为绛云露山、松外龙山、乌龙山、雪山、云弄山，唐德宗兴元元年，南诏蒙氏异牟寻封之为东岳。轿子雪山由轿子山、棋王山、东英山、观音山等山峰组成，主峰海拔4247米，为滇中第一高峰，是滇中典型的山岳形冰川地貌景观。

长虫山

长虫山，又叫"蛇山"，位于昆明市北市区龙泉镇。山上原来有一个宝珠寺，后山有一个筇竹寺。长虫山是昆明市区最重要的龙脉之地，长虫山许多人也许不太熟悉，但谈到孙髯翁那首脍炙人口的大观楼天下第一长联，联中的"北走蜿蜒，南翔缟素"这般古雅的诗句，你一定不会感到陌生。北走蜿蜒，说的就是长虫山。蛇山似一条石质巨蟒，静卧于昆明城的北郊。

梁王山

梁王山位于澄江、呈贡两地之间，离昆明40余公里，山自南而北，绵亘百多公里。山势雄伟壮丽、气势博大，西面峭壁千仞、挺拔险峻，东面群峰簇拥，古木参天，最高海拔2820米。站于山顶，方圆数百里尽收眼底，且"一山观三海"，夏秋之季时见白云环绕山腰，多为有雨之兆，秋日山花烂漫，繁花似锦，故有"梁峰兆雨、白云兆雨、罗藏秋色"之景。

滇池

滇池，亦称昆明湖、昆明池、滇南泽、滇海。在昆明市西南，有盘龙江等河流注入，湖面海拔1886米，面积330平方千米，是云南省最大的淡水湖，有"高原明珠"之称。平均水深5米，最深8米。湖水在西南海口洩出，称螳螂川，为长江上游干流金沙江支流普渡河上源。滇池风光秀丽，为中国国家级旅游度假区。四周有云南民族村、云南民族博物馆、西山华亭寺、太华寺、三清阁、龙门、筇竹寺、大观楼及晋宁盘龙寺、郑和公园等风景区。

翠湖

翠湖位于昆明市区五华山西麓，是城区的中心观光点。昆明翠湖，原称"菜海子"，因湖东北有"九泉所出，汇而成池"，故又名"九龙池"。清康熙年间云贵总督范承勋、巡抚王继文于湖中建碧漪亭，俗称"海心亭"，水光潋滟，绿树成荫。唐继尧时在湖中筑有东西堤和南北堤，把湖一分为四，湖中有海心亭，西侧有观鱼堂，东南有水月轩。翠湖堤畔旧有"十亩荷花鱼世界，半城杨柳抚楼台"之联，被誉为"城中碧玉"。

阳宗海

阳宗海，古称大泽、奕休湖，明朝时又称明湖。阳宗海是以驻地而得名的。属成湖较晚的幼年湖，为高原断陷湖泊，湖内盛产金线鱼。湖水主要来自周围汤泉河及雨水聚积。元代称阳宗为"大池"，池旁有温泉，故又名"汤池"。阳宗海是高原湖泊之一，地跨澄江、呈贡、宜良三地之间，距昆明36公里，属于珠江流域南盘江水系。

黑龙潭

黑龙潭位于昆明市北郊龙泉山五老峰脚下，云南农业大学旁。

黑龙潭内有龙泉山，山脚下有两潭池水，一清一浊，面积共600平方米，相互连通但浊不变清，清不变浊，为一奇观。黑龙潭有"滇中第一古祠"之称。同时，它还以"唐梅、宋柏、元杉、明茶"四绝而闻名，更有梅树林数亩，冬季赏梅的市民络绎不绝。

昆明长湖

昆明长湖位于石林县城东南18公里处，距昆明市区约120公里，湖长约3公里，宽仅300米，湖面呈长形，状若卧蚕，又似新月，得名"长湖"，因其深藏丛山密林之中，又称"藏湖"。昆明长湖静静地躺在群山的怀抱中，修长的湖面犹如一位靓丽的少女，楚楚动人。长湖是民间传说中阿诗玛的故乡，而且在电影《阿诗玛》中也有许多镜头是在长湖拍摄的。因此，当地人把长湖看成是神湖。

过桥米线

过桥米线是滇南地区特有的小吃，属滇菜系。过桥米线起源于蒙自地区，用大骨、老母鸡、云南宣威火腿经长时间熬煮而成。过桥米线由四部分组成：一是汤料覆盖有一层滚油；二是佐料，有油辣子、味精、胡椒、盐；三是主料，有生的猪里脊肉片、鸡脯肉片、乌鱼片，以及用水过五成熟的猪腰片、肚头片、水发鱿鱼片；辅料有豌豆尖、韭菜，以及芫荽、葱丝、草芽丝、姜丝、玉兰片、汆过的豆腐皮；四是主食，即用水略烫过的米线。鹅油封面，汤汁滚烫，但不冒热气。

汽锅鸡

汽锅鸡是云南的名菜之一，早在2000多年前就在滇南民间流传。"汽锅"是建水出产的一种别致的土陶蒸锅，专门用来蒸食物。汽锅鸡的做法是将斜仔鸡洗净后再砍成小块，和姜、盐、葱、草果一道放入汽锅内盖好，汽锅置于一放满水的汤锅之上，用纱布将隙缝堵上，以免漏汽，再放到火上煮。汤锅的水开后，蒸汽就通过汽锅中间的汽嘴将鸡逐渐蒸熟，一般需3～4小时。由于汤汁是蒸汽凝成的，鸡肉的鲜味在蒸的过程中丧失较少，所以基本上保持了鸡的原汁原味。

附
录

267

饵块

　　饵块为云南特有，是腾冲最著名的名特小吃之一，也是昆明地区常见的传统食品之一。饵块系用优质大米加工制成，其制作过程是将大米淘洗、浸泡、蒸熟、冲捣、揉制成各种形状。一般分为块、丝、片三种。制作方法烧、煮、炒、卤、蒸、炸均可，风味各异，久食不厌。云南十八怪中就有一怪：米饭饼子烧饵块。

破酥包子

　　破酥包子是昆明的传统风味小吃，由低筋精白面粉、熟猪油、熟云腿、蜂肉丁、冬菇末等制成。破酥包子营养丰富，老少皆宜。由于这种包子负有盛名，现在已经从民间小饭馆或大排档，走进了昆明市的各大宾馆饭店，几乎在各种高档筵席、宴会、自助餐、风味餐中都能够品尝到破酥包子。

路南乳饼

　　路南乳饼是盛产在昆明路南县的驰名中外的云南美食。乳饼选用新鲜羊奶，煮沸加入食用酸，凝固后加压制成块状，一般5千克奶可制1千克乳饼。优质乳饼色白略带黄色，表面有油质，无酸味。民间将乳饼放入罐内密封，可存放半年不变质。乳饼的吃法很多，可煎、蒸、煮、烤，切丝炒肉，还可生吃，切成片与火腿片相间，即可制成闻名的云腿乳饼罐头。由于乳饼营养丰富，味道鲜美，食用方便，可烹制成各种美味菜肴，加之制作简单，容易保存，深受人们喜爱。

滇八件

　　滇八件，昆明风味糕点，系选用具有地方特色的原料，采用传统"两面火"烘烤工艺精心配置而成。每盒装八件，有八个品种、八种口味，故称"滇八件"。有硬壳火腿饼、洗沙白酥、水晶酥、麻仁酥、玫瑰酥、伍仁酥、鸡棕酥、火腿大头菜酥。风味独特，包装精美，为馈赠佳品。八件当中分为"一硬七酥"或"二白六红"，内含甜、咸、鲜、香、酥、脆、松、软等多种滋味。主要特点是重油、重糖，滇味浓郁，色香味形俱佳，加上精美的包装，堪称云南糕点的代表作。

云腿月饼

云腿月饼是中国美食大师在糕饼行业中创造的一个美食传奇。云腿月饼用宣威火腿最好的部分切成小块，配以冬蜂蜜、猪油、白糖等制成馅心，再用昆明呈贡区的紫麦面粉包心烘烤而成。其外观褐黄且略硬，食用时酥而不散，故俗称"硬壳火腿饼"。食之酥松香松，甜中带咸，油而不腻，有浓郁的火腿香味，是中秋佳节的必备食品，也是馈赠亲友的佳品。

鲜花饼

鲜花饼是以云南特有的食用玫瑰花入料的酥饼，是具有云南特色的云南经典点心代表。鲜花饼在云南当地烘焙品牌大都有销售。鲜花饼也是中国四大月饼流派滇式月饼的经典代表之一。鲜花饼的制作缘起300多年前的清代。由上等玫瑰花制得的鲜花饼，因其特色风味，历为宫廷御点，深得乾隆皇帝喜爱。近代滇式鲜花饼是以1945年昆明冠生园生产的鲜花饼为起源，当年在昆明的西坝，昆明冠生园还专门开辟一块地种植食用鲜花，用来加工鲜花饼和玫瑰糖。

玫瑰卤酒

玫瑰卤酒，一般是以玫瑰鲜花为主要原料，用酒精或白酒提取它的香气成分，经过再蒸馏、调配、过滤、贮存等工艺制成。玫瑰卤酒又称玫瑰升酒，是清朝、民国时期老昆明人最爱喝的酒之一。有"玫瑰升""玫瑰重升""玫瑰老卤"等，40度到60度不等，酒液透明清亮，甘冽醇厚，散发着玫瑰花香。解放前，昆明许多酒坊都酿制，尤以景星街"毕大蜡烛"家酿制的玫瑰老卤酒驰名省内外。解放后，昆明市瓶酒厂、酿酒厂生产玫瑰升酒。后瓶酒厂解散，酿酒厂也停止生产玫瑰升。目前，只有昆明周边一两个小酒厂还生产散装的玫瑰升酒，但都是勾兑配制而成，不再是老昆明时代的"玫瑰升"了。

酸角糕

酸角糕，是云南特产。酸角糕精选云南热带雨林珍果——酸角为主要原料，采用特殊的保香护色技术加工，酸甜爽口、回味无穷，无任何添加剂、防腐剂和色素，真正的绿色健康。酸角糕果味纯正、口感津润，满足了现代人追求食品健康化、营养化的特点，老幼四季皆宜，保留了原果原有的风味而又不破坏原果的营养价值，被人们称为"可以嚼着吃的果汁"。酸甜味道符合大众口味，能促进肠胃消化，去除口气，也可清暑热，化积滞，治酒化为痰，解酒护肝，补钙等。在云南比较常见的有酸角果派。

云南大学

云南大学，原名"东陆大学"，简称"云大"，始建于1922年12月，是中国首批211工程重点建设的高校之一，并且是国家西部重点建设院校和省部共建高校。学校本部位于云南省昆明市五华区，毗邻翠湖公园，另有呈贡校区、洋浦校区、丽江旅游文化学院校区等。云南大学占地面积4551.84亩，其中校本部535.84亩，公用校舍建筑面积81.4万余平方米，教学、科研仪器设备资产总值近4亿元，学校以民族学、生物学、特色资源开发与环境保护，以及边疆问题和东南亚、南亚国际问题研究为优势特色，文、史、哲、经、管、工、理、法、教育、医、农等学科较为齐全。

昆明理工大学

昆明理工大学创建于1954年，现已发展成为一所以工为主，理工结合，行业特色、区域特色鲜明，经济、管理、哲、法、文、艺术、医、农、教育等多学科协调发展的综合性大学，是云南省规模最大、办学层次和类别较为齐全的重点大学。属中国著名大学之一。昆明理工大学是国家"特色重点学科项目"高校，中西部高校基础能力建设工程高校，卓越工程师教育培养计划高校，首批国家创新人才培养示范基地的六所高校（清华、哈工大、天大、吉大、上交大、昆工）之一，西部研究生招生协会西部16所著名大学之一。学校现有呈贡、莲华、新迎三校区，占地面积4300余亩，办学总资产原值66亿元，建筑面积134万平方米；主校区呈贡校区，位于昆明呈贡大学城，占地面积3200亩。今天的昆明理工大学正面临着前所未有的历史机遇，昆工人将秉承"明德任责、致知力行"的校训，切实提高教育教学质量和科研水平，进一步增强核心竞争力，努力把昆明理工大学全面建设成为特色鲜明的高水平大学。

云南师范大学

云南师范大学位于昆明市，是国家中西部基础能力建设工程高校，是全国免费师范生试点改革的三个地方高等师范院校之一。其前身是诞生于1938年的国立西南联合大学师范学院。建校70多年来，学校恪守西南联大"刚毅坚卓"的校训，形成了"学高身正、明德睿智"的校风，构建了博士后、博士、硕士、本科教育完整的人才培养体系，已为国家培养了各级各类人才20余万人，被誉为"红土高原上的教师摇篮"。

学校占地面积3330亩。下设23个学院，2个独立学院，40余个科研机构。云南师范大学有全日制博士、硕士研究生和本科生27000余人，成人继续教育学生18000余人，图书资料300余万册，是中国高等教育文献保障系统云南文献信息服务中心建设单位，建有"万兆主干"的新一代"数字校园"。

云南农业大学

云南农业大学创办于1938年，校址在昆明，前身是国立云南大学农学院，1971年与云南农业劳动大学合并成立云南农业大学。2012年被教育部评为"全国高校毕业生就业典型经验50强高校"，是中西部高校基础能力建设工程重点建设高校。"生物多样性与云南特色农业协同创新中心"进入第一批专家初审名单。

云南民族大学

云南民族大学是一所培养各民族高级专业人才的综合性大学，具有博士学位授予权，是我国最早成立的民族高等院校之一，是国家民族事务委员会与云南省人民政府共建的省属重点大学。学校坐落在四季如春、风景秀丽的中国昆明。云南民族大学是云南省少数几所省部共建大学之一，是中国最具国际影响力的民族类高校之一。学校的老校区是由中国著名建筑设计大师梁思成先生设计的。

昆明医科大学

昆明医科大学前身是昆明医学院，昆明医科大学是云南省最大的集教学、医疗、科研为一体的高等医学院校，昆明医科大学历史悠久，办学历史可以追溯到创建于1933年的东陆大学医学专修科，1956年独立建院。78年来，培养的7万余名高级医学人才扎根边疆，服务基层，为云南医药卫生事业和经济社会发展及促进民族团结、维护边疆稳定做出了卓越贡献。2012年学校正式由昆明医学院更名为"昆明医科大学"。

云南财经大学

云南财经大学，原名"云南财贸学院"，是一所以经济学、管理学、法学为主，其他学科协同发展的省属重点大学。学校前身是创建于1951年的云南省财政干部学校。2006年2月经教育部批准更名为"云南财经大学"。自2013年以来，学校已由单科性财经院校，发展成为了以经济学、管理学和法学为主，哲学、文学、理学、工学、艺术等学科协同发展的多科性省属重点大学，形成了以本科培养为主，兼有硕士研究生、留学生培养和继续教育的多层次人才培养体系，学校为地方经济建设和社会发展培养了8万余名高级专业人才。

西南林业大学

西南林业大学，简称"西南林大"，起始于1939年，历经昆明农林学院、云南林业学院、云南林学院、西南林学院、西南林业大学的演变。于1978年独立建校，原属林业部直属院校，1983年更名为"西南林学院"，为原林业部直属的六所区域性林业高等院校之一；2000年在全国高等教育布局结构调整中，由国家林业局直属高校调整为"省部共建、以省为主管理"的高等学校。2010年更名为"西南林业大学"。学校现有70年办学经历和30年独立办学历史，目前为我国西部和西南地区唯一一所高等林业本科院校。校址位于云南省昆明市，校园为"全国绿化先进集体""全国绿化模范单位"。

学校坚持"教学立校、科研强校、人才兴校"的办学宗旨，不断加强学科专业建设。

云南中医学院

云南中医学院坐落于风景秀丽、四季如春的昆明，建于1960年，是全国第二批成立的高等中医药本科院校。1986年，学校被国务院学位办批准为硕士学位授权单位；2007年，学校在教育部本科教学工作水平评估中被评为"优秀"；2008年，被云南省学位办列为"云南省立项建设的博士授权单位"。建校50多年来，学校已培养出各类型、各层次的中医药及民族医药专门人才4万余人。

昆明学院

昆明学院是国家教育部2004年5月批准建立的全日制普通高等学校，在原昆明师范高等专科学校和原昆明大学合并的基础上，整合昆明市优质教育资源组建而成。学校位于昆明经济技术开发区浦新路2号。截至2013年3月，占地1800多亩，规划建筑面积60多万平方米，环境优美，功能齐全，设备现代。校外还建有500多亩实习实训基地。学校固定资产总值18.8亿元，其中，教学、科研仪器设备1.3亿元，藏书178万册。